「10の数字」で知る
経済、少子化、環境問題

人口は未来を語る

TOMORROW'S PEOPLE

The Future of Humanity in Ten Numbers

PAUL MORLAND

ポール・モーランド
橘 明美 訳

NHK出版

ブックデザイン　小口翔平＋畑中 茜＋青山風音（tobufune）

イングリッド・モーランドへ

目次

・本文中の〔　　　〕は訳注を表す。［　］の番号は巻末の原注を参照。

序章

今日の人々を作り上げた人口動態

今日《こんにち》のわたしたちを作り上げてきたのは、歴史上の人口動態の大きなうねりである。そのうねりは今このときもわたしたちを巻き込み、過去を形成したのと同じように現在と未来を形成しようとしている。

ヨーロッパが世界を植民地化して支配し、19世紀末に揺るぎない地位を誇ったのは、ヨーロッパ大陸の人口急増とそれに伴う人口流出があってのことだった。20世紀にアメリカ合衆国とソビエト連邦が超大国になったのも、ヨーロッパのライバル国をしのぐほどの人口急増があってのことだった。同様に、中国も10数億の人口がなければ、アメリカの競争相手となって世界の覇権を争うことにはならなかっただろうし、インドも人口が10億を超えていなければ、来たるべき大国と見なされてはいないだろう。

歴史上の発展が人口動態と無縁ではないように、歴史上の衰退も人口動態と切り離して語ることはできない。ロシアがソビエト連邦内での優位性を失い、ついには連邦崩壊を招いたのも、人口変動と少なからぬ関係がある。

日本も1990年代の人口が、その100年前に列強の仲間入りをしたときのように若者が多く、活力に満ち、増加傾向にあったなら、今日「日没の国」と見なされることはなかっただろう。だが現実の日本はすでに20世紀末の時点で、人口減少と景気低迷に苦しむ高齢化の国になっていた。またイラクからイエメン、リビアにいたる地域の大部分は、もしここに経済的苦境から抜け出せない若者があふれていなければ、政治的混乱に陥ってはいなかっただろう。大規模な移民や難民、低迷する経済、ポピュリズムはもちろんのこと、EU離脱をめぐるイギリスの国民投票の結果や、ドナルド・トランプのアメリカ大統領当選、オルバーン・ヴィクトルのハンガリー首相就任にいたるまで、ニュースの見出しを独占するような大きな出来事はいずれも、その背景にある大きな人口動態を知らなければ理解できない[1]。

人口動態は決定的で避けようのないものとまでは言えないが、その動きは強く、かつ速い。かつてヨーロッパは人口流出が著しかったが、今では人口流入が著しい。また人口の大半が若者という若い地域だったが、今では高齢化しつつある。イタリアのように子だくさんで有名だった国も、今では子供の数がかなり減っている。新生児の3人に1人が1歳の誕生日を迎えられなかった国々の乳児死亡率が、今ではわずか1000人に2人というレベルにまで改善している。人々が十分な教育を受けられなかった、あるいはまったく受けられなかった地域の識字率が、今ではかなり高くなっている。人々が飢《う》えていた地域が、今では肥満に悩んでいる。このように人口動態の力によって「今日の人々」は「昨日の人々」とはまったく違った状況に置かれているし、「明日の人々」も「今日の人々」とはまったく違う状況に置かれることになる。

それにもかかわらず、人口動態が未来をどう変えていくかを理解している人はほとんどいない。そこでまず、少しでもわかりやすくするために、人口の歴史を前近代《プレモダン》、近代《モダン》、近代後《ポストモダン》の3段階に分けて考えることにしよう。どの段階がいつ、どの程度の変化として現れるかは国、地域、大陸によってさまざまだが、どの場所でも同じ段階では同じようなプロセスが見られる。人口動態に関しては、時期や速度や程度は異なるとしても、人々が歩む道は同じなのだ。

前近代の人口動態

わたしたち人類は、生と死を自然の手に委ねて歴史の大部分を生きてきた。男女は性的衝動のまま性行為に及び、確実な避妊法はなかった。古代から性交と妊娠を切り離そうとする試みはあったが、効果があまりないという点では似たり寄ったりだった。そのため地域によっては嬰児《えいじ》の間引きが普通に行われていた。望まれない子供たちは捨てられるか、あるいは古代スパルタのように段階的に篩《ふるい》にかけられた。若干効果があったのは赤ん坊の乳離れを遅らせることで、そうすれば次の妊娠を少し先延ばしできた。月経周期に照らして性交のタイミングを見計らうことにも一定の効果はあった。あるいは中世ヨーロッパのキリスト教世界のように、聖職者の独身制、男子修道会、女子修道会などによって、少なくとも原理上、大勢の人々が生殖可能な集団の外に置かれるようにしていた文化圏もあった。

それでも世界人口は長期にわたってじわじわと増えつづけ、ユリウス・カエサルとヴィクトリア女王を隔てるおよそ18世紀のあいだに4倍ほどになったと考えられている[2]。ただし出生率が死亡率で相殺されるため増加率は抑えられていて、そうでなければもっとずっと速く増えていただろう。ある文明が技術の向上とそれなりの平和を享受すると人口が増えるが、長続きはしない。その典型的な例が中世ヨーロッパで、土地の干拓《かんたく》〔遠浅の海を堤防で仕切り、内部を排水して陸地とすること〕と新しい耕作技術の採用により人口が増加したが、1310年代の不作と1340年代の黒死病（ペスト）により減少に転じた[3]。中国でも同じように、人口が増加する繁栄期のあとには後退期がやってきた。

前近代においては輸送手段が未発達で高額だったため、不作は致命的だった。大勢を養うために食料の輸送に頼るのは経済的ではなく、とくに陸路輸送は経費がかさんだ。関税がかけられることも多く、そうなるとなおさら実用的ではない[4]。人々はおおむね近隣の生産地からの供給に頼っていたため、不作はそのまま飢餓《きが》を意味し、凶作ともなれば食料を求めて移住せざるをえないことさえあった。飢饉《ききん》や疫病《えきびょう》以外に、戦争や大量殺戮《さつりく》で人口が激減することもある。17世紀のドイツでは三十年戦争で人口の約3分の1が失われ、同じく17世紀の中国では明朝末期の混乱で人口の10分の1以上が失われた［5］。

まとめると、前近代においては妊娠・出産はまったく抑制されないか、抑制されるとしても粗雑であやしげな方法によってでしかなく、ときには晩婚などの社会的慣習に頼ることもあった。一方で死もまた抑制が効かず、誰もが常に死の危険にさらされていて、なかでも乳幼児の死亡率が高かった。新生児が1歳まで生きられる確率は、80歳の誕生日を迎えた人が次の誕生日を迎えられる確率よりも低かった。

近代の人口動態

ヨーロッパの歴史家はしばしば、15世紀後半を中世と近世の境界線とする［6］。15世紀後半には、もともとは中国の発明である活版印刷のおかげで、勉学にかかる費用が一気に下がりはじめて思想の循環速度が増し、その恩恵を受けて知識階級が誕生した。アジアを目指したヨーロッパ人がアメリカ大陸を発見し、思いもよらない新たな展望を開いてみせ、同時に新大陸の先住民を破滅に追い込んだのもこの時期である。イスラム勢力はスペインから追われてバルカン半島に移動し、オスマン帝国がコンスタンティノープルを征服するとそこで足場を固めた。一方、西方キリスト教世界の統一は、あと少しで宗教改革によって崩される運命にあった。

しかしこれらの変化はいずれも、前近代の人口動態に根本的な影響を与えるものではなかった。社会の変化は多々見られ、貴金属の流通が購買力の有無を決めるようになったし、新しい作物――とくにジャガイモ――が安価な炭水化物として供給され、ヨーロッパの一部の地域の暮らしを徐々に変えていった。だが人口上の大きな変化が訪れるのはその300年後のことで、場所はヨーロッパの片隅の島国だった。

18世紀後半に、近代人口学の父トマス・マルサスは楽観的な啓蒙思想家たちを批判して、当時の人口システムの原理を説いた。1798年に出版された『人口論』で、人口は制限されないかぎり等比級数的に増加するが、食料生産の増加ははるかに遅いので人口過剰になり、抑制されることになるとしたのだ。ところが、マルサスが人口システムを神が定めた普遍の原理であるかのように提示したとたん、システムが変わりはじめた[7]。食料供給、公衆衛生、医学に進歩が見られたからである。進歩といっても今日の基準からすれば一長一短の初歩的なものでしかなかったが、それでも死亡率を下げるには十分だった。その間、出生率は高いままで、一時はさらに上がりさえした。結果として、人口はどんどん増え、イギリス国内の人口が大幅に増加しただけではなく、アメリカ、カナダ、オーストラレーシア〔オーストラリア、ニュージーランドからニューギニア島を含む南太平洋地域の総称〕への入植者も増加した。こうして、今日「人口転換」と呼ばれるものが始まった[8]。

先陣を切ったイギリスを追って、ほかのヨーロッパ諸国でも、ついで世界各地でも同じ現象が起こった。最初の人口転換が広く見られるようになったころ、イギリスでは第二の人口転換が始まる。世界各地で出生率が低下して人口拡大の時代は終わりを告げた。20世紀に入ると、乳児死亡率の低下と避妊法の進歩・普及を受けて、教育水準の高い人々が小家族を選択するようになり、第一次世界大戦終結から第二次世界大戦勃発までの戦間期には、夫婦2人に子供2人がヨーロッパとアメリカの標準的な家族構成になった。この段階で人口転換は終わったかのように見えた。つまり多産多死で人口が少ない状態から、多産少死で人口が増加し、少産少死に転換して人口増加が終わり、そのまま安定するかに思えた。だがそうはならなかった。アメリカとヨーロッパの一部で見られた戦後のベビーブームは予想外の展開だったが、1960年代後半に早々に終息し、合計特殊出生率（1人の女性が生涯に産む子供の総数）は再び下降に転じた。下降はそのまま止まらず、女性1人あたり子供が2人強という「人口置換水準」〔人口が増加も減少もしない均衡状態となる合計特殊出生率の水準〕を下回ることになったのだ。これが第二の人口転換である。

最初の人口転換と同じように、第二の人口転換もヨーロッパとアメリカで始まり、世界に広がっていった。ヨーロッパ以外の国で、工業化、都市化と並行して死亡率低下、人口増加、出生率低下へと向かったのは日本が最初で、19世紀末のことである。その後、人口転換は世界的な現象となっていった。

一連の推移は、小家族主義、出産の医療化、科学による死への抵抗といったヨーロッパの価値観を世界中に押しつけようとする試みだとして非難されてきた。だがこうした近代的な諸制度が西洋によって押しつけられたと言うのなら、受け取る側もそれらを温かく迎え入れたと言うしかない。わたしと妻は何人の子供を持つか選択できてよかったと思っているし、自分たちが80代、あるいはもっと長く生きられそうで、ほかの人々も同じ選択と長寿を享受できることをうれしく思っている。人口動態が前近代から近代に移行したことを嘆いてはいない。たとえわたしが嘆いたとしても、世界はそんな思いなど無視して変わっていくだろう。

国によってはようやく人口動態の近代化が始まったばかりというところもある。アフリカの多くの国で死亡率が一気に下がったのはここ数十年のことであり、合計特殊出生率もまだ女性1人あたり6人前後で、前近代の水準に近い。

前近代の人口動態はひとつの「状態」、すなわち膨大《ぼうだい》な生殖と早死に（多産多死）という状態のことだったが、近代の人口動態はひとつの「プロセス」、すなわち小家族と長寿（少産少死）を目指す旅だと言ったほうがいい。それは経済、技術と教育の進歩、産業の興隆、交通の発達、識字と教育の普及と密接に関連している。世界の多くの国はまだこの旅の途上にある。

では多くの国が旅を終えたら、そのあとはどうなるのだろうか。そこが問題である。

近代後の人口動態

世界の大半の国々はすでに人口転換を終えたか、その途上にあるかのどちらかである。ここまでの変化は経済発展と密接な関係があった。人々がより豊かになり、よりよい教育を受け、より都市化されるにつれて、出生率と死亡率が下がってきた[9]。だが今では、産業や経済がリードするのではなく、むしろ人口動態の近代化のほうが先を行っていて、貧しい国々でも小家族が増え、平均寿命が長くなりつつある。スリランカの平均寿命はアメリカとほぼ同じだが、所得はアメリカに遠く及ばない。モーリシャスの平均的な子供の数はアイルランドの半分でしかないが、所得ははるかに少ない。21世紀を迎えた時点で、モロッコ女性の大半はまだ読み書きができなかったが、子供の数は女性1人あたり3人をはるかに下回っていた[10]。人口と経済の関係が薄まってきたという事実は、これから何が起ころうとしているかのヒントになる。

人口転換が終わったからといって、人口動態の歴史が終わったわけではない。わたしたちが今目のあたりにしているのは近代後の人口動態の始まりである。近代の条件が整うようになって久しく、すでに当たり前になっている今日、一部の人々はより大きな家族を望むようになりつつある。経済や工業化、都市化、避妊法へのアクセスの問題ではなく、文化、価値観、宗教の影響によるものだ。地域によっては人口動態——なかでも出生率——が物質的条件ではなく理想によって動かされている。人口動態の力が世界を変えつつあるなかで、経済から思想や理想へのシフトが見られるようになっている。

経済学者のカール・マルクスは物質的条件が歴史を動かすと主張したが、その理論を人口動態が覆《くつがえ》しつつある。世界のどこでも長寿と低死亡率を享受できている今、地域間あるいは国家間の差を生んでいるのは出生率であり、その出生率は徐々に、物質的条件ではなく希望や不安、願望や価値観の産物になりつつある[11]。オハイオ州のアーミッシュの女性は州平均のおよそ3倍の子供を持つが、それは家が裕福だからではなく、そうあるべきだと信じているからだ。

人口動態の近代化と似た現象は経済にも見られる。最先進諸国の成長の減速は、永遠に続くはずのないプロセスの必然的帰結だと一部の人々は考えている[12]。近代後の人口動態が政治に反映されつつある様子もすでに見てとれる。階級よりもアイデンティティと年齢が重要になっていて、どのような暮らしぶりかよりも、どのような価値観を持っているかが投票動向を左右している。また最近では、経済的な序列よりも年齢によって人生観が異なる傾向にあるようだ。

近年、第二の人口転換に関する次のような理論が注目されている[13]。人々が家族の形成よりも個人の自己達成を優先させるようになると、合計特殊出生率が必然的かつ恒久的に人口置換水準よりも低くなる[14]。人々が結婚や出産に消極的になると、伝統的な生活様式が崩壊し、別の選択肢が普及する。その結果、人口減少とともに高齢化が進み、労働力不足は移民で補われ、個々の社会は大規模な民族的変化を経験することになる。そして最初の人口転換がそうだったように、第二の人口転換と呼ばれるものもまた欧米に端を発し、その後世界中に広がっていく[15]といった理論である。

だが注意深く調べてみると、人口動態の動きは実際はもっと複雑で、必然的にどうなるとは言いきれないことがわかる。家族の規模にしても、すでに小家族ばかりになっているわけではなく、大家族も存在する。移民にしても、異なる文化圏からの移民がどこでも歓迎されているわけではなく、国によっては受け入れを制限しているし、受け入れを検討しようとさえしない国もある。平均寿命も、ようやく延びが止まりそうだというところもあれば、すでに縮みはじめたところもある。都市化も、一部の大都市では人口の流出が見られ、その傾向には新型コロナウイルス感染症の大流行で拍車がかかっているかもしれない。

人口は未来を照らす

わたしがこの本を書いたのは、人口に関する事象が「今日の人々」のありようを解き明かすだけではなく、「明日の人々」のありようをも照らし出すことを明らかにしたかったからである。

ここでは各章の冒頭に掲げた数字をカギにして、世界各地の人口動態に見られる10のテーマ——乳児死亡率、人口増加、都市化、出生率、高齢化、高齢者の増加、人口減少、民族構成の変化、教育機会の拡大、食料入手可能性の向上——について論じていく。各テーマはいずれも孤立した現象ではなく、互いに因果の連鎖でつながっている。乳児死亡率の低下は人口増加をもたらし、都市化へと波及する。都市で暮らす人々は小家族を選択するようになり、出生率が低下して社会が高齢化し、やがて人口が減少し、移民流入と民族構成の変化へとつながっていく。一方、因果の連鎖全体にはたらきかけて変化を促すのが、教育機会の拡大と食料の入手可能性の向上である。

10のテーマを全体として眺めてみると、もっと大きなテーマが浮かび上がってくる。人口の観点からすれば、前近代から近代を経て近代後へと向かう道は、わたしたちが人生でもっとも重要な問題について、より大きな自由と制御へ向かう道だということである。わたしたちが、その家族が、どう生きてどう死ぬかという問題のことだ。

本書で紹介する事例やデータは、今何がどう変わろうとしているかを示す道しるべになるが、それですべてが決まるわけではない。結局のところ未来を形作るのは、人生でもっとも重要で本質的な問題について何十億の個々人が下す決断にほかならない。

前著『人口で語る世界史』でわたしは、未来は3つの色でまとめられるだろうと書いた。増加するグリーンと、増加するグレーと、減少するホワイトである。3色の増減はそれぞれが近代後の人口動態へと向かう動きの一部である。「増加するグリーン」は人口増加の減速による環境回復の可能性、より効率的により少ない資源で食料を確保できる可能性を意味し、「増加するグレー」は世界人口全体の高齢化と、多くの国の超高齢化の可能性を意味し、「減少するホワイト」は民族的変化、すなわちアフリカの人口急増とヨーロッパ系人口の減少を意味している。本書ではこれらについても、さらに掘り下げてみたい。

用語とデータについて

この本は、いくつかの基本用語を理解しておくと読みやすくなる。「出生率」は、人口に対する年間出生数の割合を示す指標である〔普通出生率または粗出生率とも言う〕。ある年の人口が1000万人で、生まれた子供が20万人なら、出生率は1000分の20で2パーセントとなる。「合計特殊出生率」は、ある一定期間の妊娠可能な女性1人あたりの出生数に注目し、その出産率が妊娠可能期間中ずっと続くとして、平均的な女性が生涯に何人の子供を産むかを算出した数値である。ある年の15歳から40歳までの女性が100万人で、生まれた子供が10万人だった場合、平均すると女性1人あたり年に0・1人の子供が生まれたことになる。妊娠可能期間を15～40歳の25年間とすれば〔日本では15歳から49歳まで〕、平均的な女性は生涯に2・5人の子供を産むことになる。

重要なのは、人口統計学者が生殖能力に言及する場合、それは「何人の子供を持つことができるか」ではなく、「実際に何人の子供を持っているか」を意味しているという点である。ある女性が子供を持たないとして、それはその女性あるいはパートナーが医学的に不妊であるからかもしれないし、ほかにもさまざまな理由がありうる。とにかく、実際に子供がいなければ、その女性に子供を産む能力があったとしても、人口統計学者にとっては合計特殊出生率ゼロとなる。

「死亡率」は人口に対する死者数の割合を表す指標である。ある年の総人口が1000万人で、死亡した人が10万人なら、死亡率は1000分の10で1パーセントとなる。一方「平均余命」は、ある人がある年齢のときにあと何年生きられるかを示す指標で、その国でその年に同年齢の人がどれくらい死亡しているかに基づいて計算される。平均余命は各年齢について計算できる。0歳時の平均余命はいわゆる平均寿命のことであり、以後基本的に「平均寿命」とする[16]。平均余命も平均寿命も男女別に計算されることが多い。

「年齢中央値」とは、ある社会のある時点における人々の年齢を示す指標である。その社会のすべての人々を最年少者から最年長者まで年齢順に並べたときに、ちょうど真ん中に位置する人の年齢を言う。

この本には随所に数字が出てくるが、それは数字がそれなしには理解できないような事柄を語ってくれるからである。ただし注意も必要だ。人口動態に関するデータは広範囲の収集と検証を必要とし、その信頼性は国勢調査、記録、その他の公式の情報収集活動の質に左右される。しかも信頼性は場所、時期、項目によって異なる。現在は、出生、死亡、国境を越える人の移動に関する情報を国の一機関が収集、公表、分析するのが当然とされているが、そうなったのは比較的最近のことである。たとえば18世紀の日本の出生率はかなり低かったようだが、それが禁欲の結果なのか堕胎《だたい》や間引きのせいなのかは、データがないので人口統計学者にもわからない[17]。一般的な目安として、データが新しければ新しいほど、データを収集した国が先進国であればあるほど、信頼性は高くなる。２０２０年のフィンランドの死者数データは、１９５０年のボツワナの人口流入データよりも信頼できる。わたしは可能なかぎり国連人口部が作成した包括的なデータを用い[18]、それ以外の場合は巻末の原注に出典を記した。

過去と現在のデータが曖昧でありうるように、未来に関するデータも曖昧である。先のことは誰にもわからない。しかしながら人口統計学者が自信を持って予測できる項目もある。よほどの大惨事でもないかぎり、２０５０年におよそ何人のイタリア人が30歳を迎えるかはわかっているし、30年後の南アフリカ人が今より長寿を享受しているであろうことも、それなりの確信を持って予測できる。

一方、必然的なものなど何もないというのが本書の重要な主題のひとつになっている。今後は物事の成り行きがいっそう個々人の選択にかかってくると考えられるからだ。これまでは人々を取り巻く物質的条件から多くのことを予測できたし、エコノミストなら各条件がどう発展していくかも予測できた。これからは経済的要因よりも文化的嗜好《しこう》や個人の選択が人口動態を形作るようになり、予測が難しくなるだろう。

どこか遠いところへ旅に出るとしたら、あなたがそこに着くまでに地図にはない新しい道ができているかもしれないし、今ある道がなくなっているかもしれない。地図には曖昧なところや不完全なところ、純粋に間違っているところがありうるだろう。それでも、旅立ちの時点で入手可能な最高の地図を携えることには意味がある。この本は、わたしたちの現在に人口がどう影響しているかを説き、人口動態の主要な傾向を示し、政治、経済、社会に及ぼす影響を明らかにすることで、あなたが人口の未来への旅に出られるように助ける地図となるだろう。

10 ペルーの出生1000人あたりの乳児死亡数［1］

ペルーの首都リマとアンデス山脈のあいだに、カラバイヨという土埃《つちぼこり》の舞う地区がある。このあたりはかつてインカ帝国に属していたが、1530年代にスペインの征服者によって滅ぼされ、地元の人々はその後スペイン人の入植地での強制労働を余儀なくされた。現在のカラバイヨは、大都会リマの郊外でありながらも、欧米人が普通思い描くような発展途上国のスラム街とは様相が異なっている。日干し煉瓦《れんが》造りの旧市街には民俗的な風情があり、住民の暮らしぶりがペルーの中流階級に近づきつつある区域もある。とはいえ大部分は粗末な家々と畑が混在していて、田舎のままでもなく都会になりきってもいないという中途半端な場所だ。丘の斜面に寄りかかるように間に合わせの建物が並んでいるかと思うと、ふいにオフィスビル群が目に飛び込んできたりと、まだ少ないながらホワイトカラーの仕事があることもうかがえる。

発展途上国の住宅地域にはカラバイヨのようなところがたくさんある。そこで暮らす人々は多くの場合、農村の貧困を脱し、欧米人が長く当たり前のように享受してきた生活水準へと歩みを進めつつある。その歩みに伴う重要な変化のひとつが乳児死亡率の低下であり、乳児の死亡が〝よくある出来事〟から〝めったにない出来事〟へと変わりつつある。

カラバイヨには1996年に、栄養指導や衛生教育といった妊産婦教育にあたる地域保健師を養成するクリニックが開設された。その後、地域保健師から指導を受けた母親たちが、地域内の他の母親たちに学んだ内容を伝えるというかたちで、幼い命を守るための知識が広まった。地域保健師がこの地域の出身者で、地元の風俗習慣に通じていたことも、知識の効果的な普及につながった。こうした地道な取り組みが、乳児死亡率の低下に大いに貢献している[2]。

世界銀行のデータによれば、ペルーでは出生1000人あたり10人が1歳の誕生日を迎えられずに死亡している[3]。ほかのデータでは少し数字が異なるが、いずれにしてもペルーの乳児死亡率が急速に低下しつつあることは明らかで、1970年代前半には1000人あたり100人以上と、現在の10倍を超えていた。わずか数世代でこれほど下げられたのは見事な成果だが、そのことでペルーがとくに注目を浴びているわけではない。ペルーの実績はほかの多くの国々の一例にすぎない。ペルーが過去半世紀で実現した乳児死亡率の低下は、南米全体の平均よりわずかに速い程度であり、中国を含むほかの多くのアジア諸国とほぼ同レベルである。

ペルーの乳児死亡率の大幅な低下には、女子教育の向上も大いに貢献した。それは単に妊娠・出産・育児の知識が増えたからではなく、読み書きを覚えたことで、女性たちが家族の健康をよりよく管理できるようになったからである。1970年のペルーでは、中等教育に進むのは3人に1人に満たなかったが、現在ではほぼすべての人々が、女子も男子も、中等教育を受けている[4]。誰もが基礎教育を受けられる社会と、教育が特権階級のものでしかない社会のあいだには大きな違いがあり、とくに子供の健康に明らかな差が出る。教育を受けた女性たちは、妊娠中も出産後も積極的に医師の助言を求めるし、それを子供のために実行する能力も高いようだ。

こんな疑問を抱く人がいるかもしれない。本当に教育の普及が乳児死亡率低下の要因なのだろうか？　両者のあいだにあるのは因果関係ではなく相関関係にすぎないのではないか？　物質的条件の改善が、死者数減少と教育の普及の両方につながったという説明もできるのではないか？しかし答えはすでにはっきりしていて、教育の普及が乳児死亡率に直接的な影響を与えていることが統計分析によって明らかになっている[5]。蚊帳《かや》があればマラリアを防げる、下痢《げり》のときには塩と砂糖を溶かした水が回復を助けるといった知識があれば、子供を救うことができる。また教育は、先進国の健康増進や死亡率低下とも関係している[6]。

なお、乳児死亡率の低下は必ず妊産婦の健康改善と同時に進む。2003〜13年の10年だけを見ても、ペルーの妊産婦死亡率は半分以下に低下している[7]。

教育機会の拡大に加えて、医薬品の質と供給、食品の安全性と質、飲料水の質などが向上したことにより、ペルーでは乳児の死亡がすでに例外的なものとなっている。しかも改善は短期間で一気に進んだので、乳児死亡率が現在のレベルまで下がるのに、ヨーロッパ諸国の半分もかからなかった。たとえばイギリスは、ペルーの過去25年間の低下幅を実現するのに、20世紀初頭の75年間を要した。ペルーはまだ貧しいが、乳児死亡率は1970年代後半のイギリスと、あるいは21世紀初頭のロシアと同レベルである。別の言い方をすると、子供が1歳を迎えられない確率は、現在のペルーよりも、わたしが生まれた1960年代のロンドンのほうが倍近く高かった。

カラバイヨが発展途上国の各地の典型であるように、ペルーのこの数十年間の実績もほかの多くの国々の実績の典型である。世界全体の乳児死亡率は、1950年代前半から80年代前半のあいだに半減し、その後現在までにさらに半減した。つまりこの分野に関しては、ここ何十年かでそれ以前の全人類史を超える進歩が見られたことになる。

乳児死亡率の低下は何をもたらすのか

今日、わたしたちは乳児死亡率を出生1000人あたりの死亡数で表しているが、このこと自体に重要な意味がある。かつては100人あたりの死亡数だった。前近代のほとんどの社会では、3人に1人の子供が1歳になる前に命を落としていた。世界の一部の地域では過去2世紀、そのほかの地域では過去数十年で生活様式と生活水準が大きな変化を遂げたことによって、子供が生き延びられる可能性が劇的に高まった。現在、たとえば日本のように乳児死亡率が世界最低水準に達している国々では、1000人あたり2人に近いレベルまで下がっている。

最近では死というと高齢としか結びつかないが、前近代の社会においては、乳幼児こそがもっとも死の危険にさらされていた。洗礼を受けなければ天国に行けないと信じていたキリスト教徒にとって、生まれた子供にできるかぎり早く洗礼を受けさせることが何よりも大事だったのはそのためだ。

イタリアのパドヴァの例を見ると、1816年には新生児の15パーセント近くが生後6日以内に死亡していて、その分洗礼も早く、4人に3人の新生児が生後2日以内に洗礼を受けていた。1870年にはそのような新生児死亡率は半減し、同時に早い洗礼も減っていた[8]。これは、自分の子が辺獄〔カトリックにおいて天国と地獄のあいだに存在し、洗礼を受けなかった者が堕ちる恐ろしい場所〕に入れられないための時間はまだあるから、そんなに焦らなくてもいいと親が思えたからだと考えてよさそうだ。

母親が教育を受けておらず、しかも不衛生な環境で粗食を強いられていれば、赤ん坊も1歳まで生き抜くのに悪戦苦闘を強いられる。環境にかかわらず、過去においてはほぼ誰もがこのような状況に置かれていた。ヘンリー8世の6人の妻たちは、16世紀に金銭で買うことができたあらゆる快適、贅沢《ぜいたく》を手にし、多くの侍女にかしずかれていたにもかかわらず、その子供たちのなかで生き延びることができたのはたった3人だった[9]。しかもこの3人には跡継ぎが生まれなかった。ヘンリー8世に6人の妻がいたことはイギリスでは誰もが知っている。だが、孫が1人もいなかった——少なくとも嫡出の孫はいなかった——ことはとりたてて後世に伝えられてこなかった。国王に6人の妻がいながら孫がおらず、そのことが語られもしないという状況から想像できるのは、当時は血筋が絶えることが珍しくなく、社会の最上層部においてもそうだったということである。

過去に人口がゆっくりとしか増加しなかったことも、いまや80億人を超える世界人口が、数世紀前には10億人ほどでしかなかったことも、このような多産多死で説明することができる。

年齢別の死亡率は、幼少期を脱してから青年期にかけて低下し、その後は老年期に近づくにつれて上昇する傾向にある。過去においては、子供をもうける前に死亡する人々のことも考慮すると、女性1人あたり平均6人以上出産しなければ人口を保てないという時代があった。現在では一般的に2・1〜2・2人と考えられている。

死の影

意識を持つようになってからずっと、人類は逃れようのない死への恐怖に苛《さいな》まれてきた。わたしたちの祖先は陰鬱《いんうつ》な地底の川や燃え盛る炉といった死にまつわる宗教的イメージに怯《おび》え、わたしたちの多くは今でも怯えている。死への恐怖こそが宗教を、神話を、芸術を形作ってきた。医療や健康管理に莫大な資源が投じられているのも、死を遅らせるためである。イギリスの国民保健サービス（NHS）もアメリカのヘルスケア産業も、死を先送りするための多大な集団的努力以外の何ものでもない。人類はずっと、家族や友人がいつか永遠に消えてしまうという不安、また自分も同じ運命をたどるという恐怖とともに生きてきた。そして人口統計学者にとって死は、あるいは統計上の死ぬ傾向である「死亡率」は、人口統計学の基本前提のひとつである[10]。

人生を、毎年ひとつずつハードルを越えていくハードル走のようなものだと考えてみてほしい[11]。かつては最初のほうのハードルがとても高くて、多くの人がそこを越えられずに脱落していた。人口統計学的見地から言えば、そのころの人類は自然に近い状態で生きていたのだが、自然は命を粗末にするという点で際立っている。イチジクはたくさんの実をつけるが、そのなかのほんのいくつかの、さらにそのなかのほんの1粒の種がやがて木になり、実をつける。野生のヒヒはおよそ4分の1が1歳になる前に死んでしまうが、これは霊長類ではごく普通の確率である[12]。

前近代の農耕社会においては、人間の乳児死亡率は類人猿のそれとほぼ同じで、ときには人間のほうが高いくらいだった。狩猟採集民も似たり寄ったりで、4人に1人が1歳の誕生日を迎えられず、残りの3人のうちの1人は、子供をもうける年齢まで生きることができなかった。19世紀まではおおむねどの地域でも似たような状態だった。そうでなければ、急激な人口増加がもっと早く見られたはずである。

今日の人生のハードルは、とりわけ最初のほうのハードルは、以前よりずっと低くなっていて、先進国に生まれる子供でクリアできないのはほんの一部でしかない。またそのあとも大多数は順調にハードルをクリアし、子供をもうけられる年齢に達している。早すぎる死はひとつひとつが悲劇であり、本人にも家族にも受け入れがたい。そのような悲劇が世界の多くの地域で稀なものになっているという事実は、喜ぶべきことである。

一方、問題はまだ残っていて、今日でもサハラ以南のアフリカでは、街からも行政の窓口からも遠く離れたところで多くの出産が行われ、記録されずに終わっている。アジアの辺境でも同じである。タイ北部のチェンライ出身のジョーは、10代後半になるまで市民権も身分証明書も持っていなかったが、それは両親が出生届の方法を知らず、そもそもその存在すら知らなかったからだ。これは正確な統計を頼りにする人口統計学者には頭の痛い問題だが、それ以上に重大なのは、このことが現代社会に溶け込みたいと思っている辺境出身者にとって不利にはたらく恐れがあるという点である。「行きたいところへ行けませんでした」とジョーはイギリスの記者に語っている。「タイ人だと証明するものがないので、村を出ようとしてもそのたびに警察に止められました」[13]。このように出生が——そして死亡も——記録されない場合があるので、乳児死亡率も事実ではなく推測に基づいて算出されることが少なくない。

また乳児死亡率のデータは、もっともサンプリング〔対象から一部を抽出し、一定の間隔でデータを測定すること〕しやすい地域でもっとも数値が低くなる傾向にあり、これもデータがゆがむ原因になりうる。そのような地域ではたいてい妊産婦・乳児ケアが提供されているし、住民の教育水準も高いからだ。最良の医療が提供される場所も、サンプリングに最適な場所も、結局のところ都市部だという事実を考慮してデータを調整することはできる。だが、ほとんどの国民が人口統計学者はもちろん医師の手も届かないところで暮らしている国の場合は、そのような調整も概算にとどまらざるをえない。

乳児死亡率のデータのもうひとつの限界は、状況変化にデータ分析が追いつかない場合があることだ。社会変動のなかには急速に起こるものがあり、データを集めて分析するときにはもう状況が変わってしまっていたりする。そして乳児死亡率は、人口に関する指標のなかでとりわけ変化が速いもののひとつである。最悪の場合、疫病や飢饉で1世代が丸ごと命を落とすこともありうる。また一般的に言って、感染症蔓延《まんえん》の影響を受けやすいのは幼年者と高齢者である。逆に死亡率が下がるときも急で、近年では予防接種プログラムや基礎的な母親教育といった新しい試みが導入されたおかげで、幼年層の死亡率が顕著に下がり、同時に人口全体の死亡率も下がるという例がよく見られる。たとえばアメリカで上水道の塩素殺菌処理が始まったときには、腸チフスによる死者数がわずか12年で半分以下になり、最終的にはほぼ一掃された[14]。

このようにデータには不備や不確実な部分がありうるが、それでも乳児死亡率の低下が現代社会におけるもっとも喜ぶべき、そしてもっとも確実な人口統計学的傾向のひとつであることに変わりない。ただし、世界のほぼすべての地域でいい数字が出ていたり急速な改善が見られたりするとはいえ、変化の度合いは決して一様ではない。

足早な国、足踏みする国

この50年間で乳児死亡率がもっとも速く低下したのは発展途上の国々である。一般的には国が豊かで、教育水準が高いほど乳児死亡率が低い。だが子供の健康に重点を置いているのは比較的貧しい国々と国際援助団体であり、また国の貧富を問わず、子供の幸福が親にとって最優先事項であることはどこでも変わらない。その結果、ペルーの例でも述べたように、比較的貧しい国々が予想以上のスピードで豊かな国々との差を縮めつつある。

豊かな先進国であるアメリカの乳児死亡率はもちろん低いが、圧倒的に低いわけではなく、1000人あたり5・5人強である（なお下降中）[15]。この数字はペルーのような発展途上国よりもずっと低いものの、飛び抜けて裕福なうえに医学研究の国際的進歩の中心にいる国としては、残念ながら限界を迎えていると言わざるをえない。世界でもっとも裕福な国がこの指標でやや苦戦しているのは、貧しい人々でも利用できるヘルスケアが限られているのが一因である。とはいえ、そのような問題を抱えるアメリカでも、１９８０年代前半に比べると乳児死亡率は半減している。この指標がすでに低いところまで下がっている場合、さらに下げるのはかなり難しい。だがそれをやってのけた国もある。40年前には、西欧諸国とアメリカの乳児死亡率はほぼ同じだったが、現在フランス、ドイツ、その近隣諸国の数字はアメリカの半分まで下がっている。東欧諸国も善戦していて、１９８０年代前半にはアメリカの2倍以上だった乳児死亡率が、今ではほぼ同レベルまで下がっている。

人口データを詳しく調べることで、有用な気づきを得られることがある。ここでは、近年アメリカが乳児死亡率でやや後れを取っているのはなぜなのか、少し掘り下げておきたい。

ほかの多くの課題と同じように、アメリカでは乳児死亡率についても人種が重要なカギになっている。アフリカ系アメリカ人の乳児死亡率はアメリカ全体の平均の2倍以上の高さであり、ヒスパニックは比較的貧しいとはいえ平均より少し低い。もっとも低いのはアジア系アメリカ人――多くは最近移民してきた人々かその子供たち――で、１０００人あたり3人から4人のあいだと、世界トップレベルとさほど変わらない[16]。白人アメリカ人の乳児死亡率は、ヒスパニック全体よりは少し低いが、キューバと中南米（狭義）出身の人々よりは高く、アジア系アメリカ人に比べるとずっと高い[17]。

一方、アフリカ系アメリカ人の乳児死亡率についてはいい知らせもある。オハイオ州シンシナティでは市内の女性たちへの権限移譲《エンパワメント》〔社会的制約なしに本来の能力を発揮できるようにすること〕と教育が功を奏し、たった1年で、アフリカ系アメリカ人の乳児死亡数が24パーセント減少した。この取り組みには地域保健師の増員や、妊婦グループ活動の増進などが含まれていた[18]。

アメリカで乳児死亡が多く見られるのは母親が若年の場合（20歳未満）と高年の場合（40歳以上）である。前者の場合、乳児死亡はおおむね剥奪《はくだつ》指標〔貧困指標のひとつで、所得ではなく生活の質そのものを測ろうとする試み〕と関係があり、母親が窮乏《きゅうぼう》状態にあり、教育もほとんど受けていないといった例が少なくない[19]。後者の場合は主として生物学上の問題であり、年齢が高くなるほど妊娠が困難になり、出産も難しくなる。こうした分析は、問題の根本がどこにあるのか、政府は何に力を注ぐべきかを示唆してくれるが、いずれにしてもアメリカの場合、手ごろな医療提供の欠如という問題が常につきまとう。

日本、韓国、シンガポール、ノルウェーなどでは、乳児死亡率が１０００人あたりわずか２人前後にまで下がっている。旧ソ連圏内の最先進国のひとつであり、比較的最近、資本主義に移行したエストニアも同じレベルである。先進国の多くは１０００人あたり3人前後に達しているし、この水準をクリアした国々がさらに数字を下げられない理由は見あたらないので、遠からず、乳児死亡率を妊産婦死亡率のように１０００人単位ではなく1万人単位、さらには10万人単位で表す日が来るかもしれない。

乳児死亡率の低下幅に注目すると、ペルーよりさらに劇的な成果を上げている国々がある。たとえばモルディブでは、観光産業が牽引《けんいん》する急速な経済発展にも助けられて、乳児死亡率が1990年代前半から85パーセント減と、信じがたいほどの低下を見せた。1960年代には子供の4分の1近くが1歳になる前に死亡していたのに、その後数字はみるみる下がり、1000人あたり7人と、1パーセントを切るところまで改善された。現在のモルディブでどれほど乳児の命が大切にされているかは、2019年初頭に重病の赤ん坊を救うためにインド沿岸警備隊のヘリコプターが出動したことからもわかる。赤ん坊はヘリで吊り上げられ、首都マレの病院に搬送されたのだ[20]。1人の命を救うためにこれほどの協力が得られるとは、救命に投じる資源などなかった前世代の人々には想像もできなかったことだろう。モルディブはなお発展途上にあるが、それでも乳児の生存率では足踏みしている先進国（アメリカなど）に迫ろうとしているし、EUの貧困国（ルーマニアなど）とはすでに肩を並べている。

イギリスの停滞

さて、イギリスの乳児死亡率だが、たしかに絶対値では低く、世界平均の7分の1以下なのだが、それでも心配な兆候が出ている。長期的に改善が続き、今では1960年代なかばの5分の1、1980年代後半の半分以下にまで下がっているものの、着実な下降はどうやら終わりに近づいているようで、ここにきて短期的ながら数字の若干の揺り戻しが見られた。2014年に1000人あたり3・6人だったのが、2017年に3・9人に上がったのだ。

この程度は統計上の誤差だと言うのは簡単だが、わずかな後退とはいえ、これは「このままごこまでも前進しつづける」というわたしたちの思い込みに警鐘を鳴らすものだ[21]。しかも予想どおり、数字がもっとも悪かったのは、剝奪指標による貧困の測定結果が国内でもっとも高い地域だった[22]。イギリスの乳児死亡率はアメリカの3分の2程度と低いのだが、フィンランドなどの成績優秀国と比べるとほぼ2倍の高さだ。なお最近のデータは、2020年に約3・5人と、再前進を期待させるものとなっている[23]。

イギリスのこの後退——というのが言いすぎならば停滞——の原因は十分解明されているわけではない。野党の政治家はこの10年の政府肝《きも》いりの「緊縮財政」のせいだと言うだろうが、保健医療にはかつてないほどの金額が投じられている。また女子教育など、乳児死亡率の低下因子と考えられている分野はいずれも改善されてきている。母親たちのどの世代集団(コーホート)も、その前の世代集団より教育水準が上がっている。

その一方で、イギリスの妊娠可能年齢の女性の世代集団は、10年前、20年前とは異なる様相を呈《てい》しつつある。イギリスで生まれる子供の30パーセント近くは母親が外国生まれで、その人数は1990年代前半の2倍をはるかに超えている。そうした母親のなかにはイギリスよりも乳児死亡率が低い国の出身者も多く、たとえばポーランド出身者は外国生まれの母親のなかでもっとも多い。それと同じくらい多いのが、乳児死亡率がずっと高いパキスタンの出身者である。NHSの最善の努力をもってしても、パキスタン出身者とイギリス全体の乳児死亡率の差が1世代では埋まらないのは当然のことかもしれない。

もちろん出身地の違い以外にもさまざまな要因がある。年代を問わずに増えている肥満と糖尿病も、妊婦の健康に影響を及ぼすという意味で、乳児死亡率悪化要因のひとつと言えるだろう。さらに妊婦の高齢化とともに生物学的に困難な出産が増えていることも、悪化要因のひとつと考えられる。イギリスでは2018年までの10年間で、45歳以上の妊婦による出産が46パーセント増加した[24]。

外国生まれの母親が増えると、なぜ乳児死亡率が下げ止まったり上昇に転じたりするのかについては、次のような理由が考えられる。パキスタンなどからやってきた母親は、文化と言語の壁に阻まれて、NHSその他の社会サービスをうまく利用できていないのではないかという点である。子供の健康は母親の教育、健康、栄養歴にある程度左右される。貧しい国々からイギリスにやってきた女性たちは、十分な教育を受けていないと同時に、幼少期から青年期にかけて困難な状況に置かれていた場合が多く、そうした背景は子供を持つことになったときになんらかの影響をもたらすだろう。その影響を打ち消すために多大な努力が払われているとしても、影響が少しでも残っていれば、乳児死亡率の目盛りをわずかなりとも押し上げることになる。

このようにイギリスのデータは満足できるものではないが、世界全体を眺めれば、乳児死亡率がすでに低い国も含めて、さらに著しい改善を見せている国が多い。世界全体の乳児死亡率は、20世紀なかばの数値の5分の1から4分の1程度まで下がっている。それでもなお現状に満足するわけにはいかない。今もこの世界のどこかで5秒ごとに1人の子供が命を落としており、苦戦している国々の乳児死亡率は成績優秀国の40倍も高いのだから。

直近の2018年の数字を見ても、15歳未満の子供の年間死者数は世界で600万人を超えていて、そのうち5歳未満が500万人を超えている[25]。今後も教育水準、生活水準の向上が続き、より高度な医療技術が普及すれば、これらの数字は下がってくると考えられる。アメリカ人のある母親は、自分の子供が九死に一生を得たときにこう言った。「人類の進歩がこの子を救いました。これからも多くの子供を救うでしょう」[26]

世界の乳児死亡数を地域別に見ると、アフリカが半数以上を占めている[27]。シエラレオネの乳児死亡率は今なお1000人あたり80人前後と非常に高い。この国ではマラリア、肺炎、下痢が蔓延していて、妊産婦死亡率も世界でもっとも多い。そのシエラレオネでさえ大きな前進が見られつつあり、1990年代なかばに比べると乳児死亡率は半減している。

総じて、乳児死亡の状況がもっとも悪いのはサハラ以南のアフリカだが、それ以外にも不振な国は世界各地に点在している。たとえばパキスタンがそうだが、乳児死亡率がインドの2倍の高さであることに本質的な理由などない。南アジアで敵対するこの2国の乳児死亡率は、1970年代にはほぼ同じレベルだった。その後、インドが4分の1まで低下したのに対し、パキスタンは2分の1までしか下がっていない。では何がこの差を生んでいるのかというと、たとえば陰謀論である。陰謀論の蔓延で子供のワクチン接種率が上がらないといった事情は、死亡率を上げこそすれ、下げる役には立たない。パキスタンでワクチン接種を拒む親は、保健師に向かってこう言った。「ヒンドゥー教徒がワクチンに豚の血を混ぜて、わたしたちを地獄に送ろうとしているんです」[28]。2019年にも、ソーシャルメディア上である陰謀論が拡散されたために、保健師1人と警察官2人が射殺され、ポリオ（小児まひ）の予防接種が中断を余儀なくされた[29]。こうして今もなお、無知が人の命を奪いつづけている。

格差の拡大

この数十年間、発展途上国が目覚ましい経済成長を遂げる一方で、先進国の平均賃金は伸び悩んでいる。その結果、最貧国が追い上げるかたちで国家間の経済格差は縮小しつつあるのだが、一方で各国の国内の経済格差は拡大している。貧しい国々では中間層が台頭して貧困層との差を広げているし、ヨーロッパ、北米、アジアの豊かな経済大国では超富裕層が台頭して格差を広げている。

そして、じつは同じことが乳児死亡率にも見られる。もっとも状況の悪い国々がもっとも迅速な改善を見せているため、世界全体では乳児死亡率の格差が縮小している。たとえば1950年のマラウイの乳児死亡数はアメリカよりも1000人あたり150人多かったが、現在では1000人あたり25人多い程度である。その一方で、マラウイ国内では経済発展の足並みがばらばらなので、乳児死亡率の格差も広がっている。施設や設備、教育が提供されやすい都市部ではいい結果が出ているが、非都市部は放置されがちで状況がよくならない。特定地域の優遇措置や中流階級の形成に見られる政治腐敗も、国内の格差拡大の原因となっている。2014年の調査によれば、マラウイの貧しい非都市部の乳児死亡率は、裕福な都市部の倍以上高い[30]。

さて、人口動態にかぎらないが、リスクが下がるほど予防策に力が注がれるということがままある。イギリスでは1980年代前半から今日までに、薪《まき》ストーブと暖炉の減少や防火対策の普及のおかげで、火災による焼死者数がほぼ半減した。すると、それ以後に発生した火災は以前より衝撃的に感じられるようになった。2017年6月のグレンフェル・タワー（高層公営住宅）火災では72人が死亡し、イギリス中が震え上がった。その結果、それまで以上に積極的に対抗策が講じられ、火災による死亡率はその後も下がりつづけた[31]。

乳児死亡率も同じである。アフリカの貧しい国で暮らしたことのある社会活動家の話によると、ほんの15年ほど前まで乳児の死亡は日常的な出来事だったので、自分の家でそういう悲劇があっても仕事を休んだりしないというのが、彼が雇っていたスタッフのあいだでさえ当然のことだったそうだ。乳児死亡は人の営みの一部として受け入れられていて、それに抗う措置が積極的に取られることもなかった[32]。だが乳児死亡率がある程度まで下がると、一人ひとりの乳児の死が以前よりも大きな衝撃を与えるようになるため、社会はそれを防ぐ対策を講じようとし、そのおかげで死亡率がさらに低下する。イギリスで最近見られた若干の乳児死亡率悪化も、それをきっかけに調査が行われ、その結果が政策や運用に反映されると考えられる。だとすれば、やがて数字は好転するだろう。

しかしこのような好循環が期待できる一方で、努力が実を結びやすい段階は終わったのではないかという懸念もある。手が届くところにある果実はもいでしまったとなると、そこから先は目標達成が難しくなる。

乳児死亡率の改善がもっとも容易なのは、予防接種プログラムのような取り組みが可能な生後1か月から1年までのあいだである。これに対して生後1か月までのあいだはリスクが高く、改善も難しい。というのも、この期間は出産時ならびに出産前の母親への介入と深く関係し、ひいては母親の栄養摂取や健康状態といった複雑な要素が絡んでくるからだ。最初の1か月——乳児

乳児死亡率（1000人あたり）
世界平均と代表的な国（1950－2020年）

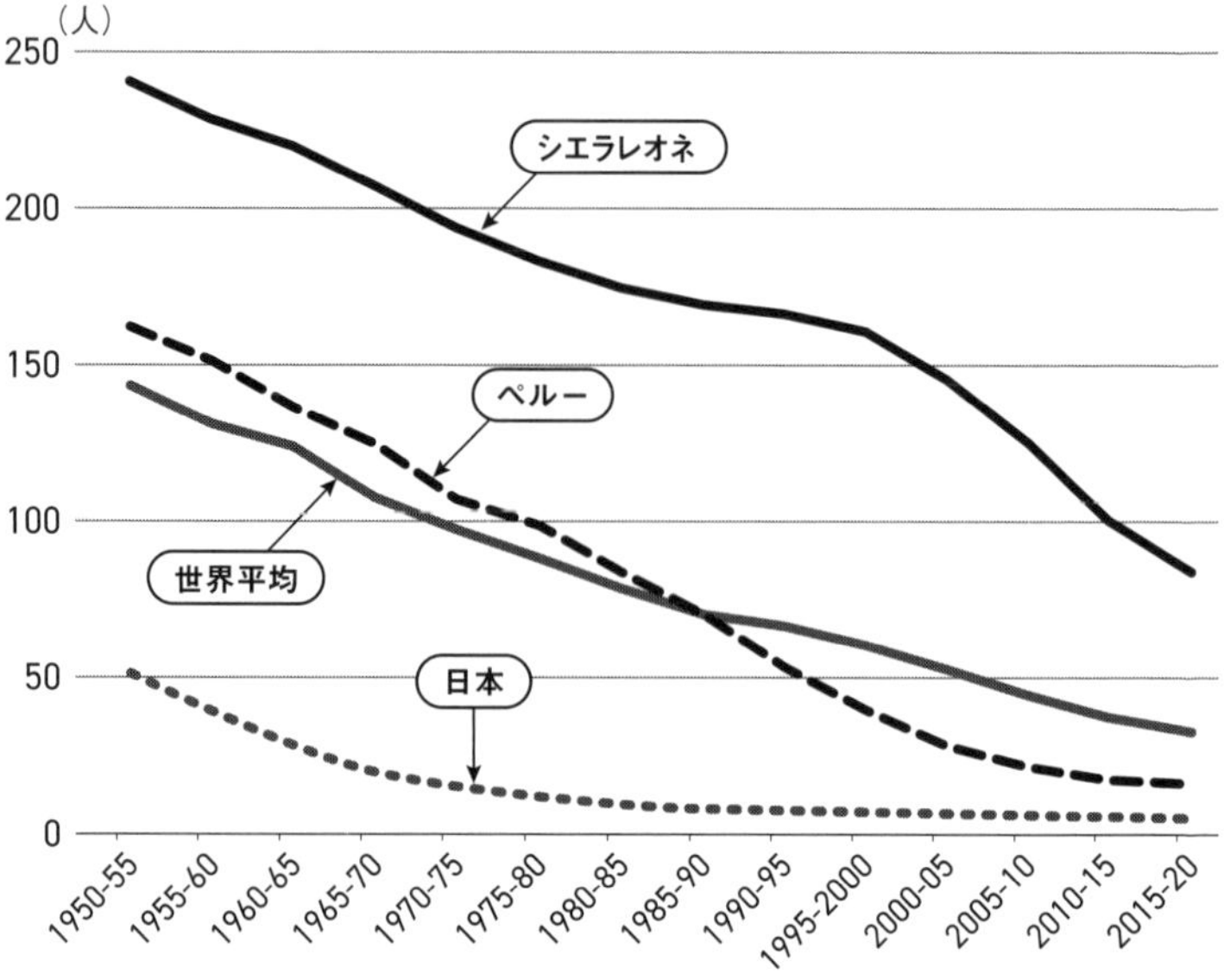

出典：国連人口部

乳児死亡率は着実に低下していて、しかも元の数値が高い国ほど低下が速い。シエラレオネは、1950年代初頭には4人にほぼ1人の子供が1歳を迎えずに死亡していたが、今では10人に1人を切っている。日本はかなり前から乳児死亡率が低く、低下率は鈍っている。1000人あたり2人というのは世界トップレベルだ。乳児死亡率は世界平均も低下しつつあり、これには父母、とくに母親の教育水準と所得水準の向上、医療・産科サービスへのアクセス改善などが貢献している。

がもっとも弱い状態にある1か月――の死亡率があまりにも高いので、それに応じた儀式や祭礼が行われるようになった地域もある。ある社会活動家からこんな話を聞いた。「ウガンダで働いていたとき、子供が生後1か月を迎えたことを祝う儀式を見ました。その様子からすると、どうやら1か月までは完全な人間とは見なされず、1か月未満の乳児死亡は流産や死産に近いものととらえられているようでした」[33]

母親の命が大切

かつて、出産が女性の命を奪いかねない大きな脅威である時代があった。前近代においては、乳児死亡と並んで妊産婦死亡が人口増加の大きな制約になっていた。女性の場合、たとえ生後1年を生き延び、無事に出産適齢期に達したとしても、最初もしくは2度目の妊娠中に、あるいは出産中に命を落とす可能性が高かった。したがって日常生活において、継母《ままはは》は今日よりもはるかに重要な存在だった。多くの男性が、子供は生まれたが妻がいないという状況に置かれ、子供たちを育てるために代わりの女性を必要とした。

妊娠・出産は危険を伴う。妊娠は高血圧を伴いがちで、出産は出血や感染症を伴うことが少なくない。中絶による死亡も多く、とくに医師の手によらない不法な処置の場合は死亡率が上がる。

これらの危険性が増すのは、母親が貧困のなかで出産する場合、母親が十分な教育を受けていない場合、そして母親が出産する地域に基本施設が存在しないか、あっても遠い場合である。

世界の一部の地域では、乳児死亡と同様に妊産婦死亡がまだ普通に見られるが、そうした地域は縮小しつつあり、2017年には2000年の3分の2を切っていた[34]。妊産婦の死亡という特殊な悲劇の減少には、乳児死亡の減少と多くの共通点があり、そのひとつは専門家の介入によって大きな改善が期待できる点である。

スリランカの旧首都コロンボのある助産師の話がそれを物語っている。労働者階級の住宅地域で働くアリヤシーリ・ガナウィーラは、新生児の父親に簡単な搾乳《さくにゅう》器の作り方と使い方を教えた。生後3日の赤ん坊の授乳を助けるとともに、若い母親の乳房の不快感を和《やわ》らげるためだ。スリランカでは、母親の90パーセント以上が産後数日のあいだに助産師の訪問を受けていて、その介入が母親と子供両方の命を救う結果になることも少なくないという。「ほかに誰も助けてはくれませんから」と赤ん坊の祖母は取材記者に言った。「助産師さんだけが頼りです」[35]。手作り搾乳器はわずかなコストでできる工夫だが、安全かつ衛生的に使うことができれば、これが人々の命を救うことになる。

スリランカの制度が成果を上げているのは妊産婦のデータを丁寧に管理しているからで、そのデータのおかげで妊娠の経過を追うことができ、リスクがありそうな妊婦に目を配ることができている。スリランカの助産師は妊娠中の女性たちと密に接し、セックスや家庭内暴力といった問題でさえざっくばらんに話ができる関係を築いている。「もう家族の一員のようなものです」とアリヤシーリは言う。スリランカのこの取り組みは母子ケアの模範とされ、直に学ぶために南アジアのみならず世界各地から視察団がやってきている。

スリランカと言えば流血の内戦（1983～2009年）が記憶に新しいだけに、1948年に独立するまで大英帝国の植民地のなかでも模範的な存在だったことは忘れられがちだ。19世紀後半から議会に準じる機関を持ち、1930年代前半には普通選挙に基づく立法議会が設立され、比較的進んだ憲法を持ち、紅茶輸出産業の恩恵を受けてグローバル経済にも参入した。助産師の養成もすでに1880年代に始まっていた。2000年のスリランカの妊産婦死亡率は出生10万人あたり56人で、これは発展途上国のなかでは例外的に低かったが、先進国に比べるとまだまだ高かった。

その後、産後ケアの新たな取り組みが始まったことで、2017年には出生10万人あたり36人にまで低下した[36]。それでもスリランカと先進諸国のあいだにはまだ開きがあり、避けられるはずの死と親のいない子供という悲しい現実がまだ身近な問題として残っている。そうした悲劇は、これまで世界の多くの地域で1世代のうちに半減してきたので、見通しは明るい[37]。問題は、助産師の助けが届きにくいために妊産婦死亡率が高い非都市部である。なんらかのサービスや施設へのアクセスが改善のカギである場合、アクセスが容易な町や都市のほうがどうしても有利になる。

乳児死亡率と同じく、妊産婦死亡率についても簡単な介入で大きな成果が上がる可能性がある。たとえば女性が集まる場所を用意して、妊娠や出産について話し合ったり、基本的な健康管理について学んだりできるようにするといった方法も、これまでの研究で効果があることがわかっている[38]。

南アジアのなかではアフガニスタンも、最近まではこの分野で前進を見せていて、1990年以降に妊産婦死亡率が半分以下になった。とはいえ、質の高い母子ケアの長い経験を持つ国々に追いつくまでにはまだ長い道のりが待っている。またアフガニスタンのような国の場合、データの信頼性にも問題がある。最近の調査結果を見るかぎり、アフガニスタンの実際の改善幅はこれまで考えられていたより小さいようで、助産師の人数は増えたものの、非都市部までは手が届いていないと思われる。実際、サハラ以南のアフリカ以外で唯一、妊産婦が100人に1人以上死亡していると思われる国がアフガニスタンである[39]。

妊産婦死亡率はそれ自体はもちろん、付随するもうひとつの指標にとっても重要である。通常、妊産婦死亡率が高いところでは乳児死亡率も高い。どちらも教育、衛生状態、医療施設、公衆衛生の欠如が背景にあるからだ。妊産婦死亡率と乳児死亡率が低下してきた背景を見れば、どちらにとっても女子教育と妊婦への精神的サポートが重要だとわかる。伝統的な農村社会で出産のリスクが非常に高くなるのはそのためであり、イギリスの過去の例からもそれがわかる。19世紀のイングランドとウェールズの妊産婦死亡は1000人あたり40人から60人だった。その後1930年には42人前後にまで低下し、現在では10万人あたり7人前後である[40]。

妊産婦死亡数の世界的な減少は、第二次世界大戦後の世界が達成した偉業のひとつだが、残念ながら例外もいくつかある。ここでもまたアメリカが遅れを取っていて、その原因は母子ケアが相対的に不平等なことと、医療保健サービスが最貧困層に十分届いていないことにある。アメリカ人女性の出産時および出産直後の死亡数は妊産婦10万人あたり19人前後で[41]、これはほかの先進国より高いだけではなく、1世代前より悪化していて、1980年代後半の少なくとも2倍になっている。また貧困層だけの問題というわけでもない。セリーナ・ウィリアムズやビヨンセなどの有名人も、出産時に死にかけたと言っている。「娘のオリンピアを産んだあと、わたしはもう少しで死ぬところだった」とセリーナは書いている。血栓《けっせん》症の持病があったセリーナは、産後激しく咳《せ》き込むようになって帝王切開の傷が開いたので手術室に戻されたが、そこで腹部に大きな血腫《けっしゅ》が見つかった。さらに、過去に経験していた肺塞栓《そくせん》症の再発への対応も必要になり、何度も手術を受けることになった。セリーナは医療に助けられたと感謝の言葉を述べているが、誰もがそのような幸運を期待できるわけではない[42]。

スリランカをはじめとする国々では、産後管理の取り組みが開発されて大きな成果を上げたが、アメリカではこれが遅々として進んでいない。アメリカの場合はここでも人種問題が顔を出す。アフリカ系アメリカ人の女性が分娩《ぶんべん》の合併症によって死亡する確率は白人女性の3倍以上であり〔前述のセリーナ・ウィリアムズの例でも、肺塞栓症の危険性を何度も訴えたが取り合ってもらえず、対応が遅れたという事情があるようだ〕、ヒスパニック女性のほぼ4倍になる。かつて民主党大統領候補に立候補し、その後副大統領（現職）になったカマラ・ハリスがこの問題を政治の舞台に上げ、医療制度における人種差別が生んだ結果だと主張した。だがそれがもっとも妥当な説明だと言うなら、ヒスパニック女性の妊産婦死亡率が白人女性より低い理由はどう説明すればいいのだろうか[43]。乳児死亡率にしろ妊産婦死亡率にしろ、人の生死にかかわる問題なのだから、入念な調査と分析が必要なのは言うまでもなく、また結果を踏まえて慎重に政策を練り、それを粘り強く実行するべきである。

　乳児死亡率と妊産婦死亡率のもうひとつの共通点は、もっとも肝心なのが出産直後の時期だという点である。この点ではアメリカも例外ではなく、出産時および産後1週間の女性の死亡数は、その後の51週よりも少し多い[44]。

乳児死亡率と妊産婦死亡率が異なる点

乳児死亡率の大幅な低下は社会を大きく変える。発展途上国の場合は人口が若くなる。たとえばインド洋にあるフランス海外県のマヨット島では、１９５０〜85年で乳児死亡率がおよそ90パーセントも低下したため、島民の年齢中央値が15歳下がった。その結果、学校が足りなくなって建設が急がれ、子供に関係する教師などの職業の人員増が急務となり、経済は急増する若い労働力をなんとかして吸収しなければならなかった。こうした課題は、増えつづける高齢者の介護と同様に、人口動態上の好材料——死との闘いにおける前進——から生じるものだ。

だが先進諸国の場合は、乳児死亡率がこれ以上低下しても人口が若くなることはない。たとえば日本のような国にとって、１０００人あたり2、3人の乳児死亡率をさらに1人未満にまで下げることは立派な目標ではあるが、乳児死亡率がかなり前から低かったことを考えると、これ以上の低下によって人口動態が大きく変わることはないだろう。

ペルーのような国でもすでに乳児死亡率は1パーセント程度（１０００人あたり10人）なので、これがほぼゼロまで下がったとしても人口動態が大きく変わることはない。乳児死亡率の低下は、かつて地球規模の人口増加の強力な原動力だった。だが今日では、すでに乳児死亡率が低いので、人口が増えることはない。人口が増えるのは、低い乳児死亡率と高い出生率が同時に持続する場合だけである。

そのような状態はどの国でも長くは続かず、乳児死亡率が低くなればいずれ出生率も下がってくる。子供を失う不安が減れば、親が持とうとする子供の人数も減るからだ。また小家族化が豊かな暮らしに結びつくからでもある。生存率が上がるとまずは社会の年齢中央値が下がるが、ついで家族規模が小さくなることで、大家族世代のあとに小家族世代が続くことになる。第二次世界大戦後の欧米のベビーブーム世代に見られた現象がその例である。

人口が増えすぎるのが心配なら、途上国が乳児死亡率を下げようとするのを助けなければいい、などと言う皮肉屋もいるかもしれない。そのような発想の裏には長く醜い歴史的背景がある。そんなことを提案するだけでも配慮に欠けるし、たとえわたしたちがそれを望むほど無慈悲だったとしても、そもそも大勢の人々を前近代的なみじめな状態に閉じ込めておけると考えること自体、すでに現実離れしている。

地球の人口の増加率を抑えたいなら、そのためのもっとも人道的かつ現実的な方法は、人口転換の初期段階にいる国々を助け、できるかぎり速やかに次の段階に移行できるように、経済的繁栄と女性解放と選択の自由を実現できるように後押しすることである。そして、物質的豊かさにおいても教育水準においてもまだまだこれからという社会がその段階にたどり着くには、死亡率低下の一方で出生率は高いままという多産少死の段階を経るしかなく、いきなり少産少死の段階に進めるわけではないことを頭に入れておく必要がある。

乳児死亡率と妊産婦死亡率に関しては、アメリカやパキスタンのような比較的小さい問題が残っているとはいえ、全体としてはすでに長い道のりを経て前進してきたということを忘れてはならない。今後、発展途上国で産後支援が強化されれば、新生児に母親がいないという悲劇はますます稀なものになると、わたしたち人口統計学者は自信を持って言える。また、世界規模の大惨事でも発生しないかぎり、イギリスで見られたような逆転現象が統計的に有意なものになることはまずないだろう。イギリスの例は、優秀者が最優秀を狙う難しさの表れにすぎないのではないだろうか。

乳児死亡率と妊産婦死亡率が下がった未来がどのようなものかは、すでに先進国の多くがそうなっているので想像をめぐらすまでもない。乳児や妊産婦の死はゼロになると考える人もいるが、今のところそれはSF的想像の範疇《はんちゅう》にとどまっている。そのような極端な説についてはのちほど検討するとして、現実の範疇で冷静に考えれば、乳児死亡や妊産婦死亡が今後数十年でゼロになることはないとしても、どちらも非常に少ない状態が世界各地に広がっていくことは確かだろう。そして1000人あたり2人を1万人あたり2人へ、さらには10万人あたり2人に減らしていく

年齢別生存率
アメリカ人女性0－100歳（1900、2020年）

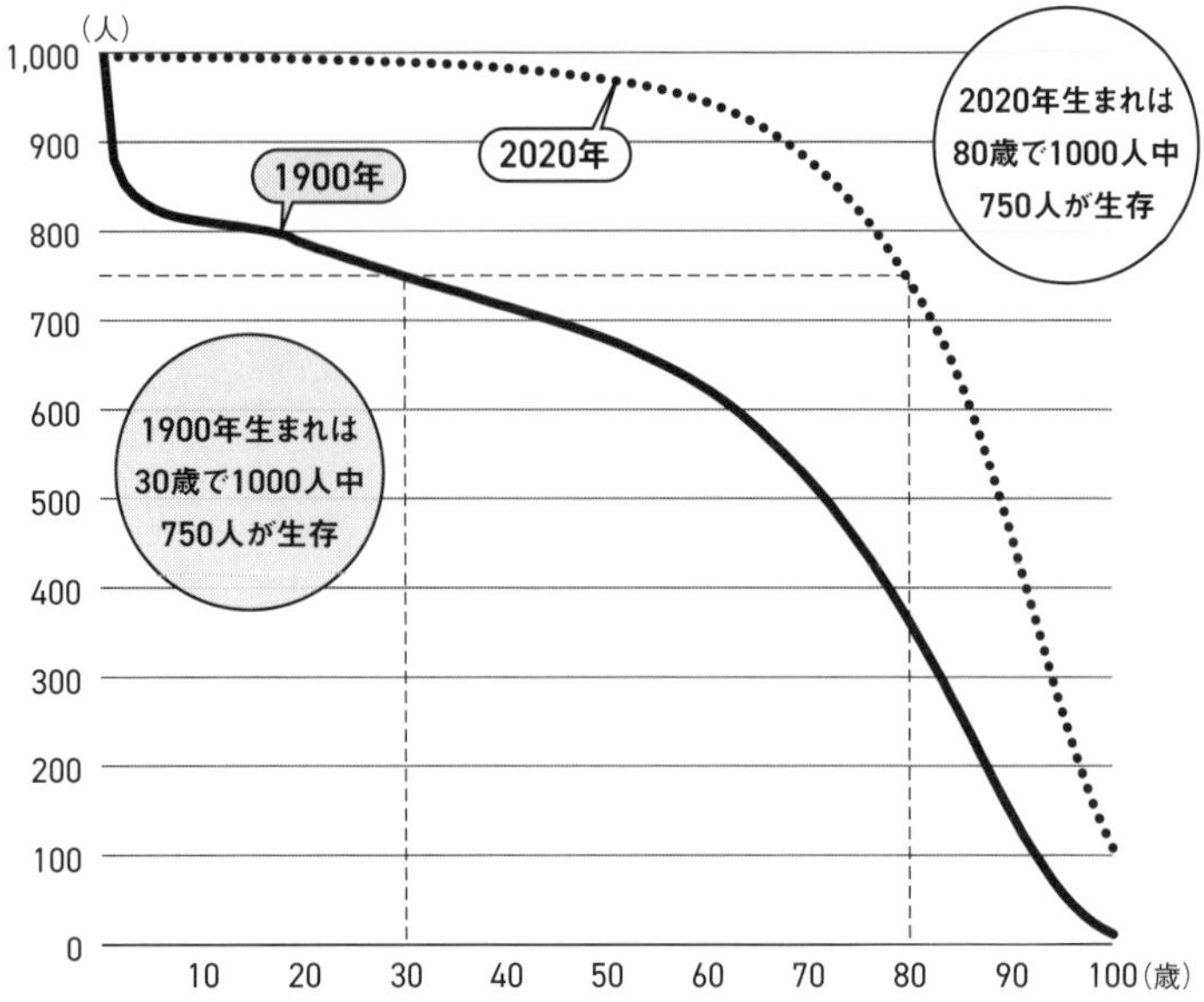

出典：アメリカ社会保障局

1900年生まれのアメリカ人女性の年齢別生存率は、10歳まで生きられるのが1000人中800人、50歳まで生きられるのが約3人に2人となる。これに対して2020年生まれのアメリカ人女性は、10歳で99%以上、50歳でも97%が生存している計算になる。また1900年の世代は30歳までに4人に1人が死亡するが、2020年の世代は80歳になっても4人に3人が生きていることになる。両年のあいだに生まれた各世代について同じ作業をすると、一連の曲線が徐々にずれていくかたちとなり、どの年齢においても生存率が上がっていることがわかる。

ことは価値ある目標ではあるが、すでに数字がかなり低いので、それ以上の改善によって人口が大きく変わることはない。

しかしながら、世界にはまだその状態へと向かう途上にある地域が残されていて、そこでは今後、乳児死亡率と妊産婦死亡率の低下とともにまずは人口が急勾配《こうばい》で増加することになる。つまり人口転換モデルにおける人口拡大期のことだ。ヨーロッパは1世紀以上前にそこを通り抜け、多くの国は今まさにその最中にあるが、サハラ以南のアフリカはまだこれからで、そこに差しかかるまでに数十年かかる。そして、そのときにはすべてが変わるだろう。

第2章

人口爆発後の「人口ボーナス」はあるか

40億

2100年のサハラ以南アフリカの人口〈予測〉［1］

マルンガイ・アダムが妻のカトゥーマと結婚したのは彼女が15歳のときで、その後マルンガイはカトゥーマとのあいだに10人の子供をもうけた。フィナンシャル・タイムズ紙のインタビューで彼は、もし妻が多産でなかったら、第二夫人をもらっていただろうと認めている。マルンガイが家族と暮らしているのは、旱魃《かんばつ》とイスラム過激派による襲撃が絶えないアフリカ中部のチャド南部の片田舎なのだが、それでも彼は家長として、多くの子供をもうけたことを後悔していない。「大家族を持つことは誇りです。子供が多ければ助けになります。それに自分で決めたことじゃありません。神様がお授けくださったんです」。チャドのような国では、伝統的な家族構成や考え方によって個々人が人生を切り拓《ひら》く機会が制限され、多くの子供たちが望まれていようがいまいが生まれてきてしまうという状況が続いている［2］。

マルンガイのような例を見れば、サハラ以南のアフリカの人口が急増している理由がわかる。国連の最良推計によると、アフリカ大陸の人口は21世紀末までに約40億に達するという。今日、アフリカの人口大増加は地球上でもっとも重要な人口動態のひとつであり、これによって地球全体の政治、国際関係、経済、文化、生態系が一変する可能性さえある。また過去2世紀に見られた例と同じように、この人口大増加を牽引しているのはふたつの要因——高い出生率の持続と、前章で述べたような死亡率（とくに幼年層の死亡率）の低下——の組み合わせである。

かつては、新しい人々が続々と「生命の駅」に到着するものの、すぐに「死の列車」に乗せられて消えていった。しかし今では、新しい人々は相変わらず押し寄せてくるが、列車に乗る人は少なくなり、ホームは大混雑だ。このような動向は19世紀のイギリスで始まり、20世紀に世界各地に広がっていった。そして21世紀の今、人口転換の最後のフロンティアであるアフリカがこの段階に入ろうとしている。

マルンガイ・アダムを、前章で生殖不成功の例として紹介したヘンリー8世と比べてみよう。前者は世界の社会階層の底辺にいながら家族を育《はぐく》むことに成功していて、後者は間違いなく階層の頂点にいたのに思うように跡継ぎを残すことができなかった。もちろんいつの時代にも、貧しいながら子だくさんという人もいれば、裕福なのに子宝に恵まれない人もいる。しかしながら、マルンガイ・アダムとヘンリー8世の違いをもっともわかりやすく説明してくれるのは、この2人が生きた時代の違いである。マルンガイがもし前近代の世界に生きていたら、10人の子供がすべて無事に成長することなど思いもよらぬ幸運でしかなかったはずだ。だが今日では、生まれた子供が全員無事に幼年期を生き延びるのは、当然とまでは言わないものの、チャドのような貧しい国でさえもはや特別なことではない。1950年のチャドでは、まだ5人に1人の子供が1歳を迎えられなかった。それが今では10人に1人を切っていて、日本の乳児死亡率に比べれば50倍高いものの、確実に改善されつつある。

チャドには高い出生率につながるあらゆる特徴が見られる。一般的に教育水準の高い女性よりも低い女性のほうが多くの子供を産む傾向にあるが、チャドの若い女性の場合、読み書きができるのは5人に1人、中等教育の課程に進むのはわずか12パーセントであり、それが出生率の高さにつながっているのかもしれない[3]。この国は人口転換の最初の揺れのただなかにある。諸条件の改善により死亡率は下がってきたが、出生率のほうはまだ高いまま推移している。したがってチャドの人口は若い（全人口に占める若年層の比率が高い）。年齢中央値は16歳と、20世紀なかばより5歳下がっていて、これは単純に幼年層の生存率が上がっているからだ。

とはいえチャドのほとんどの人々にとって生活は依然として厳しく、もう人口が減る心配はないと考えるのは性急にすぎる。今なお多くの人が不安定な暮らしを強いられ、栄養不足で発育に影響が出ているし、チャド盆地での集約的作付、森林伐採《ばっさい》、過放牧によって300万人が食料不安に直面していると報告されたこともある[4]。チャド湖の面積も一定せず、一時は地球温暖化が湖の縮小を招いていると考えられていたが、この数十年は急速に拡大していて、今ではこの地域の豪雨こそ温暖化のせいだと言われている[5]。だが降水量にかかわらず、この地域の人口は急拡大を続けている。

チャドと同じように、隣国のニジェールも広大で人口の少ない国だが、今は人口が急増している。ニジェールは大半が砂漠で、アフリカのなかでもとりわけ人口密度が低く、面積はイギリスの5倍以上なのに人口は3分の1にすぎない[6]。ニジェールの国立病院では、重度の栄養失調の子供たちが大勢治療を受けている。「うちには6人の子供がいて、そのうち2人が急性栄養失調に苦しんでいます。わたしの乳の出が悪いからですが、それはわたし自身が十分な食事を摂《と》れていないからです」とアミナ・シェブは嘆く[7]。若い母親はつらい状況に置かれているが、子供がこの病院に入院できているだけでもかなり幸運なほうだ。ほかにも多くの人々が、大都市の医療から遠く離れたところで人知れず苦しんでいる。

その一方で、アミナ・シェブの子供たちのような栄養失調が今のアフリカでは普通のことではなく、どちらかというと例外に近づきつつあるというのも事実である。そうでなかったら、ニジェールの人口が今世紀に入ってからの20年間で2倍になることも、乳児死亡率が半減することもなかったはずだ。人類史の大半において、人口は基本的に増加傾向にありながらも、利用可能な資源の不足によって制限されてきた。これが『人口論』のトマス・マルサスの主張である。だが今では、資源不足が多くの人にとって以前ほど差し迫った問題ではなくなり、人口増加が可能になっている。

もしかしたらわたしたちはこれから世界規模の災害に見舞われ、人口が再び減少に転じ、マルサスが正しかったことが、その著書の発表から200年を経て証明されるのかもしれない。新型コロナウイルス感染症の蔓延を目のあたりにして、わたしたちは間違いなく、以前よりもパンデミックの威力を認識するようになった。しかしながら、今のところチャドやその近隣諸国の人口増加が止まる気配はない。そしてここ数十年で中国が世界の経済基盤を一変させたように、今度はアフリカが世界の人口動態を一変させようとしている。経済の大変化は東で起こったが、人口の大変化は南で起ころうとしている。

アフリカの人口爆発

チャドは面積で言えばアフリカ有数の大国で、イギリスとフランスとドイツを合わせたよりも広いが、経済で言えば世界最貧国のひとつである。人口は20年ごとに倍になっていて、今世紀の最初の20年間で800万人が1600万人になった。その要因は出生が死亡を上回ったことにあり、移民によるものではない。サハラ以南のアフリカはおよそ50か国からなっているが、地理、気候、民族、歴史、宗教、資源のどれをとっても一様ではなく、国ごとに事情が大きく異なる。

ザンビアと南スーダンはまるで別世界であり、ルワンダとギニアもそうだ。チャドの首都ウンジャメナからは、直線距離で言うと南アフリカ共和国のケープタウンよりフランスのパリのほうが近い。セネガルの首都ダカールからソマリアの首都モガディシュまでの距離は、ダカールからスペインのマドリードまでの距離の2倍以上ある。このようにアフリカは広大で多様だが、それでもアフリカの人口動態についてはある程度一般化して論じることができる。

何世紀ものあいだアフリカは奴隷の供給地で、まずはイスラム教徒の商人が、のちにはアメリカ大陸に奴隷を輸出するヨーロッパの商人がここで奴隷を調達した。アラブの商人は1400万人、ヨーロッパの商人は1200万人のアフリカ人を捕らえて奴隷にしたと言われている[8]。何世紀にもわたる強欲な奴隷貿易と植民地主義に、アフリカの前近代的な人口動態が重なった結果、この大陸は最近まで広大な面積に対して極端な過疎状態に置かれていた。アフリカ大陸はヨーロッパの何倍もの面積を持つのに、人口のほうは1950年時点でも2億人に満たず、同時期のヨーロッパの半分にも届いていなかった。その後も数十年のあいだ出生率も死亡率も高く、人口は足踏み状態だった。今ようやく、生存率の上昇とともに、アフリカは人口統計上の空白地帯という状態を脱しつつある。

アフリカの人口動態がどれほどの勢いで塗り替えられてきたかについては、1870年代に東アフリカ沿岸部を視察したイギリス人、ジェームズ・フレデリック・エルトン大尉の日誌が参考になる。当時イギリスは国内の余剰人口を入植者として送り込むことで植民地支配を進めていて、エルトンは東アフリカの開拓の可能性を見極める任務を負っていた。その彼は日誌に、先住民の人口は非常に少ないが、文明の力を尽くしてうまく管理できれば、彼らの再生の道を切り拓くこともできるだろうと記す一方で、そうでなければ彼らは「白人の進出によって」絶滅してしまいかねないし、そのようなことはすでに何度も繰り返され、「われわれの植民地化の歴史の多くのページを汚してきた」と警告してもいる。19世紀にはヨーロッパ人が世界各地に進出し、非ヨーロッパ人は後退していて[9]、それが当然のことのように思われていたので、エルトンのように征服者のあくなき欲望の前に非ヨーロッパ人が消えていくのを嘆く人は少なかった。

先住民の消滅を当然のものとする見方は、アフリカだけではなく、世界各地で広く見られる一般的なものだった。19世紀のオーストラリアのある新聞記事を見てもそのことがわかる。「未開人が文明と衝突するとき、排除されるべきは未開人のほうであり、それが彼らの運命である。そのような事態は嘆かわしいとはいえ、文明の前進が先住民の敵意によって阻まれるようなことがあってはならず、避けて通ることはできない」[10]と書かれている。

チャールズ・ダーウィンも、1871年に発表した『人間の由来』のなかで、「いずれほぼ間違いなく、人類のなかの文明化した諸民族が、世界中の野蛮な諸民族を滅ぼして取って代わるだろう」[11]と予言していた。19世紀なかばにアメリカがメキシコの北半分、すなわち現在のアメリカ西部を併合したとき、アメリカのある上院議員はメキシコ人について、「彼らが文明を前にしても退《ひ》かないなら、その影響の下で滅びることになる。彼らは自分たちより強い民族に道を譲るべき定めにある」[12]と断言した。今日「ダーウィニズム」という言葉で括《くく》られることがある人種差別的態度は、実際にはダーウィンがペンをとる何十年も前から一般的なものになっていた。ダーウィニズムが人種差別に疑似科学的根拠を与えたとするのは間違いであり、ダーウィンが人種差別を生んだわけではない。

ダーウィンやエルトンの時代にずっと未来まで続く普遍の特性と思われていたものが、実際には普遍でも何でもなかったことはすでに明らかになっている。国連の最近の研究によれば、2100年のアフリカには1950年のおよそ20倍の人々が住むことになるようだ。40億人ともなれば、アフリカ人はヨーロッパ人を6対1で圧倒することになる。1950年には世界人口の14人に1人がサハラ以南のアフリカに住んでいたが、2100年にはそれが3人に1人以上になる。異なる民族間の人口バランスがこれほど急激に変わるのは、16世紀にヨーロッパ人によってアメリカ大陸が征服され、先住民の人口が激減したとき以来のことになる。

今後、21世紀を通して、アフリカの平均寿命は着実に延びつづけ、同時に死亡率は子供や妊産婦を中心に低下していくだろう。これに伴いアフリカ大陸内ならびにヨーロッパ諸国への移住が増えると考えられるが、それがどの規模になるかは、アフリカの経済的・政治的発展の速度と

サハラ以南のアフリカ
人口と世界人口に占める割合

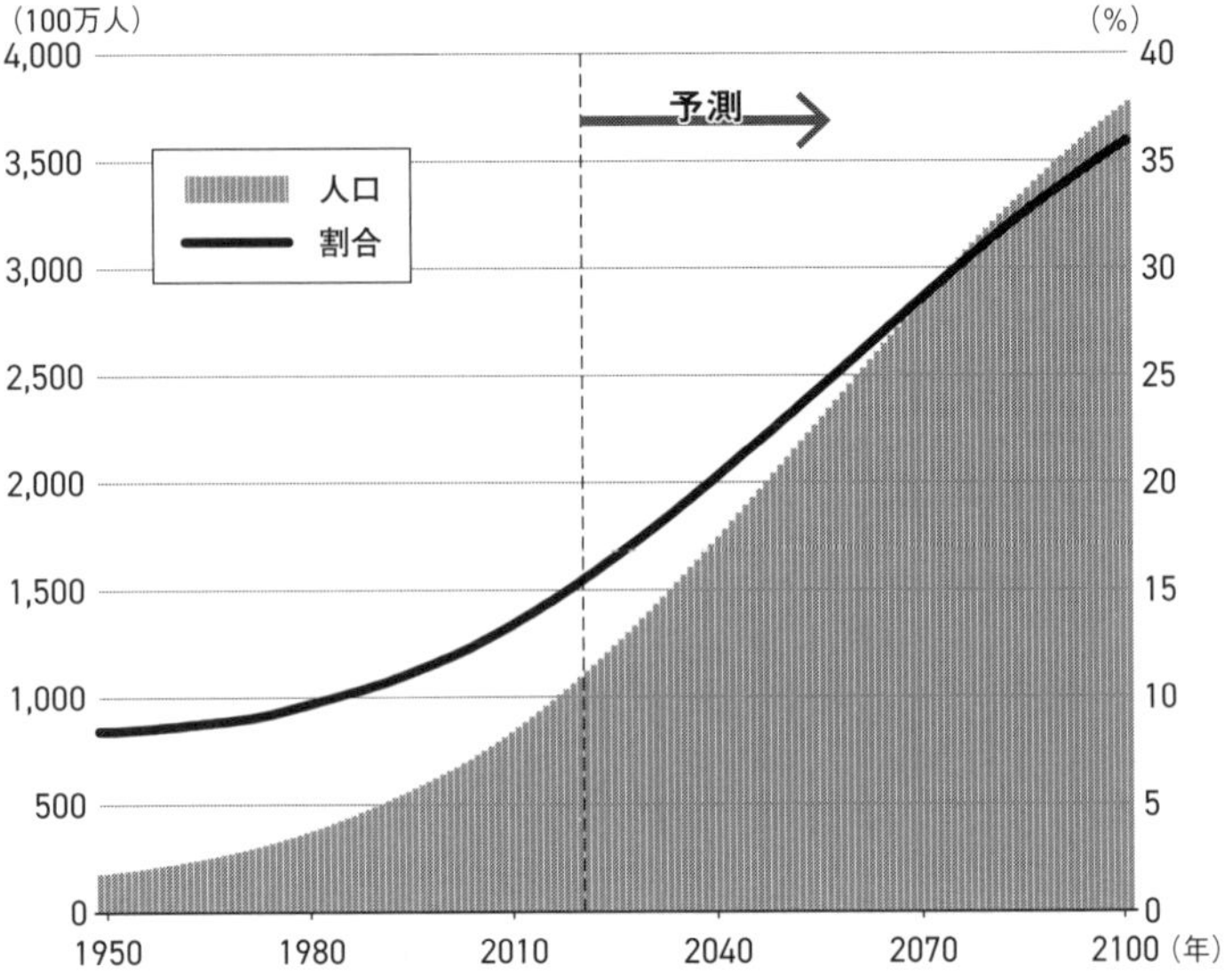

出典:国連人口部(中位推計)

サハラ以南のアフリカのほとんどの国は人口転換の初期段階にあるため、急激な人口増加はこのまま続き、増加率が低下しはじめるのは今世紀末になると考えられる。この地域の人口は1950年には2億人に満たなかったが、今では10億人を超えている。2100年には40億人近くになると国連は予測しているが、出生率の低下がどの程度速いかによって数字は大きく変わることになる。

世界人口に占めるアフリカの割合は驚くほど上がってきている。1950年には世界の14人に1人がアフリカ人だったが、現在すでに7人に1人になっている。2100年には3人に1人以上がアフリカ人ということになりそうだ。

ヨーロッパの移民に対する姿勢に大きく左右されることになる。また当然のことながら、アフリカ諸国の発展と大陸内の人口増加を吸収する力は、決して一様にはならないだろう。それでもアフリカ大陸が「明日の人々」の故郷になることは間違いない。「アフリカ単一起源説」が正しく、人類の歴史がアフリカで始まったのだとすれば、わたしたちは人類発祥の地へ戻っていこうとしているのだ。

アフリカを出る人々

「ときどきミラノの一部の地区で、非イタリア人の存在があまりにも目立ち、イタリアでもヨーロッパでもなくアフリカの都市にいるような気がするというのは、受け入れがたい。さまざまな肌の色の多民族社会を望む人も少しはいるようだが、わたしたちは賛成できない」。これは通りすがりの人でも北イタリアの極右支持者でもなく、イタリアの首相だったシルヴィオ・ベルルスコーニが２００９年に述べた言葉である[13]。

大規模な移民が先進国に与えつつある影響についてはあとで述べるとして、まずは移民を送り出している側の、発展途上国の一部で起こっている人口急増について見ていこう。アジアと中南米〔「中南米」はとくに記載のないかぎり広義のラテンアメリカを意味し、メキシコやカリブ海諸国を含む〕では人口増加の勢いが弱まってきて、ほとんどの国で年齢中央値が上がりつつあり、大量の人口流出の可能性は低下している。アフリカに関しては、人口の激増が起こるのはまだこれからである。それに伴って移民も急増するはずで、その多くはアフリカ内の非都市部から都市部へ、貧しい国から少しでも豊かな国へと移動するだろうが、先進国のなかでもっともアクセスしやすいヨーロッパへ向かう人々も今以上に増えるだろう。

アフリカの人々にとってヨーロッパ大陸は、植民地時代の歴史とその時代に習得した言語（とくに英語とフランス語）により、もっとも慣れ親しんでいる地域でもある。セネガルで大学を出たが仕事がなくて困っている若者にとっては、北京よりもパリのほうが身近だし、ナイジェリアのラゴスの同じ立場の若者にとっては、東京よりもロンドンのほうがずっと身近だ。

なんとか地中海を渡ることができたアフリカ人の多くは、イタリアかヨーロッパのどこかの難民キャンプにたどり着く。だがそれはほんの一部であって、地中海を渡ることもできず、いや地中海に出ることさえできない人々のほうがはるかに多い。28歳の女性ファトマタは、故郷のシエラレオネの首都フリータウンを出て地中海を目指したが、サハラ砂漠を渡る途中で奴隷商人の手に落ち、虐待《ぎゃくたい》を受けた。どうにか逃げ出したものの、再びつかまってアルジェリアで投獄された。もう一度逃げることができたので、ヨーロッパへ行くのはあきらめて国に戻るしかないと思い、NGO（非政府組織）に助けを求めた。故郷を出てから2年後、ファトマタはようやく故郷に戻ることができ、心底ほっとした。ところが彼女は家族に迎え入れてもらえず、縁を切られてしまった。約束の地にたどり着けず、そこから送金することもできなかったからである。「こんなことなら戻るんじゃなかった」と彼女は嘆いた。兄からは、「よくも戻ってこられたものだ。家族のために何も持ってこられないなら、行った先で死ねばいい」と言われたという[14]。

ファトマタのように地中海を渡れなかったり、送り返されたりした人々の家族は、ほぼ例外なく、頼りにしていた送金を受け取ることができずに落胆する。多くの場合、家族の1人を豊かでチャンスに満ちた夢の国に送り出すために、一家は大金を投資しているからだ。夢の国からの送金がなければ、投資した金額を失うことになるばかりか、その金額を次の家族の投資に回すこともできない。わたしにはロンドンで長く暮らしているナイジェリア人の友人がいるが、家族と電話で話すたびに、イギリスで新生活を始めたいと思っている従兄弟だの遠い親戚だのを押しつけられそうになるそうだ。

アフリカから外に出ようとする大きな圧力には、このように経済と人口の両方が関係している。アフリカ大陸では人口が急増しているが、同時に少しずつ豊かになってきてもいるので、金をかき集めれば誰か1人をヨーロッパに送り出すことができるという家族が増えている。とくに都市部に住む人々は広い世界を知る機会が多く、ほかの大陸での暮らしを思い描きやすい。もっとも最近では、片田舎で暮らす人々でさえ新しい暮らしを夢見るようになりつつある。携帯電話でインターネットにアクセスし、フェイスブック〔現在の名称はメタ〕などのSNSや、ズームやスカイプといったコミュニケーション・ツールを使えば、自分の周囲とは桁違《けたちが》いの繁栄が見られるのだから当然だ。何百万人ものアフリカ人が、自分たちもそこに手が届くのではないかと思いはじめている[15]。見たものから願望が生まれ、願望から行動が生まれる。

人口圧力、経済的魅力、IT技術を介した憧れの喚起のほかにもうひとつ、人々にアフリカからの移住を促す要因があり、それは移住そのものである。誰かが移住に成功すると、その人は家族や親族から別の誰かの移住を助けるように、呼び寄せて受け入れるようにと説得や甘言によって誘導される。そして受け入れ国のなかで移民のコミュニティがある規模に達すると、後続の人々の移住のハードルが少し下がる。

具体的には合法、非合法を問わず受け入れルートが確立され、連絡先、宿泊先、到着時の案内などが提供されるのだが、これらは後続の人々が新しい国でスムーズに生活を始めるために欠かせないものだ[16]。叔母が旅費の一部を出してくれるかもしれない。従兄弟が最初の数日ソファに泊めてくれるかもしれない。旧友が仕事を紹介してくれるかもしれない。なじみの物を売る店、なじみの料理を出すレストラン、故郷と同じ新聞、その他の商品やサービスがあれば、移住後も母国をしのばせる社会的・文化的バブルのなかで安心して暮らすことができる。こうしたバブルの存在が移住を容易にし、さらに多くの人々に移住を決意させる。今日ヨーロッパにやってくるアフリカ人について言えるこれらのことは、20世紀初頭にニューヨークに到着したユダヤ人やシチリア人にも言えることだった。

アフリカからヨーロッパへの移民がどの程度の規模になるかは、ヨーロッパ側の移民政策にも左右される。２０１６年８月～17年７月の１年間だけで、18万３０００人の移民がイタリアに到着した[17]〔これがピークでその後下がっている〕。多くのアフリカ人はさらに別の国を目指してイタリアに入るが、それでも１００万人以上がイタリアにとどまっているのが現状である。イタリアではその数十年前からポピュリスト政党が台頭していたが、移民の爆発的増加は、２０１８年に彼らが政権を奪取する絶好の契機となった。今もなお事実を認めたがらない人がいるものの、アフリカの人口増加がすでにヨーロッパの民族・政治地図を塗り替えつつあることは否めない。

アフリカ内での移動

だが今のところ、人の流れとしては、アフリカ大陸外への移動よりもアフリカ大陸内の移動のほうがはるかに大きい。そもそも大陸内の移動は昔から普通にあった。というのもアフリカ大陸内の国境はほとんどが新しいもので、各地に暮らす人々や地理上の特徴を踏まえて決められたというより、１世紀半前にヨーロッパ人が恣《しい》意的に引いた線のほうが多いからだ。また移動手段が安価で利用しやすくなったことで、かつてないほど多くのアフリカ人が国から国へと移動するようになっている。とくに大都市には、国内のみならず国外からも人が集まってきている。いくつか数字を挙げておくと、たとえば１９８３年には原油価格下落に伴う経済の悪化を受けて、ナイジェリアから西アフリカ諸国出身の不法滞在者〔おもにガーナ人〕が追放されたのだが、その数は２００万人だった[18]。だがそれでガーナ人の流入が止まったわけではなく、２０１８年時点で、ナイジェリアには50万人のガーナ人がいるという最良推定値が出ている[19]。また南アフリカ共和国には３００万人近くの移民が居住している。アフリカ南部の最大規模の外国人コミュニティは、いずれもアフリカ大陸内から来た人々によって形成されている[20]。

この規模の移動はアフリカが経験しつつある人口急増なしには説明できないが、直接の引き金となるとさまざまである。アフリカ西部と南部では経済的機会を求めて移動する例が多いが、それも一律には語れない。たとえば比較的豊かなコートジボワールには隣国のブルキナファソからの移民が１００万人以上いると思われるが、ブルキナファソにもおよそ50万人のコートジボワール人が住んでいる。

アフリカ東部では戦争によって国を追われる例が多く、たとえば２０１７年時点で、内戦で荒廃した南スーダンからおよそ90万人がウガンダに、およそ30万人がスーダンに逃れている[21]。ソマリアから近隣諸国への流出も、長引く内戦と情勢不安によるところが大きい。

今のところ、国を離れて暮らすアフリカ人の多くが大陸内にとどまっていて、大陸外に出ていく人は少ない。また移住を考えるアフリカ人にとって、ヨーロッパやアメリカよりも、アフリカの同じ地域の別の国のほうがより現実的な目的地であることは今もなお変わらない[22]。そしてその理由が、多くの場合、移動が比較的容易だという点にあることは間違いない。たとえばウガンダから隣国のケニアに行くのは、大陸外に出るより簡単で、安全で、安上がりだ。大陸を離れるとすれば、地中海を渡らなければならなかったり、ビザの取得が難しかったり、長距離便の航空券代を捻出《ねんしゅつ》しなければならなかったりするのだから。

世界人口はアフリカの出生率しだい

1980年代後半から90年代前半にかけての時期に、世界は冷戦の終結とともに「歴史の終わり」を迎えたという考え方が一部に広がった。資本主義と社会主義の混合経済と、自由民主主義の組み合わせがもっともうまく機能していることは明らかで、いずれは全世界がそこに行き着くという考え方である。その提唱者としてもっともよく知られているのはアメリカの政治学者フランシス・フクヤマで、彼はそれを「デンマークに到達すること」と表現した[23]。最終的には全人類が、デンマークが達成した繁栄、自由主義、政治的安定、人権の実現を目指すことになるという意味である。政治的観点から言えば、全世界がデンマークと同じように低い犯罪率、効率的な経済、手厚い福祉、安定した民主主義制度などを特徴とする、リベラルで穏健な国になっていくかどうかは疑わしい。だが人口の観点から言えば、もっと確信を持って、世界がある方向に収《しゅう》斂《れん》すると主張することができる。世界はデンマークのほうへ、すなわち乳児死亡率がより低く、平均寿命がより長く、年齢中央値がより高く、家族構成がより小さくなるほうへと向かっている。それどころか、すでにこれらの指標でデンマークを抜いている国々もある。日本人の平均寿命はデンマーク人より3年長いし、ギリシャ人の子供の数はデンマーク人よりほぼ0・5人分少ない。

ただしこれにはひとつ、サハラ以南のアフリカの出生率という例外がある。これも向かっている先がデンマークだと考えることはできるのだが、ほかのすべての地域で見られるような低出生率への移行が、この地域の場合どの程度の速度と度合いで進むかは、人口統計学上の大きな未知数とされている。しかも世界の人口予測の多くはその点にかかっていて、たとえば今世紀末の世界人口が150億人を超えるのか、それとも70億人強にとどまるのかもアフリカの出生率の推移次第である。2014年にランセット誌に掲載された研究によれば、世界人口は2064年に100億人弱でピークを迎え、2100年には90億人を切るところまで下がるとされているが[24]、国連の予測によれば、世界人口は今世紀末に110億人近くになり、その後も減少に転じるわけではなく緩やかに推移するという。

アフリカの平均寿命が延びるのは確実だが、合計特殊出生率が今後どう推移するかは定かでは

デンマークとの比で示した
世界の平均出生率と平均寿命

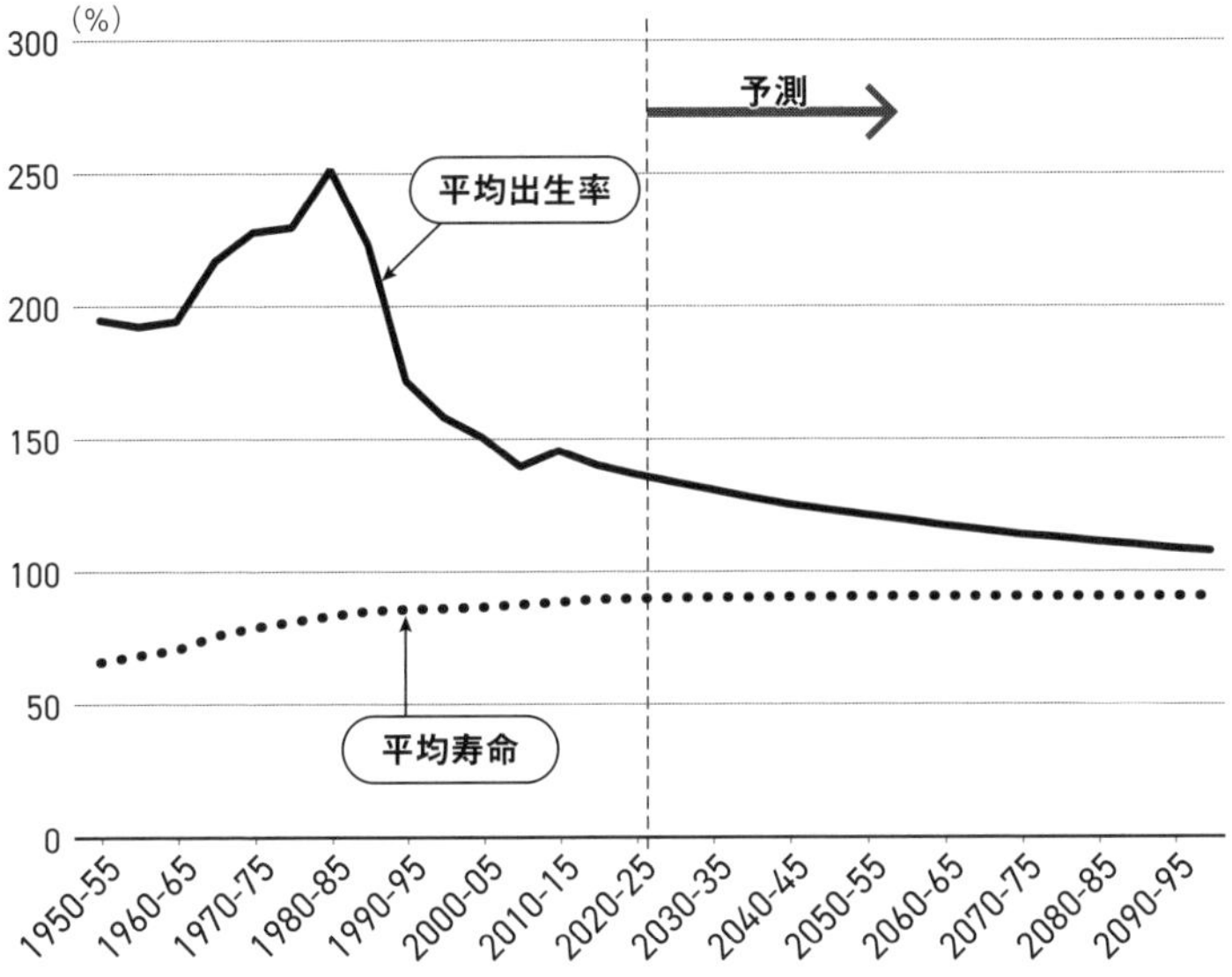

出典:国連人口部(中位推計)

平均出生率は大家族がもっとも多い国々で大きく下がっていて、平均寿命はもっとも短い国々で大きく延びているため、グラフの2本の線は収束しつつある。

人口統計学上、世界は徐々に豊かで進んだデンマークに近づいている。1950年には世界の平均出生率はデンマークの2倍だったが、今日では1.5倍にもならず、さらに今世紀末には1.1倍程度にまで近づくと考えられている。

平均寿命も、1950年には世界の平均寿命はデンマークの3分の2だったが、今日では差は10%ほどであり、今後も、出生率ほど急ではないものの、さらに差が縮むと考えられる。

ない。今もなお、アフリカの女性は1人あたり平均5人の子供を産んでいて、この数字は70年前とあまり変わっておらず、このような状況は世界のどこにも例がない。国連の中位推計〔不確定要素が大きいため高位、中位、低位の3ケースの推定を行う〕によれば、アフリカの家族の人数は2100年までに人口置換水準――子供が2・2人前後――まで下がるという。だがもしこの数字が2・5人を上回れば、アフリカの人口は55億人に達することになる。一方、2020年に発表されたある研究は、2100年までにアフリカの合計特殊出生率は2を下回り、人口は約30億人前後にとどまるだろうとしている。

ただしアフリカ南部は例外である。南アフリカ共和国を見ると、合計特殊出生率は人口置換水準をさほど上回っておらず、1970年代後半の半分にまで下がっている。この国ではアパルトヘイト時代に政策として家族計画〔経済的・幸福的な観点から避妊を通して計画的に妊娠・出産すること〕が導入された。当時の避妊プログラムは白人政権が黒人の人口を抑制しようとするものだと非難されたが[25]、動機をさておくとすれば計画は成功し、南アフリカ共和国の出生率はアフリカのほかの地域とは違って下がりはじめた。その後も家族計画サービスの提供が続き、利用も進んで、出生率は下がりつづけている。南アフリカ共和国は多くの問題を抱えているが、人口の爆発的増加はそのなかに入っていない。

南アフリカ共和国は一歩先んじたかたちになったが、その影響は隣国にも及んだ。エスワティニ（旧スワジランド）、レソト、ナミビアでは合計特殊出生率が3近くまで下がってきていて、ボツワナなどはもっと低い。ボツワナは注目に値するケースで、南アフリカ共和国のように資源に恵まれているわけではないが、避妊の普及という面ではさほど遅れを取っていない。これはボツワナの保健当局が50年近く前から続けてきた草の根レベルの努力によるところが大きい。出生率が低下している地域を見ると、やはり女子教育に力が注がれている。だが最近では、責任を負うという意味で男子教育にも力が注がれるようになっている。少年を対象にして「性と生殖に関する健康」について語るラジオ番組があるほどだ。司会を務めるトレバー・オアハイルは、「男子も女子と同じ年齢で月経について学ぶべきです」と強調する[26]。男女を問わず、人々が自分の体を制御し、ひいては自分の運命を切り拓けるようにするには、教育がもっとも効果的であり、その点はずっと変わっていない。

しかしながら、いくら政府やNGO、活動家が努力しても、人々が何を望んでいるかが見えていなければうまくいかない。たしかに中国の一人っ子政策のように、政府が厳しい制限を課すことはできる。だがアフリカのほとんどの国のように、政府資源が乏しく、管理が行き届かず、多産をよしとする文化が根強いところでは、そのような政策をとれば悲惨なことになるだろう。中国式の強制ができないとすれば、人々が避妊のための知識や手段を手にしたあと、実際にどういう選択をするかが重要になってくる。アフリカ南部ではすでに小家族を望む傾向が見られるが、サハラ以南のアフリカのほかの地域はそうではない。２０１５年のアフリカ西部と中部の家族のデータでは、女性１人あたりの子供の数が５・５人前後だったが、それでも人々が望んでいる数より0・5人分少なかった[27]。

人々が何人の子供を望むかは、文化の違いに左右されることが多いため、調査結果をあまり深読みするべきではないが、それでもアフリカについては次の変化を読み取ることができそうだ。アフリカ南部の低出生率が東部にも広がっていくという動きである。アフリカ東部では、女性1人あたりの子供の数が西部よりもほぼ1人分少なく、中部に比べると1人分以上少ない。ウガンダとソマリア〔いずれも東部〕は、世界の合計特殊出生率ランキングで上位を占めるナイジェリア、ニジェール、チャド〔ナイジェリアとニジェールは西部、チャドは中部〕と同じくらい出生率が高いままだが、ケニアやエチオピアといった東部の主要国では出生率が着実に下がってきている。ケニアではタブーを克服するために斬新な取り組みが行われていて、たとえば避妊に関する質問に従来よりも具体的で確かな答えをくれるアプリが登場している。ある女性は記者の質問に、「(以前は)やみくもに検索するしかありませんでした。ある種の質問は、直接誰かに訊くわけにはいかないんです」と答えていて、新しいアプリが助けになっているという[28]。

これとは対照的なのがナイジェリアで、低出生率へと向かう歩みがひどく遅い。イランと中国は合計特殊出生率が6から3になるまでに10年しかかからなかったが、ナイジェリアは今でも5前後で、20年前の6からあまり下がっていない。これには3つの要因が絡んでいる。根強い多産奨励主義(それ以外の選択肢が用意されていてもなお、人々が大家族を望むこと)と、行政サービスの不備と、一部地域の政情不安によるサービスの低下である。

しかしながら、実際にアフリカの人々が文化的に多産奨励主義だとしても、人口増加に歯止めがかからないことにはならない。アフリカ大陸が長いあいだ人口不足だったことを思い出してほしい。土地は広いが、人は少なく、死亡率が高いという環境では、どのような文化や社会でも多産をよしとするようになるし、そうでなければ生き残れない。その逆に、たとえば中国のように人に対して土地が不足していると、小家族が可能になり次第それを選択するような文化が生まれる。アフリカの人々――少なくとも一部の人々――がアジアやヨーロッパの人々よりも多産をよしとしているのは確かなことだが、それが永遠に続くと考えるべき理由はない。ほかのあらゆることと同様に文化も変わり、世代交代とともに状況に適応していく。

アフリカの出生率がなかなか下がらないのを嘆く声もあるが、その人々に対しては次の2点を指摘しておきたい。ひとつは、たしかにアフリカの出生率低下は1970~80年代の中国や1980~90年代のイランよりはゆっくりだが、合計特殊出生率が6から3に減るのに60年近くかかったイギリスなどに比べれば、少なくとも一部のアフリカ諸国のほうがだいぶ速いという点である。人口転換が始まった国すべてに、それ以前の例より速い転換を期待するのであれば、アフリカには失望せざるをえないだろう。だが冷静に考えれば、アフリカ大陸の多くの国々はほかの地域よりも速く次の段階へ移行しつつあるのだから、失望するにはあたらない。もうひとつは、たとえばナイジェリアのように、女性の識字率が上がるどころかむしろ下降傾向にあることが危惧《きぐ》される国では、出生率の低下もわずかしか期待できないが、それは例外であって、アフリカ全体としては大きな進展が見られるという点である〔29〕。

HIV感染症とエボラ出血熱の悲劇と克服

治療が可能になり、治療費も手の届くものになってきたとはいえ、HIV感染症（エイズ）の恐怖は今なおアフリカにとりついている。それでも、この感染症が人口の潮流を逆転させるという考えが間違っていたことはすでに明らかである。

人口の潮流の逆転が危惧された例はこれまでにもたくさんある。1910年代にはヨーロッパ史上最悪の戦争（第一次世界大戦）が起こり、西部戦線では4年以上にわたって泥沼の消耗戦が繰り広げられた。また東部戦線、とくにバルカン半島とロシアは当時の最新兵器が投入されて大混乱に陥った。だが人口にとって何といっても脅威だったのは、大戦末期に始まったスペイン・インフルエンザ〔通称スペイン風邪〕の大流行で、死者数は戦死者よりはるかに多かった。だが当時のヨーロッパの人口動態は死亡率の低下と出生率の上昇によって大幅な増加基調にあったため、これらの災厄があったにもかかわらず、1920年には1910年より人口が増えていた〔30〕。

最近の例としては、規模は小さいが、10年にわたってシリアを血みどろの戦場に変えた内戦がある。死者50万人というのは衝撃的な数字だが、シリアの自然人口増加からすると1年分であり、人口を減少させたのはむしろ国外に逃れた大量の難民のほうだった。

エイズの話に戻るが、この感染症による死者は全世界で3500万人に上り、そのうちおよそ2500万人がサハラ以南のアフリカの人々だったとされている[31]。40年近くにわたり、アフリカでは年に60万人以上がエイズで命を落としてきた。それでも現在のアフリカの年間出生数に比べると2パーセント程度で、人口増加にはほとんど影響していない。

しかしながら、エイズが猛威を振るったアフリカ南部の国々では、彼らがどれほど苦しめられたかが人口データに表れている。ボツワナでは、エイズ以外には前向きな材料がそろっていたにもかかわらず、1980年代後半から今世紀初頭にかけて平均寿命が10年も縮まった。エスワティニはさらに大きな打撃を受け、平均寿命が17年以上縮み、数十年分の前進が帳消しになって1950年代の水準に逆戻りしてしまった。

世界規模の取り組みによってエイズの治療法が開発され、手の届く価格で提供されるようになり、加えて性教育が功を奏したことによって状況は好転し、アフリカ南部の平均寿命は短縮したときよりも短期間で回復した。統計データ上、先進諸国の平均寿命が安定して延びつづけているなかで、アフリカ南部のこの一時的な落ち込みと回復は目立つ。だからこそグラフの何本もの線を注意深く見ていくことが大事なのだが、それ以上に重要なのは、そうしたちょっとした線の動きの背後に数多くの失われた命があるのを忘れないことである。

エボラ出血熱もエイズのように拡大する恐れがあった。しかもエボラウイルスはＨＩＶより感染が速いので、エイズ以上の甚大《じんだい》な被害をもたらす可能性があった。エボラ出血熱は２０１３年末にアフリカ西部のギニアで集団発生し、翌年の夏にはリベリアとシエラレオネにも広がった。ヨーロッパや北米を含むほかの国々でも孤立した症例が見られたが、それらがすぐに封じ込められたのに対し、アフリカ西部のこの貧しい3か国については制御不能に陥るのではないかと案じられた。だが国際社会が迅速に行動したことで、２０１６年初頭には3か国ともエボラウイルスの脅威から解放された。死者はおよそ1万１０００人に上り、その一人ひとりのことを考えると胸が痛むが、迅速かつ効果的な対応が取られてペストの再来とならなかったことは幸いである[32]。

現代社会が疾病を広めやすい環境になっていることは言うまでもない。貧しい国々でも旅行が特別なことではなくなっているし、飛行機による移動は遠く離れた土地に短時間で感染症を運んでしまう。その一方で現代の諸事情、とくに国際社会の迅速な対応は、疾病の封じ込めを可能にする。わたしたちの行く手に別の生物学上の脅威が待ち受けている可能性は否定できないが、これまでの人類の目覚ましい実績を見るかぎり、悲観的になる必要はなさそうだ。新型コロナウイルス感染症にしても、大きな不安と混乱を招きはしたが、死者は（本書の執筆時点２０２１年で）世界人口の1000分の1以下にとどまっている。

「人口ボーナス」のチャンスをつかめるか

2013年初頭、わたしはあるプロジェクトの仕事でインドネシアの首都ジャカルタにいた。ジャカルタは大気汚染と渋滞で知られる都市で、車でホテルからオフィスまで行くだけでも優に30分かかる。だがあるとき、30分どころか1時間くらいかかりそうなひどい渋滞に巻き込まれたので、運転手に「これは何の騒ぎ?」と訊いた。すると「バレンタインデーですよ。みんなデートに繰り出すんです」という答えが返ってきた。ホテルに戻って30階から街を見下ろしたら、どこもかしこも大渋滞で、街全体が動きを止めたかのようだった。

インドネシアはイスラム教徒が圧倒的に多い。ほとんどのイスラム教団体は、バレンタインデーを異教のもの、婚外交渉を助長するものと見なしているし、イスラム文化にもジャワの伝統文化にも類似のものは存在しない。だがジャカルタの若者たちは、西洋のさまざまな習慣のひとつとしてバレンタインデーを受け入れていた。街中のいたるところで車列のあいだをバイクが縫っていくが、乗っているのは若いカップルで、露出度の高い服を着た娘たちがボーイフレンドの背中にしがみついている。彼女たちが祖母の世代のようにたくさんの子供を産むことはまずないだろうし、おそらくは母親の世代の合計特殊出生率に並ぶこともないだろう。

インドネシアは今「人口ボーナス」と呼ばれる状態を享受しているが、この状態は出生率が下がりはじめたばかりの国で生じることが多い。少し前まで出生率が高かったため、10代後半から20代の若者が多く、その若者たちが次々と労働市場に入ってくる。彼らは1世代前とは違って急いで家族を作ろうとはしない。インドネシアの合計特殊出生率は1970年代には5だったが、現在では2強まで下がっている。若くて活動的な人々が人口に占める割合が増えれば、労働力が増大する。また彼らは大家族を持とうとしないので、非就労者の就労者への依存率は下がる。このような状態になると、経済が急成長を遂げる可能性が出てくる。実際インドネシアの1人あたり国民総所得は今世紀の最初の15年で2倍以上になった[33]。

人口ボーナスはひとつの機会であって、必ず経済成長につながると決まっているわけではない。インドネシアはこの機会をうまくとらえ、グローバル経済への参入と外国からの資本導入に成功した。また民主主義の進展が、投資家の政治的安定への信頼を高めることにつながった。一方、インドネシアと同じように出生率が下がったにもかかわらず、似たような人口統計学的状況を活かすことができていない国々もある。たとえばシリアは、内戦で国がばらばらになる前から、政治腐敗と、変化を嫌う支配階級の体質によって行き詰まっていた。アラブ世界の多くの国も同じで、シリアは典型的と言ってもいい。この地域が不安定なのは、ある意味では経済的欲求不満の表れだが、背景にはもっと根の深い人口統計学上の問題があり、これについてはもっとあとの章で述べることにする。

アフリカの国々にとっては、人口ボーナスはまだ先の話である。家族が大人数のあいだは、若い世代も多くの時間と労力を家族のために費やすことになるので、経済成長につながるような生活習慣を取り入れる余裕がない。貧しい国で暮らす女性に7人の子供がいるとしたら、洗濯機や冷蔵庫が欲しいと思ってもまず買えないだろうし、子供の教育費でさえなかなか捻出できないだろう。だがいったん家族の人数が減りはじめると状況は一変する。教育を受けた若い親たちは家族の人数をむやみに増やそうとはしない。子供たちによりよい教育と健康を望み、育児に力を入れたいからだ。いずれアフリカに人口ボーナスのチャンスがやってきたら、そのときはシリア方式ではなくインドネシア方式を採用できるかどうかにすべてがかかってくる。アフリカの潜在力は計り知れない。だがナイジェリアのような国では、次世代の家族の規模が今より小さくならないかぎり、労働人口が急増してもそれを有益な経済的変化に結びつけることはできないだろう[34]。

明日の世界を変えるアフリカ

アフリカの人口が到達する先が40億人でも55億人でも、わたしたちの時代にとって人口上の最大の出来事になることは変わらない。イギリスは世界に先駆けて産業革命を経験し、19世紀には世界初の近代的な人口拡大も経験した。だが人類史上最大の出来事は、このふたつの大変化が中国とアフリカで、いずれもとてつもない規模で繰り返されつつあることだ。中国の工業化とアフリカの人口拡大は今まさに世界を変えつつあるが、わたしたちはそれがどう変わるのかもよくわからずにいる。おそらく２１００年のアフリカは、今とはまったく違って見えるだろうし、そこを訪れる人は新たな印象を受けるだろう。

ヨーロッパ人は他地域に先んじて人口転換を経験したことで、明らかに先行者利益を得た。人口の増加と活力がなければその後の世界制覇など不可能だった。アメリカ、カナダ、オーストラリアなど多くの地で、英語を話すヨーロッパ人が先住民を追い出し、自分たちのイメージどおりの社会を築き上げた背景には人口増加があった。これに対してアフリカ人のほうは後発者利益を得ることになるだろう。人口転換は始まるのが遅ければ遅いほど死亡率の低下が速くなるので、それがもし出生率低下を伴わないとすれば、人口増加は急激に進む。

アフリカにとって人口急増は最大のチャンスであり、最大のピンチでもある。アフリカ諸国が新たに出現する数十億の人々を生産的な仕事に就かせられるかどうか、そして彼らをグローバル経済に参入させることができるかどうかが、今後数十年の世界の運命を決めることになる。人口過剰、資源枯渇、砂漠化の脅威が行く手を阻むかもしれないが、栄養が行き届き、教育も受けた数十億のアフリカ人が人類の進歩に貢献することになれば、そこに広がる可能性は計り知れない。

最大の課題は経済と政治だろう。それをうまく乗り越えるには――アフリカの大多数の人々が長寿で、健康で、平和で、物質的にも豊かな暮らしを送ることができるようにするためには――人間開発の分野で途方もない偉業が求められる。20世紀初頭のヨーロッパのように、資源をめぐって暴力的衝突が起こる可能性は高いが[35]、そうした危険を避けて成功するには、アフリカの指導者たちが世界から技術だけではなく政治的教訓も学ばなければならない。コンゴ民主共和国の戦争をはじめとする、この数十年に起こったアフリカの紛争は、世界史上でも最悪の殺戮となった。若い男性が多い集団は血気に逸《はや》りがちだが、アフリカは今後も当分のあいだ若いままなので、国内でも隣国同士でも暴力が発生しやすい。だが今日では資源を入手するにも、増大する人口を養うにも、戦争よりもっと生産的な方法がある。

1950年にはナイジェリア人1人に対して日本人が2人以上いる計算だった〔日本は5年ごとの人口増加率が1950年にピークを迎えた〕。現在では、日本人1人に対してナイジェリア人がほぼ1・5人いる。そして2100年には、ナイジェリア人が9対1で日本人を上回ると国連は予想している。世界の人口バランスがこれほど変われば、政治、経済、文化、宗教などあらゆる点で、世界はがらりと変わらざるをえない。問題はどのように変わるかだが、そこが難しい。もちろんアフリカが世界文化に与える影響は今よりずっと大きくなるだろう。ナイジェリアの映画産業ノリウッドが、インドのボリウッドばかりか、ハリウッドにさえ肩を並べるかもしれない。アフリカの文豪たちがノーベル文学賞を独占するかもしれない。アフリカの大学や科学者たちが世界の舞台で脚光を浴びるかもしれない。過去何世紀ものあいだ、アフリカの課題は世界から顧みられないことが多かったが、今後はアフリカの課題が世界にとっても重要になっていくだろう。そして世界人口の3分の1がアフリカ人になれば、国連安全保障理事会の常任理事国にアフリカの国が入ることを誰も拒めないだろう。

アフリカではイスラム教徒とキリスト教徒、ユダヤ教徒の衝突がしばしば深刻化し、暴力を伴うことさえあるが、アフリカの存在が大きくなるにつれてこの緊張関係も無視できないものになるだろう。衝突はごく限定的なものにとどまるかもしれないが、アフリカ内部で文明の衝突が起こるとすれば、それは宗教対立になるかもしれない。宗教対立は避けようがないわけではなく、今アフリカで両者の緊張が高まっているのも、近代化の方法に違いがあるからでしかない。

アフリカが今後数十年のあいだ平和であろうが戦争を起こそうが、人口が急増することに変わりはない。たとえ明日アフリカ諸国の合計特殊出生率が人口置換水準まで下がったとしても、人口の増加が止まるまでには数十年かかる。それは「人口慣性」と呼ばれる人口の特性によるもので、これまで人口増加が続いていたということは、しばらくのあいだは子供を産む若い世代が増えつづけるので、仮に一人ひとりが産む子供の数が減ったとしても、すぐには人口減少に結びつかないからである。アフリカの出生率の動向は、それによって人口が増加しつづけるか減少に転じるかの問題ではなく、どの程度のペースで増えつづけるかの問題である。

今のところこの問いの答えはまったくわかっていない。アフリカ諸国はあまりにも多様なので、先を読むのが難しい。ただ、アフリカのほとんどの国に多産奨励主義が深く根づいていることは確かだ。そしてサハラ以南のアフリカの合計特殊出生率低下がほかの発展途上国よりも遅いのは、経済発展が遅れているからというよりも、やはり多産奨励主義が理由だと考えられる。アフリカの合計特殊出生率が少しずつ下がっていくとしても、人口置換水準まで下がることはなく、その上で推移するのではないだろうか。長期的観点に立てば、人類の未来は子供を産み育てることを望む文化や社会のものになる。ヨーロッパ、東アジア、アメリカ大陸の大半はこの試験に落第しそうなので、人類の希望はかつてヨーロッパ人が「暗黒大陸」と呼んだアフリカにかかっていると言うべきなのかもしれない。

アフリカの人口急増の結果としてすでに目に見えてきているもののひとつに、人口爆発に付随して起こることが多い現象、すなわち都市部の人口増加がある。１９７０年以降、ナイジェリアのラゴスのような大都会では人口が10倍以上に増えたが、アフリカ大陸全体が中国並みの都市化を遂げるまでにはまだ時間がかかる。次の章で取り上げるのはこの都市化の問題である。

第3章

急速な都市化がもたらしたもの

121

中国の人口100万人以上の都市数［1］

第一次世界大戦前夜には、人口が100万人を超える都市は世界にわずか十数か所しかなかった［2］。いずれも19世紀初頭からのヨーロッパ、北米、日本の人口増加の波に乗って人口が爆発的に増加した都市である。1914年には、教養人なら誰でも世界の人口ランキング上位の都市の名前を耳にしたことがあり、どこにあるどういう都市なのかもよく知っていた。たとえばニューヨーク、東京、ロンドン、パリなどだが、これらの都市は今でも世界中で知られている。

それから1世紀余りが過ぎた今日、中国だけで、人口100万人以上の都市が121もある。しかも2020年代中にさらに100の中国の都市が人口100万人を突破すると言われている［3］。だがどれほどの物知りでも、何という都市なのかほとんど知らないだろうし、それも無理はない。実際、メガロポリス〔複数の大・中都市が連なり一体化した巨大都市〕がこれほど多くなり、しかもその一部の人口規模がとてつもなく大きくなっていることを考えると、メガロポリスの定義そのものを見直すべきときが来ているのかもしれない。

世界の大都市のほとんどは、隣接する小都市がつながった集合都市から発展してきたが、なかにはほとんど何もないところにいきなり建設された都市もある。ブラジルの首都ブラジリアは1960年に完成した計画都市だが、今では280万超の人口を擁《よう》する大都市になっている。ナイジェリアの首都アブジャは1980年以前にはただの荒れ地同然だったが、いまやブラジリアと同程度の人口を擁している。インドには人口100万人以上の都市が40ほどあるが、その多くはほとんど世界に知られていない[4]。このように、かつては珍しい存在だった大都市が今ではありふれたものになっている。

何をもって都市とするかは正確に定義されているわけではないし、都市の人口の数え方も厳密に決まっているわけではない。第一に、都市に明確な境界線があるわけではないからだ。たとえばロンドンの場合、人口はどの範囲を数えればいいのだろう？　環状高速道路M25の内側だろうか、グレーターロンドン（通常ロンドンと呼ばれるエリア）を構成する33の行政区だろうか、あるいはウェストエンドかシティへ通勤可能な範囲だろうか？　第二に、そもそも村と町、町と都市をどう区別するべきなのかはっきりしない。そして第三に、集合都市の人口データに完璧なものなどなく、ほかよりましと言えるくらいのレベルのものしか存在しない。そこに住んでいる人という意味の人口より、通勤してくる労働人口のほうに意味がある都市も少なくない。ルクセンブルク市の人口はおよそ12万5000人だが、それよりずっと多くの人数がベルギー、フランス、ド

世界人口の都市比率

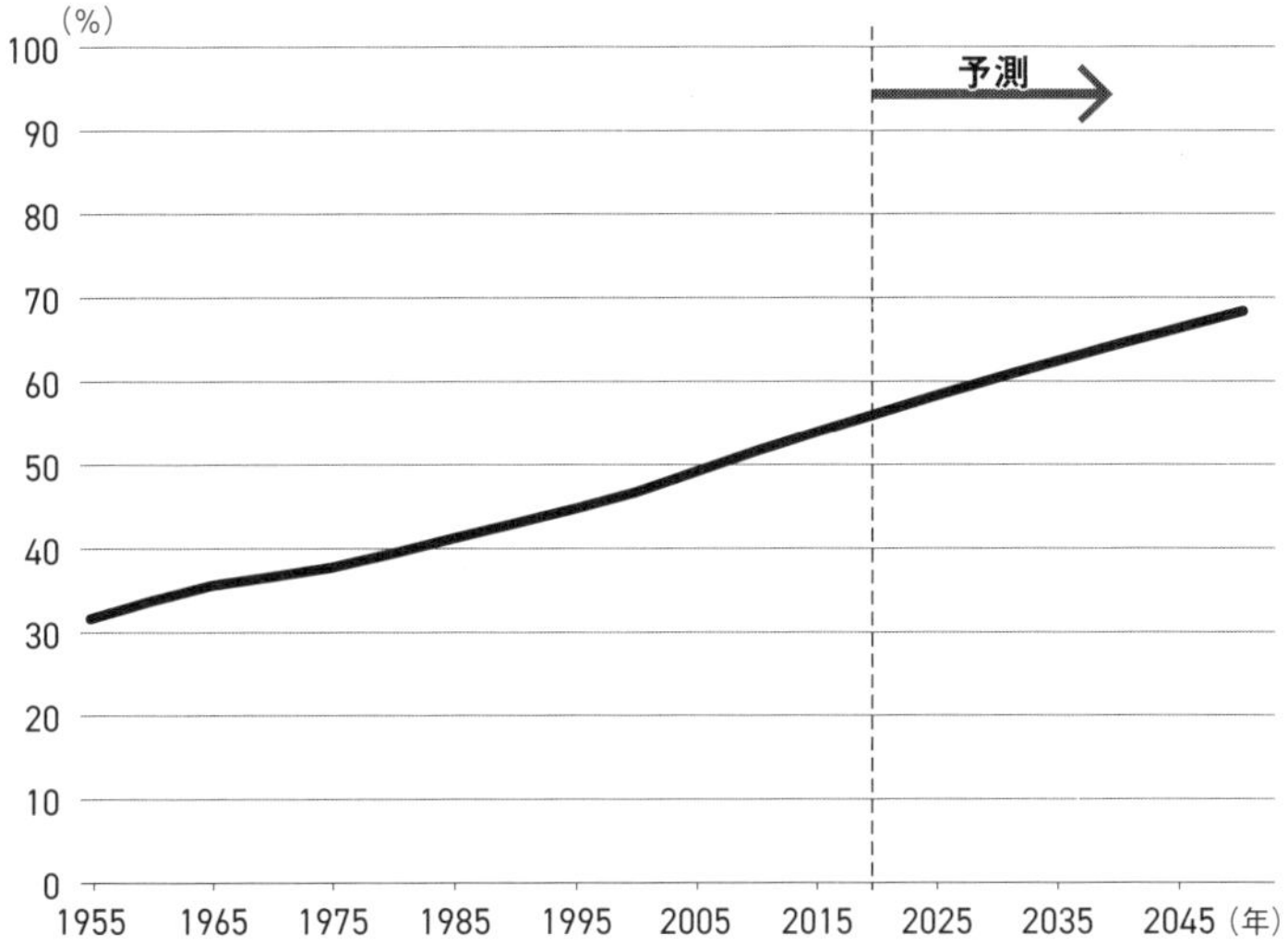

出典:国連人口部

農耕が始まってから長いあいだ、人口の大半は農村で農業に従事し、町にはほんの一部の人々が住んでいるだけだった。だが20世紀なかばには世界人口の3分の1が都市住民になり、最近では世界人口の半分を超えた。この傾向は続くと考えられ、今世紀なかばには70%ほどが都市で暮らすことになりそうだ。

人口500-1000万人と
1000万人以上の都市の数（2018、2030年）

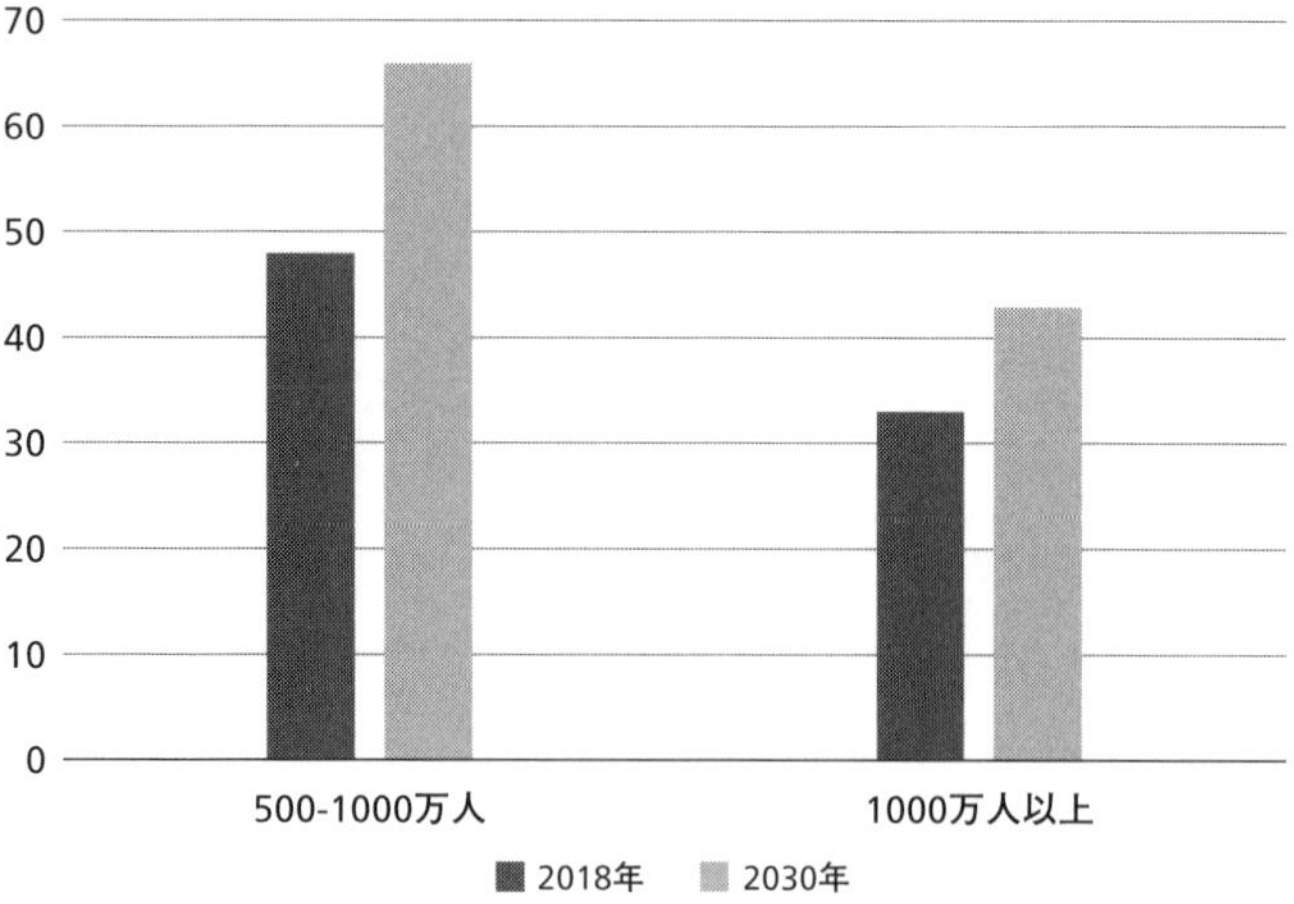

出典：国連の世界都市報告書

世界の都市は大きくなりつつあり、かつ多くなりつつある。人口が500万－1000万人のあいだの都市は2018年に48あった。2030年にはそれが66まで増えると思われる。同期間に、人口が1000万人を超える都市は33から43に増えると考えられる。

イツ、あるいはルクセンブルク国内のほかの地域から毎日通勤してきている［5］。

考古学者で都市革命についても論じたV・ゴードン・チャイルドは、都市というものがはじめて現れた時代に、都市を都市たらしめていた特徴として次の10点を挙げた。(1)人口が多くかつ密集している、(2)専門化した職人がいる、(3)資本の集中が見られる、(4)大型の建造物がある、(5)肉体労働から解放された社会経済的階級が存在する、(6)記録管理と知識の創造が行われている、(7)文字が使われている、(8)芸術家がいる、(9)長距離交易が行われている、(10)血縁関係よりも居住に基づいた保障が行われている［6］。都市に限らず国全体がこれらの特徴を多かれ少なかれ備えている今日にあっては、あまり参考にならない。都市を定義しようとしても、今のわたしたちに言えることはせいぜい「見ればわかる」くらいのものだろう。

中国の無名の巨大都市

中国南東部に位置する南昌《なんしょう》は、九嶺《きゅうれい》山脈と中国最大の淡水湖である鄱陽《はよう》湖に囲まれている。この都市は1927年の南昌蜂起の舞台となり［7］、中国共産党の台頭に大きな役割を果たしたことから「英雄の町」とも呼ばれている。共産党指導部にとって特別な場所というだけではなく、道教信者にとっても重要な場所である〔道教の聖地のひとつがある〕。

南昌は明らかにブラジリアやアブジャのような急ごしらえの都市ではなく、中国の歴史のなかで長く特別な地位を占めてきた古都である。だが南昌が現在のような、広い都市圏におよそ500万人が暮らす大都市になったのはごく最近のことだ。1970年でもまだ100万人をかなり下回っていたものが、最近になって長江の支流である贛江《かんこう》の西側の新市街が発展し、今では東側の旧市街をすっかり凌駕《りょうが》するほどになっている。ロンドンが「シティ」を出て拡大し、シティ・オブ・ウェストミンスターをのみ込み、周辺のミドルセックス州〔1965年に消滅〕を侵食し、テムズ川を超えて南にも広がったのと似ている。南昌の場合はわずか数十年でここまで拡大し、しかも世界から注目されることもなくそうなっていた[8]。ヨーロッパ人にあまり知られていないというだけで南昌を無名都市とするのは、ヨーロッパ中心に偏った見方なのかもしれない。中国の100万人都市が200にも達する勢いだとすれば、そのなかの多くは中国の人々からも注目されないままそうなっていくのではないだろうか。

　中国のほかの都市と同じように、現代の南昌は農村から都市への人口移動の産物だが、これはもちろん中国に限った現象ではない。1800年には世界人口のうち都市に住んでいたのはわずか6パーセントだったが、2007年には2人に1人が都市生活者になっていて、2050年までには3人に2人に近づくと言われている[9]。中国の農村地帯は20世紀なかばに急激な人口増加を経験したので、1970年以降に——とくに1979年に始まった一人っ子政策により——

合計特殊出生率がかなり下がったとはいえ、農村の若者人口はなかなか減らず、チャンスを求めて町に出ていく流れも止まらなかった。

　南昌よりさらに人口規模が大きいにもかかわらず、欧米での知名度があまり変わらないのが中国南西部に位置する重慶《じゅうけい》である。重慶市の人口は約3100万人で、グレーターロンドンやニューヨーク都市圏よりはるかに多い。重慶の歴史は中国文明の黎明期《れいめい》にまでさかのぼるが、人口は1990年でもまだ現在の4分の1だった。中国のほかの諸都市と同様に、重慶も全般的な人口増加と、農村から都市への人口移動が重なったことによって発展した。成長著しい沿岸部から内陸部へと経済の重点をシフトしようとする政府主導の努力もまた、重慶の発展に寄与した。また国内産業だけではなく、フォードやマイクロソフトといった海外企業の誘致に成功したことで雇用が創出され、高給にひかれて農業従事者が続々と集まってきた。

　経済的機会は常に農村から都市へと人を誘引してきたが、その力が人口増加に後押しされて強まっているというのが中国の現状である。乳児死亡率が低下し、農村の人口が急増すると、どこかの段階で土地の分割による対応が行き詰まり、農村が人口増加を吸収しきれなくなって都市への大移動が始まる。

　1970年代なかばには中国の人口の80パーセントが農村地帯に住んでいたが、今では60パーセント以上が都市にいる[10]。この変化は世界のどこよりも速く、変化幅も大きいと思われるが、こうした変化がもたらす影響は世界中どこでも変わらないし、都市住民と農村住民の生活スタイルがまったく異なるという点も変わらない。

新しい階級の台頭

ある社会が農村中心から都市中心に移行するとき、変わるのは人々が住む場所だけではない。人々のものの見方や感じ方も変わることになる。

わたしは何年か前にロンドンの小学校の理事をしていたのだが、その地域には大きなバングラデシュ人コミュニティがあった。あるとき1人の教師から、田舎への遠足を計画したら、バングラデシュ人の保護者の多くが子供を参加させたくないと言ってきたので困ったという相談を受けた。そこで何人かの保護者から直接話を聞いてみたところ、彼らはバングラデシュの貧しい農村地帯の出身で、子供たちに田舎を見せることに意味などないと考えていることがわかった。彼らには田舎を捨てて都会に出てきたという自負があったのだ。

そのことを思い出したのは、数年後にセルビアの首都ベオグラードで仕事をしていたときのことである。ある日イギリス人の同僚が、国営通信会社の現地法人責任者をしていたセルビア人に、ベオグラードを離れて故郷に戻ろうと思ったことはないのかと尋ねた。同僚とわたしはどちらも都会育ちだが、共通の友人であるそのセルビア人はそうではない。彼はベオグラードの本店で立派な役職にあり、郊外の中流階級の居住区に家も持っているが、両親の代までは地方の村で暮らしていたそうだ。そして同僚にそう訊かれたとき、彼は同僚の顔を「こいつおかしいのか」という目で見た。彼には田舎に戻ることなど考えられもしなかったのだ。

都会育ちで、両親や祖父母もそうだという人にとって、田舎は逃避先にはなっても、そこから逃げ出してくる場所にはならない。わたしたちが田舎暮らしと聞いて思い浮かべるのはロマンティックで牧歌的な日々であって、土地から必要最低限のものを得るために風雨に耐えて続ける厳しく単調な労働のことではない。実のところ、かつて顕著なものと思われていたそうした都市と農村の違いはすでに過去のものになりつつある。イギリスでは、農村に住んでいても都市から遠いということはあまりなく、車があれば少々の距離は問題にならない。それに今のイギリスでは、農村地域でもおおむね都市と同じような教育、公共、医療サービスが受けられる。

ラジオ、鉄道、自動車、道路などが十分整っていなかった時代には、サウス・イースト・イングランドの中心部〔ロンドンのすぐ近く〕の人々でさえ、都市生活の利点を享受できていなかった。1940年代でもまだそうで、第二次世界大戦中にわたしの母がロンドンの空襲を逃れてベッドフォードシャー州——今では余裕でロンドンの通勤圏内に入る——に疎開したとき、家には電気が来ていなかったし、村人のほとんどは村の共有地の井戸から水を汲《く》んできていたそうだ。下水設備もない、家族の排泄物《はいせつぶつ》を祖父が庭に埋めていたという。その後すべてが一変することになったとはいえ、1970年でもまだ、イギリスで電話があったのは全世帯の3分の1でしかなかった[11]。

かつては都市だけのものだった便益は、今ではどこでも利用できるようになり、その傾向はインターネットの登場によってますます顕著になっている。接続環境さえ整っていれば、都市の外に住んでいてもウェブマガジンやポッドキャストにアクセスできる。気晴らしや刺激という点では、インターネットが使えるなら田舎暮らしももはや都会暮らしとあまり変わらない。近くに書店がなくても電子書籍端末があれば本を読めるし、映画館がなくてもネットフリックスで映画を見られる。

かつては政治上・宗教上の考え方の違いが農村と都市を隔てていて、農村の人々は都市の人々よりも伝統に縛られていた。ドイツには「都市の空気は人を自由にする」という古い格言がある。より保守的な考え方を持つ農村の人々も、都市に出れば「自由」を感じられたのかもしれない。かつてヨーロッパの農村の多くは、特定の人々への服従と変化への抵抗を特徴とする封建制度に完全に支配されていた。今日のわたしたちの世界の見方——この世界には認識可能なパターンがあり、それは神や悪魔の介在によってではなく、物理法則や数学モデルによって理解することができるという考え方——でさえ、初期の近代都市が生み出した新しいものだ[12]。そして少なくとも、農村より都市のほうがずっと識字率が高かった。1860年代には、ベルリンの住民はほぼ全員が読み書きができたが、西プロイセン〔かつてのプロイセン王国の行政区〕では３分の１の住民ができなかった[13]。

先進国では都市生活と農村生活の違いが小さくなりつつあるが、世界中がそうだというわけではない。発展途上国の人々にとっては、アジアでもアフリカでも中南米でも、農村から都市への移動は今もなお可能性を約束するものであり、それはかつてのヨーロッパと変わらない。都市に行けば有給の仕事に就ける可能性があり、自給自足の農業よりいい暮らしができるかもしれない。子供にとっての可能性も広がり、まともな教育を受ければ、いずれ腕力より頭脳を使う仕事に就けるかもしれない。以前インドネシアのジャカルタでタクシーに乗ったら、運転手がこう言っていた。「親父も爺《じい》さんもずっと田んぼにしゃがみ込んでいる人生でした。それに比べたらタクシーの運転手のほうがずっといいし、息子なんかエアコンの効いたオフィスで働いてますからね」。エアコンの効いた部屋で机に向かう仕事のどこがいいのか、車のハンドルを握る仕事のどこがいいのかわからないという人は、ジャワの灼《や》けつくような太陽の下で何年も農作業をしてみるしかないだろう。

中国の文化大革命に巻き込まれた不運な人々の１人も、同じ思いを吐露《とろ》している。文化大革命は毛沢東が１９６０年代から70年代にかけて展開し、多くの死者を出した無謀な政治運動で、その間、人々は逆の移動、都市から農村への移動を強いられた。北京で質素ながらもそれなりに快適な暮らしを送っていた人が、無理やり内モンゴル自治区に移住させられ、農作業を強制された。

灼けつくような日差しをしのぐ日陰はどこにもない。朝4時ごろ起きると、蚊《か》の大群が容赦なく襲ってくる。うだるような暑さのなか、蚊の攻撃から逃れる術《すべ》さえない。ここの畑仕事では自分の腹を満たすこともできないのに、こうして自分の体を差し出してゴビ砂漠の虫たちの腹を満たしてやっているというわけだ[14]。

カール・マルクスが「農村生活の愚昧《ぐまい》」について述べたことは、現代人には農村を見下したように聞こえるかもしれないが、当時の農村住民が都市住民に比べて識字率や教育水準が低く、また革命を起こす意志や能力も都市住民に及ばなかったことは事実である。農民はあおられて「反乱」を起こすことはあったが、「革命」を起こしたのは都市住民である。農民の反乱は局地的で組織化されていないことが多く、領主に鎮圧されて終わるのが常だった。1381年にイングランドで起こったワット・タイラーの乱や、1773年にロシアで起こったエメリヤン・プガチョフの乱がその典型的な例である。タイラーは首を刎《は》ねられてロンドン橋に晒《さら》されたし、プガチョフはモスクワの広場で首を刎ねられたうえに4つ裂きにされた。彼らの反乱は怒りの表出であって、政治的意図の表明ではなく、当局の手で速やかに鎮圧された。

当時マルクスが、革命の未来を担うのは彼自身が無知で反動的だと見なしていた農民ではなく、プロレタリアートという新しい階級だと考えていたことは、驚くにはあたらない。プロレタリアートは基礎教育を受けている都市の工場労働者で構成されていた。つまりマルクスによれば、彼らのほうが階級的利害関係を意識しているし、それに基づいて行動する意欲も高い。したがって都市のプロレタリアートは組織化が可能で、重要な町々を掌握《しょうあく》させることもできると彼は考えたのだった。

都市の工場労働者が革命を先導したとまでは言えないとしても、少なくとも大きな革命は常に都市で起こってきた。もっとも有名なのはパリ、サンクトペテルブルク、そしてテヘランである。これに対して反革命はというと、1848年のフランスでもそうだったように、封建貴族に率いられた農民兵の軍団というかたちで農村地帯からやってくることが多かった。

都市は圧倒的に未来と結びつけられ、農村は過去と結びつけられることが多いが、もうひとつ頭に入れておきたいのは、都市が文明の宝庫であって、記念碑、図書館、博物館などのかたちで過去が保存される場所でもあることだ。

都市は政治的・経済的変化と切り離せない場所だが、誕生以来ずっと文明とも密接な関係にあった。そもそも「文明(civilization)」という言葉はラテン語の「町(civitas)」から来ている。最高の創造と革新は、人々が肩を寄せ合い、話し合い、アイデアを交換することから生まれるが、そのような場を提供してくれるのが町である。農村においては、近隣住民の範囲を超えて誰かと交流するには労力も時間もかかる。大学の研究室だけではなく、17世紀末のロンドンのコーヒーハウスや20世紀初頭のウィーンのカフェからも未来が生まれた。国の活力源である著作物や租税、芸術や科学も、すべて都市で発展した。また都市に住んでいるほうが、人里離れた村、集落、農場に住んでいるより身を守りやすかった。都市は事実上、安全面でも規模の経済〔生産規模が拡大し、製品・サービスの単位あたりコストが下がること〕を実現しているので、かつて無法状態になったときも、農村より都市のほうが資本が守られた。さらに上下水道、医療、教育などの公共サービスについても、都市は規模の経済を享受している。

これらの理由から都市の繁栄の度合いは文明の洗練度を示す指標になる。都市というものは膨大な量の建築資材、食料、水を必要とするので、文明に勢いがあるときはそれらがどんどん運び込まれる。だが文明が衰退するときは、大都市は必要なくなり、維持することもできなくなる。その最たる例がローマ帝国滅亡時の諸都市の衰退だった。ローマはもちろんのこと、帝国内のほかの都市も同じ運命をたどった。ローマの人口は西暦1世紀には１００万人を超えていたと思われるが、その3世紀後にはわずか3万人になっていた[15]。ローマ帝国の都市としてのロンドンも、西暦１５０年ごろに人口がピークに達したあと、わずか数十年で3分の2を失ったと考えられる[16]。急激な人口減少ほどローマ帝国の衰退を如実に物語るものはない。比較のために挙げておくと、１２００年のパリと言えば西洋キリスト教世界最大の都市だったが、人口は10万人を少し上回る程度で、最盛期のローマの10分の1でしかなかった。当時の西欧の科学技術ではそれ以上の人口を支えられなかったからである。

現代人はほぼ丸ごと都市文化の産物と言えるので、都市の特殊性や魅力がかえってわからなくなっている。都市は何千年も前から存在しているのに、ごく最近までほんの一部の人しかそこに住んでいなかったことを、わたしたちは忘れている。1600年にはヨーロッパの人口のわずか1・6パーセントしか都市に住んでおらず、1800年になっても2パーセント強でしかなかった。例外はイングランドとウェールズで、1801年に10パーセントが都市に住んでいて、その後急増し、1900年よりだいぶ前に人口の大半が都市で暮らすようになっていた[17]。人口転換のほかの諸側面でもそうだが、都市化においてもイギリス諸島は先駆けだったことになる[18]。地球人口の大半が都市で暮らすようになったのは、ようやく今世紀に入ってからのことである[19]。

環境にやさしい都市生活

すでに述べたように、無邪気な都市生活者は田舎のことをいつでもバラ色の世界だと思いがちで、田畑での重労働より余暇と結びつけて考えることのほうが多い。農村の暮らしは自然優先だが、都市生活は環境に悪いと思っている人も少なくない。だがそれは勘違いも甚《はなは》だしい。

たしかに前近代的な社会においては、1人あたりの二酸化炭素排出量は少ない。徒歩か自転車以外で移動することはめったになく、電気など使ったためしがなく、洗濯機を見せられてもどう使うのかわからないという人は、地球の資源を浪費してはいない。だがいったん近代に入ると、近代化の恩恵の使い方は、都市住民のほうがはるかに効率的かつ持続的になる。

アメリカの都市で暮らす平均的な世帯の場合、車の走行距離も、所有する車の台数も、田舎で暮らす親戚より少ないだろう。親戚のほうはパンや牛乳を買うにも車を使っているかもしれない。都市生活者の多くは日常の移動のほとんどに公共交通機関を利用している。通勤通学の距離も都市生活者のほうがおそらく短いだろうし、燃焼機関〔燃料を燃やして熱エネルギーに変換する方式のもの〕への依存度も低いだろう。ロンドン市民でマイカー通勤をしている割合は、イギリスのほかの地域の割合の半分未満だ[20]。上下水道、電気、郵便といった公共サービスも都市の住民への提供のほうが効率的に行えるし、配管、配線、舗装道路も都市のほうが短くてすむ。

都市住民の家は一般的に農村住民の家より小さく、断熱性も高いことが多いので、燃料効率がよく、全体的な二酸化炭素排出量も少ない。2004年のある調査では、ロンドン市民の二酸化炭素排出量はイギリス人平均のおよそ半分であり[21]、ニューヨーク市民の二酸化炭素排出量もアメリカ人平均より約30パーセント少ないという結果が出た[22]。ニューヨークは高度に都市化されているが、1人あたりの二酸化炭素排出量はアメリカのどの州よりも少ない[23]。都市デザイナー・プランナーのピーター・カルソープはこう述べている。「都市は人間の集住形態として環境にもっともやさしい。低密度居住地域の住民よりも、都市住民のほうが、1人あたりの土地の専有面積が小さく、エネルギー、水の消費量が少なく、汚染物質の排出量も少ない」[24]。わたしたちに町や都市に住む傾向があるからこそ、世界の表面積の3パーセントにも満たない範囲に人類の半分が居住できているのである[25]。

もちろん近代都市はいまだに大量のエネルギーを消費している[26]。わたしが言っているのは、いったん近代的な生活が始まると、都市住民のほうがエネルギーの使用効率が高くなるということだけだ。ガソリンを大量消費しているのは貧しい国の農業従事者ではなく、先進国で農村に住んでいる人々である。彼らは生活必需品や娯楽を求めて長距離を運転することが多く、広くて断熱性の低い家に住んでいる割合も高い。

また、都市化と産業のシフト（ここでは離農）により農村地帯に空白ができることで、自然は休息を取ることができる。スペインとの国境に近い南フランスのピレネー＝オリアンタル県には自然状態の傾斜地が広がっている場所がある。ここにはかつて段々畑があり、集約栽培が行われていたのだが、今日その名残をとどめるのは徐々に崩れつつある段くらいものだ。このあたりで暮らす年配の人々は、長く放置されている斜面が丹念に耕されていたころのことを今でも覚えている。この地域の農村がすべてなくなったというわけではないが、離農が進み、住民の多くは荷物をまとめてこの谷を去り、近くの大きな町やもっと遠くへ引っ越していった。

ここで農作物が育てられることはなくなったが、代わりに野生の動植物が戻ってきた。数十年ぶりにオオカミやクマが目撃されている。クマは実験的にピレネー山脈に放たれたものだが、オオカミのほうは北イタリアから、南フランスに増えつつある農業の空白地帯を伝ってやってきたようだ[27]。イノシシも急増し、地元の人々の狩猟熱のおかげでかろうじて頭数を抑えることができている。人間が農村を離れて町に向かうと、自然が回復する。ソ連時代に開拓された農地の3分の1はすでに放置され、自然の手に委ねられている。ヨーロッパからの初期の移住者によって森林が伐採されたニューイングランド〔イギリス人が入植したアメリカ北東部の地域〕でも、20世紀中に森林面積が全体の30パーセントから80パーセントへと再拡大した[28]。

都市化の後退

都市化は後退することもありうる。その原因はふたつ考えられる。ひとつは、人類をいつ襲うかわからないパンデミック、財政破綻、その他の大災害によって、ある種の文明の滅亡が起こった場合である。大規模な災害があれば、きわめて複雑なわたしたちの文明は崩れ去るかもしれない。食料も水も含めて、都市生活を支えるあらゆるものが底をつき、生き残った人々は、生き延びるために農村地帯の天然資源を頼るしかなくなるだろう。新型コロナウイルス感染症のパンデミックは人類の激減にはつながらなかったが、それでもいくつかの都市の中心部から一時的に人が消えた。

新型コロナウイルス感染症が長期的な都市の衰退につながるかどうかはまだなんとも言えないが、なんらかの危機によって都市が衰退した例は過去にもある。ローマ帝国崩壊の例にはすでに触れたが、もうひとつ、20世紀初頭にロシアを襲った革命と内戦の大混乱の際にも、プロレタリア化したばかりの農民が村に戻るというかたちで都市の衰退が見られた。ソ連で都市化のプロセスが再開したのは、スターリンによる工業化が始まってからのことである。

２０２０年に始まった新型コロナウイルス感染症よりももっと大規模なパンデミックが起こったとしたら、人々は町を捨てて田舎に逃げるかもしれない。６００年以上前にペストが流行したとき、余裕のある人々はロンドン中心部からハムステッドへ避難したが、その現代版のような移動が見られるかもしれない。そうした「都市脱出」が起こった場合、パンデミック終息後の都市部は人口の少ない、荒れた、暴力がはびこる場所になっているかもしれず、農村暮らしのほうが安全で快適になるかもしれない。こうした発想はサバイバルもののファンタジー小説や、物資不足や法と秩序の崩壊に備える「プレッピング」〔大災害に備えて生活必需品を備蓄し、自給自足スキルを身につけること。「終末」に備える極端な例もある〕のネタになっているが、だからといって単なる空想の産物というわけではない。

そんな大規模な惨事は起こらないと思う人もいるだろうが、文明の滅亡に伴う「都市崩壊」は歴史に先例がある。かつて栄えた都市が突然打ち捨てられ、長い年月を経て現代の考古学や文化観光の目玉になっているという例なら、カンボジアのシェムリアップの寺院群からメキシコのユカタン半島に残るマヤ文明の遺跡群まで、いくつでも挙げられる。そうした諸都市を崩壊に追い込んだのは、生態学的な要因か政治上の問題のどちらかだった。大陸間に人の交流がなく、互いの存在さえほとんど知らなかった時代なら、都市の崩壊もローカルな出来事で終わる。だが今日のように相互に関連し合っている世界では、生態学的あるいは政治的な災禍が世界中に波及する恐れがある。わたしたち現代人は、遠隔地と瞬時に金融取引ができたり、毎日何百万もの人々が空を飛んで移動していたりと、グローバリゼーションの恩恵を大いに受けているが、それは裏を返せば厄介な問題――生物学的問題であれ経済学的問題であれ――もまた、より速く、より遠くに広がりうるということだ。新型コロナウイルス感染症がそのことを改めて教えてくれた。

都市化が後退しうるもうひとつの原因は技術の進歩であり、これは後退というより前進と言ってもいいだろう。長距離でも楽に通勤できるようになるのが技術の進歩だとすれば、そもそも通勤の必要がなくなるのもまた技術の進歩である。リモート会議システムとデジタル化のおかげで、同じ場所にいなくても一緒に働けるようになりつつあるし、ホログラム技術の進歩によってリモート会議は今後いっそうリアルなものになりそうだ。そうなれば、田舎暮らしが好きだからとか、住宅価格が手ごろだからとか、通勤が煩《わずら》わしいし費用もかかるといった理由で、職場から遠く離れたところに住もうと考える人も出てくる。このような発想の変化を加速させたのも新型コロナウイルス感染症だった。

だが職場の近くに住む必要がなくなっても、都市やその近郊に住みつづける人はいるだろう。実際、リモートワークを可能にする技術はすでにかなり進んでいるのに、今でも多くの人が同僚、顧客、サプライヤーと直接会うために毎日郊外から都心へ通勤している。直接顔を合わせることにはメリットがあり、それを完全にテクノロジーで得ることはできないのかもしれない。同様に、リモート会議が可能であっても、今でも多くの人が飛行機で遠方の都市へ出張している。社交上の人間関係はもちろんのこと、ビジネスの世界で人間関係を築き、維持するにも、やはり物理的近接が欠かせないということだろう。それでも全体としては、新型コロナウイルスが蔓延する以前から、都会暮らしや通勤から離れようとする動きが出ていた。たとえばロンドンの地下鉄の利用者数はコロナ禍前から減っていて、運営機関の財政逼迫《ひっぱく》を招いていた[29]。

大都市の人口減少は新しい現象ではない。ローマ帝国崩壊やペストにさかのぼるまでもなく、近年にもその例が見つかる。ロンドンの人口は1939～91年にかけて850万人から650万人に減少し、その後再び増加に転じている[30]。再増加は移民によるもので、1990年代にはイギリス人の流出を補って余りあるほどの外国人の流入があった。オランダのアムステルダムでも同じような傾向が見られ、戦後に始まった市外の改良住宅への流出が１９８０年代まで続いたものの、その後は北アフリカやトルコから移民が流入し、さらに１９９０年代後半からは意欲的な専門職の若者たちが流入するようになった。

では現在はどうかというと、都市への人口流入によって不動産価格が上昇したため、都市を離れる人が増えつつある。10～15年前に都市に集まってきた専門職の若者の多くも、その後家族を持ったことで、より広くて価格が手ごろな家や、家族が暮らしやすい環境を求めて都市を離れていった。彼らのあとにはまた新たな若い専門職集団が都市の魅力にひかれて入ってくるが、ほとんどの先進国で出生率が低下していることから、新たに入ってくる集団は人数が少なくなる傾向にある[31]。このように互いに矛盾する傾向がいくつも見られるが、それらが相殺し合った結果として、オランダやイギリスの諸都市の規模が縮小する可能性はある。ただしアムステルダムやロンドンのような大都市に関しては、離れるといっても必ずしも遠くに行くわけではなく、古巣のすぐ近くに腰を落ち着ける人が多いようだ。

先進国の諸都市が繁栄を続けるか衰退するかは別として、多くの発展途上国では今後も都市化が進むだろう。現に、発展途上国の諸都市への人口流入は、欧米の諸都市からの人口流出よりはるかに大きな規模で進行中である。ロンドンを出てイングランドとウェールズの境界地域の田舎へ向かう人が1人いるとすれば、ナイジェリアの農村を出てラゴスを——そしてロンドンを——

目指そうとするナイジェリア人は何百人もいる。したがって世界全体で見れば人類はますます都市に集まり、今世紀なかばには世界人口の4分の3が都市住民になりそうだ[32]。一部に逆の動きが見られるとしても、それは当面のあいだ、世界でもっとも恵まれた人々に限られた現象ということになるだろう。

サハラ以南のアフリカでは人口の60パーセントほどが今なお農村で暮らしているが、これは1960年の85パーセントから下がった結果であり、しかも一貫して減少傾向が続いている[33]。またここ数十年でラゴスのような巨大都市があちこちに出現し、ヨーロッパの諸都市のピーク時を超える人口を誇っている。ラゴスの人口は地理的境界をどこに引くかによって異なるが、1500万人とも2000万人とも言われている[34]。

未来の都市はどうなるか

未来の人々がますます都市に集まるとしても、彼らが住むのは今のままの都市ではない。まず発展途上国の都市は、ヨーロッパ、北米、アジアの裕福な国々の諸都市に似てくると考えられる。世界の貧しい地域でも都市住民の所得が上がり、その上昇に伴って消費パターンや公共サービスへの要求もレベルが上がっていく。ヨーロッパと北米の諸都市でスラム街が撤去されてきたように、コンゴの首都キンシャサやインドネシアの首都ジャカルタでも同じことが起こるだろう。都市部の貧困層がいなくなるわけではないが、生活の基本的な条件は改善されるだろう。水道、配管、屋内トイレなどの整備が特別ではなく普通のことになる。公共交通機関が拡充し、渋滞によるイライラや公害が軽減される。自動車の排ガス規制が厳しくなり、公害が減少する。都市住民がそうした改善を求め、自治体や政府も徐々に応じることができるようになるだろう。

一方、豊かな国々では、医療、教育、交通手段の進歩・拡充によって、農村が都市に、都市が農村に近づきつつある。20世紀初頭にロンドンの地下鉄網拡張によって通勤圏が広がったときには、市内中心部に住んでいた人の一部が周辺地区に移った。そこなら自分の庭と「町のなかの田舎」を楽しむことができたからである。２０２０年にロンドンでコロナ禍によるロックダウンが実施されたとき、わたしはまさにそういう家——第一次世界大戦直前に建てられた広い庭付きの住宅——に住んでいて、１００年以上前にそのような住宅が開発されていたことに感謝した。同じことを感じたロンドン市民は少なくないはずだ。

アメリカとヨーロッパでは、自動車の登場によって都市で働く人々の通勤圏がぐっと広がり、郊外の住宅地が開発され、広々として快適な家が建てられた。それこそが「スプロール現象」〔都市の急速な発展により、市街地が都市の外縁に無秩序に広がっていくこと〕だと非難されるかもしれないが、何百万人もの人々が高い生活水準を享受するようになったことは否めない。また都市が豊かになると、次第に都市公園の開発や、都市の野生動物、あるいは都市農業にもスペースが割り当てられるようになる［35］。

都市というのはもともと未来的なものなので、都市の未来像を描こうとしても可能性がありすぎて憶測の域を出ない。未来都市について合理的に確実だと言えるのは、今より数が増えるということと、規模も大きくなるということだ。今後数十年で出生率がどう変わろうとも、地球規模の大災害でもないかぎり、世界人口は少なくとも今世紀後半の途中まで増加しつづける。そしてこれから生まれてくる人口のほとんどと、すでに生きている人口の多くは都市で暮らすことになる。またどの都市も一様に大きくなるとは限らないので、都市の統廃合があるかもしれない。脱工業化に際しても、イギリスのマンチェスターやフランス南部のトゥールーズのように成功した都市もあれば、アメリカ中西部のデトロイトやイングランド北部のミドルズブラのように苦戦を強いられた都市もあった。

都市は成長に伴って周辺の農地を侵食しがちだが、食料が不足することになれば、そのような侵食に反発する動きも徐々に出てくるかもしれない。今のところ、都市開発のために農地が転用されると地価が跳ね上がる状況が続いているので、それはまだ先の話だろう。イギリスでは、ある農地が住宅地に転用可能と判定されたとたん価値が１５０倍に跳ね上がったという例まである［36］。

都市は常に食料とエネルギーの純輸入者であり、後背地〔都市の周辺にあり、都市から経済的な影響を受ける地域〕の資源を必要とし、それを消費してきた。その意味では、最近見られる都市農業振興の動きも一時的な流行にすぎないかもしれない。一方で、そんなことはないと考えられる理由もある。倉庫を改造して人工照明を設置し、食用植物を多層的に栽培する都市農業は、従来の農業には欠かせなかった除草剤や殺虫剤を必要としないし、水と養分も効率的に使うことができる。それに都市農業にはもうひとつ、長距離物流に頼らずに収穫物を販売できるという大きな利点がある。つまりその分の輸送費用と環境費用を節約できる。エネルギーについても同様で、石炭をオーストラリアのニューカッスルからロンドンまで平底船で運ぶのがすでに過去のものであるように、ガスをパイプラインで都市まで移送するとか、電気に変換して海底ケーブルで送電するといった方法もそのうち過去のものになりうる。ソーラーパネルが屋根に設置されている光景はもはや珍しくもないが、壁にも設置される日がいつか来るかもしれない。個人が設置できる小型風力発電機の可能性も含め、イノベーションによって都市が消費エネルギーの多くを自ら生産するようになるかもしれない。

電気自動車が普及すれば都市の大気汚染はさらに軽減されるはずだ。先進国ではかなり前から大気汚染が軽減される傾向にあり、これは石炭暖房をよりクリーンな暖房に置き換える努力の賜《たま》物《もの》である。もうひとつ、一見空想の産物のようでありながら可能性があるのが空飛ぶ車で、これが実用化されれば地上の交通渋滞は緩和される。また携帯電話やインターネットを生かしたカーシェアリングや配車サービスは、すでに都市交通の様相を変えつつある。

自動車の個人所有が一般的ではなくなる可能性もある。自動運転車が実用化されれば路上の自動車台数がさらに減り、駐車場も減って貴重な都市空間が解放される。多くの都市で自転車専用レーンが整備されつつあり、シェアサイクルのサービス提供や路面電車の出現（あるいは再出現）も広がりつつある。これらはすべて自動車所有の必要性の低減、ひいては大気汚染の低減につながる。都市部の住宅街を歩いていて、何台も駐車できるようにコンクリートで固めた玄関前のスペースを見るたびに、30年後はどうなっているだろうかと考えてしまう。かつて「前庭」と呼ばれていたものが復活するだろうか？ そうなれば都市に自然が追加され、ヒートアイランド現象緩和につながり、地球温暖化がこのまま続くとすれば価値ある一助となるだろう。

大事なのは過去の失敗から学ぶことである。未来の都市は、チャールズ・ディケンズ時代のロンドンや現代のジャカルタやラゴスのように無秩序かつ無計画であってはならないし、かといって、戦後のヨーロッパのスラム街撤去後の住宅開発のように魂の抜けた、社会的疎外を招くようなものであってもいけない。自発性と計画性のあいだの独創的なバランスが求められ、その重要な部分を占めるのは人と自然の共生だろう。

成功している都市はその国を定義することになるが、一方その国のなかに収まっていられるように苦労を強いられることも少なくない。ロンドンはイギリス全体に影響を及ぼしているが、経済的・政治的には後背地との乖離《かいり》が大きくなりつつあり、同じことはパリにも言える。ラゴスはナイジェリアに、メキシコシティはメキシコに桁外れの影響を及ぼしている。大規模な集合都市は民族的に多様であり、かつ人口が若いことが多いので、国内のみならず国外からも優秀な人材を引き寄せる。だがそれだけにその他の地域の住民から怪訝《けげん》な目で見られることが多く、忌《い》み嫌われることとさえある。

その好例が、２０１６年にイギリスで実施されたＥＵ離脱の賛否を問う国民投票である。ロンドンは猛反対したが、ほかの多くの地域はＥＵ離脱を強力に支持した。ボリス・ジョンソン元首相は、ロンドン市長だったことがあるにもかかわらず離脱派で、後日この国民投票の結果について、ＥＵ離脱に賛成した人々はブリュッセル〔ＥＵ本部がある〕に反対票を投じただけではなく、ロンドンにも反対票を投じたのだと述べた[37]。大都市が思い上がっているとされ、ほかの地域から快く思われないのは今に始まったことではなく、都市の誕生以来ずっとそうだ。大都市はほかの地域の人的・物的資源を吸い上げるスポンジのようだと非難される。これに対して都市の側は、国家予算の配分は都市の生産性と経済的成功を考慮して決められるのであり、都市こそが国全体の教育、福祉、公共医療サービスを支えていると反論する。

都市の盛衰が人口動態を決める

都市と人口は相互に影響し合っている。農村人口が増加して都市へと流れ出すことによって都市が発展する傾向が見られるが、その人々はいったん都市に移り住むと、今度は都市から影響を受け、その結果が人口の変動へとフィードバックされる。

つまり大きな人口動態が都市の盛衰を決めるわけだが、同時に都市の盛衰が人口動態を決めてもいる。急増する農村人口の都市への移動は、最初の人口転換の始まりとともに起こる。19世紀初頭のイギリスや現代のナイジェリアのように、出生率が高いまま死亡率が急速に低下するときである。都市は農村が吸収しきれない人口増加分を受け入れ、受け入れられた人々は都市の影響を受けて行動を変える。

もっと複雑なのは都市化と死亡率の関係である。かつての都市は汚れた空気とむき出しの下水溝で知られる病気の巣窟《そうくつ》で、死亡率が高かった。都市は人を引き寄せるが、ほかの資源と同様に人を消費してきた。たとえば18世紀のロンドンは絶えず人が入ってこなければ人口を維持できなかった。19世紀なかばのイングランドとウェールズを合わせた平均寿命は41歳だったが、これに対して都市の平均寿命は短く、マンチェスターとリバプールはわずか26歳、ロンドンは36歳だった[38]。1654年には、ペストの流行でモスクワ市民の約80パーセントが死亡したと推測されている[39]。その翌年には、同じくペストでロンドン市民の20パーセントが死亡したが、イングランド全体では死者は13パーセントにとどまった[40]。20世紀の最初の10年間でさえ、都市の死亡率は農村より33パーセントも高かった[41]。このように都市への移住は生活環境と食生活の悪化、ひいては早死にを意味することが多かったが、それでも多くの人々が都市を目指したので、人口は増えていった。

だが20世紀のあいだに状況は逆転し、都市は清潔で健康的な場所になって平均寿命も延びた。かつては疾病・感染症の温床だった都市が、今では誰もが利用可能な医療と教育の中心となることで、人々の寿命を延ばしている。

やがて国が発展し、都市部のみならず農村部でも医療や教育のレベルが上がると、平均寿命の差は再び縮まりはじめる。公害の影響や都会暮らしのストレスから、むしろ田舎暮らしのほうが健康的に見えるようにもなる。一方、経済的には都市住民のほうが豊かで、それが長寿につながっているという面もある。ロンドンやサウス・イースト・イングランドの住民は、都市生活のストレスや大気汚染に悩まされているにもかかわらず、イギリスのその他の地域の住民より寿命が長い[42]。

このように都市化が死亡率に及ぼす影響は複雑だが、出生率に及ぼす影響のほうはそれほど複雑ではない。地方の農家にとって人手が1人増えるのは歓迎すべきことだが、都市で暮らす夫婦にとっては、子供が1人増えるのは子供たち一人ひとりに投じられる資源が減ることを意味する。世界のほとんどの国で都市住民のほうが教育水準が高く、子供の若死にの可能性が低いが、これはどちらも子供は少なくてもいいと考える理由になる。子供を失うことなどないと思っている人々、教育によって人生の機会を手にした経験を持つ人々は、小家族を好む傾向にある。また家族計画プログラムは農村部より都市部のほうが実施しやすい。農村部では情報を共有するのが難しいし、人々が社会的保守主義や家父長制の影響下に置かれている場合もあるからだ。だが、繰り返しになるが、国が十分に発展すれば都市と農村の差は小さくなる。

ところで、発展途上国のなかにも出生率が驚くほど低い都市がある。インドの巨大都市コルカタの合計特殊出生率は1・2で、インド全体の平均の約半分である[43]。コルカタの女性たちは2人目の子供を持つことの難点や不都合について発言するが、そうした意見はパリやニューヨークでこそよく耳にするものの、発展途上国の都市ではごく最近までめったに聞かれることがなかった。インドのほかの都市で言えば、チェンナイやムンバイなどの合計特殊出生率もコルカタに近い。何百万人もの人々がスラムで暮らしているような、まだ貧しいこれらの都市の合計特殊出生率が、世界でもっとも豊かな国々の一部と比べても著しく低いというのは驚くべきことだ。だがこれらよりもさらに出生率が低い国があり、それがシンガポールである。

第4章 出生率が低い社会の共通点

1 シンガポールの合計特殊出生率

「子供を持たないほうがずっと楽に暮らしていけるのに、なぜ持たなければいけないのだろうか?」というのは、シンガポールのあるウェブマガジンの記事の書き出しである。「夜も眠れず、朝一番からおむつ替え、おもらしもあちこちに。当然のことながら仕事に集中などできないというのに」[1]。今、先進国に、そして発展途上国の一部にも、ある不安が影を落としている。不安といっても多くの人命が失われることではなく、出生数が少なすぎることだ。つまりいずれ人類が絶滅してしまうのではないかという不安である。何十年ものあいだ人口増加を心配してきた人類は、今その逆のことを心配しはじめている[2]。

家族規模というのは個々人にはコントロールできない場合がある。子供が欲しいのに授かることができない人々もいる。先進国では男性の精子の数が1970年代なかばから50〜60パーセントも減少しているという[3]。だがイギリスでは、カップルが避妊せずに定期的にセックスをした場合、84パーセントが1年以内に子供を授かるという調査結果が出ていて[4]、しかもこの数字には女性が受胎能力のピークを超えている例も数多く含まれている。だとすれば、子供がいないのは、本章の冒頭で紹介した考え方の反映である場合が少なくないと言えるだろう。そしてその最たる例がシンガポールで、1人の女性が持つ子供の数を平均すると1になる。

じつはシンガポールの合計特殊出生率(1人の女性が生涯に産む子供の総数)はどの数字が正確なのかわからない。シンガポール政府の公表値は1・1だが、ほかの資料では0・83とされている[5]。したがって概算として1・0を使うのは妥当な線だと思われる。繰り返しになるが、人口統計学者が出生率の話をするとき、それは「実際の出産数」のことであって、女性の「妊娠出産能力」のことではない。実際の数字としてシンガポールの女性は多くの子供を持っていないと言っているだけであって、そこにはさまざまな要因——生物学的なものもその他のものも——による例が含まれている。総合的な結果を見て、人口統計学者は「出生率が低い」と表現する。そしてシンガポールの合計特殊出生率1・0とは、1世代ごとに人口が半減することを意味している。

現在では東アジア社会は本質的に出生率が低いと考えられているが、これは比較的最近の現象であって、欧米ではアジアは多産で大家族の大陸だと思われていた。20世紀初頭にヨーロッパ人が恐れた「黄禍《こうか》」も、アジアの人口規模と大いに関係していた。当時、中国はヨーロッパによる侵略の前に無力で、アジアはほぼ丸ごとヨーロッパの支配下に置かれていたので、基本的には脅威ではなかった。そのなかで唯一ヨーロッパ人が脅威と感じていたのが、アジアに残されていた唯一の優位点、すなわち膨大な人口である。そこへさらに、１９０４～05年にかけての日露戦争で日本がロシアに勝利したため、黄禍論はますます広まった。その後も、無数の人口を持つ急成長中のアジアというイメージは、当初の人種差別的言説は和らげられたとはいえ、20世紀なかばまで続いた。

１９６０年代前半には、シンガポールの女性は1人あたり5人以上の子供を産んでいて、その点では母親や祖母の世代とさほど変わらなかった。だがその後、出生率は急に下がり、１９７０年代末には女性1人あたり2人未満まで減っていた。このときシンガポールで起こっていた変化は、ほかの国々で出生率低下をもたらしたのと同じ変化だが、シンガポールの場合は急激かつ極端だったと考えればわかりやすい。すなわち教育の普及、とくに女子教育の普及である。

一般的に言うと、高学歴の女性は自分自身の目標やキャリアを追求しようとするので、あまり多くの子供を持とうとしない。彼女たちは避妊の手段も知識も手にしている。そして彼女たちが子供を望む場合には、その子供によい教育を受けさせ、よい人生を歩めるようにしてやりたいとの思いから、限られた資源を少ない子供に集中的に投じようとする。都市に住み、次第に高い教育を受けるようになり、徐々に豊かになってきたシンガポール人は、この50年で小家族化に向かう条件をすべて満たしてきた。

子供は少なくてもいいという考えは教育水準の高い人々から始まる傾向にあるため、そこからこんな心配の声が上がることもある――このままでは「正しい種類の人々」の子供が減り、「間違った種類の人々」の子供ばかりが増えて、国民の「質」が下がってくるのではないか。実際、20世紀初頭のイギリスとドイツ、そして20世紀末のシンガポールで、そのような懸念が一部の人々の口に上った[6]〔第一次世界大戦前のドイツでは、一部の学者やジャーナリストが、敵対するロシアの人口増加を恐れるとともに、社会的ダーウィン主義と優生学を背景に、ドイツ人の質の低下に警告を発していた。前著『人口で語る世界史』より〕。シンガポールがほかと違っていたのは、国の指導者に実際に対策を講じるつもりがあったという点である。20世紀初頭のイギリスとドイツの評論家も、シンガポールと同じ人口転換の段階に差しかかったときに「国民の血統の質」の心配をしたが、ある階級の出生だけを優遇するといった方法は取らなかった。しかし20世紀末のシンガポールでは政府が熱心に介入した。

1990年のシンガポールでは、中等教育を修了していない女性たちは大学を卒業した女性たちよりも1人多く子供を産んでいた。10年後にはその差が半減していたが、それは後者の出生率が上がったからではなく、前者の出生率が下がって後者に近づいたからである[7]。小家族という社会的習慣は富裕層から始まるが、そこにとどまることはなく、やがて社会全体に浸透していく。案ずるべきなのは次世代の質が下がりすぎることではなく、次世代の人口が少なくなりすぎることだったのだ。

シンガポール与党の人民行動党は以前から人口政策を重視していて、最初は小家族を奨励し、住宅規制や教育制度などで大家族を抑制した[8]。だが1980年代前半に高学歴層の出生率が下がりはじめたことがわかると、近代シンガポールの建国の父であるリー・クアンユー率いる政府は、リーがもっとも優秀だと考える人々に対して出産を奨励するようになった。1983年にリーはこう述べている。

さらに政策を修正し、人口構成の調整を試みて、高学歴の女性が今より多くの子供を持つように、その意思が適切に代表されるようにしなければなりません。次の世代に優秀な人材が不足することがないように、なんらかの策を講じる必要があります。国の政策は人の能力における後天的な部分を高めてきました。しかしながら、人の能力の先天的な部分を政策で高めることはできません。その部分を決定できるのは若い人々の意思であり、政府ができることは、ただ彼らを助け、彼らの負担をさまざまな方法で軽くすることだけです[9]。

わたしの友人のシンガポール人女性は、1980年代なかばにイギリスの大学を卒業して帰国し、公務員になったのだが、すると「ラブ・クルーズ」と呼ばれるお見合いイベントへの参加を盛んに勧められたそうだ。同じように知的なシンガポール人男性と出会って、国にとって好ましい遺伝子を持つ子供をたくさん産んでほしいという国の意向によるものだった。そして同時期に、教育水準の低い女性に対しては避妊手術のための奨励金といった出産抑制政策が導入された。

だが政府の思惑に反して、小家族化が教育水準を問わず社会全体に広がったため、シンガポール政府は優生学的政策から、学歴を問わない全体的な出産奨励政策へと重点を移した。1960年代に「2人で十分」と言っていた政府は、1987年には「(経済的に余裕があれば)3人以上の子供を持とう」をスローガンに掲げ、出産奨励金や税制優遇措置を打ち出した。さらに2001年にも一連の政策が追加導入され、そこには第二子、第三子を対象に政府が子供のための積み立てを補助する「ベビーボーナス」制度なども含まれていた。だがいずれの政策も効果はわずかで、しかも短命に終わった。

シンガポールの例からわかるのは、政府の努力で出産を抑制することはできるかもしれないが、出産を奨励するのはかなり難しいということである。政府がどんな政策を打ち出していたとしても、1980年代までのシンガポールの経済発展と人材開発のスピードを考えると、シンガポール人女性が20年前のように5人の子供を持つことなど考えられなかった。シンガポール政府が1960年代なかばから80年代前半にかけて出生率を下げようとした試みは、歴史の流れに沿ったものだったので成果が出たのだが、その後の出生率を上げようとする試みは、最初から不可能に挑戦するようなものだった。

2017年の20代後半のシンガポール人の独身率を見ると、女性は70パーセント近くで、その10年前の60パーセント強から一気に上がっている。同年齢層の男性も80パーセントを超えている[10]。

この国の婚外子比率がわずか2〜3パーセントと、イギリス、ドイツ、アメリカなどに比べて1桁低いことを考えると、独身率の高さが出生率に大きく響いていることは否めない[11]。シンガポールの多くの女性が結婚せず、婚外子を産むこともないとすれば、子供が増えるはずがない。

シンガポールの出生率は、アメリカ、カナダ、ほとんどのヨーロッパ諸国よりも速く、しかも大きく低下したが、たどっている道はどこも同じである。1930年代のヨーロッパの多くの地域でも、女性が平均2人しか子供を産まなくなっていた。第二次世界大戦後にはベビーブームで出生率が上がったものの、1960年代になると、経口避妊薬（OC／ピル）の登場と社会意識の変化により再び低下に転じた。この章の冒頭で紹介した記事の書き出しのように、欧米の女性たちも単調で骨の折れる家事労働と子育てを、自分が受けた教育や期待とは相容れないものと感じて、多くの子供を持つという選択肢を遠ざけたようだ。そこで教育を受けた意欲的な女性たちに子だくさんを思いとどまらせる要因のひとつとして、なかば象徴的に取り上げられたのが汚れたおむつだった。「おむつについた便をキッチンナイフでこすり落としたり、インゲンを1ポンドあたり2セント安く手に入れられる店を探したりして、何年もの月日を過ごすことになるのだ」[12]

世界中で起きている〝赤ちゃん不足〟

シンガポールの低出生率がひとつの例外にすぎないなら、大きな問題ではない。シンガポールは詰まるところ小国である。そしてシンガポールは移民人口の割合を増やすことで人口減少を食い止められる。というのも、発展途上だが体制の整った国々に囲まれていて、その国民にとって魅力的な移住先になりうるからだ。移民受け入れに際しては圧倒的に中国系が多い民族構成が大きく変わらないように調整することもできる。たとえば隣国のマレーシアにも中国系の人々が多くいるし、中国本国から移民を受け入れるという選択肢もある。インドネシアからも、民族的に好ましい移民を受け入れることができるだろう。この点ではシンガポールの立場は例外的であって、イギリスやアメリカのような国は容易に移民を引き寄せることはできるものの、大量に受け入れれば国内の民族構成が変わってしまう。

だが残念ながら、シンガポールの低出生率は決して例外ではなく、世界中に多くの同類がいる。じつは、スペインからシンガポールまで「不毛な三日月地帯」〔農耕発祥の地としての「肥沃な三日月地帯」の反対の意味〕が広がっていることがすでに明らかになっている。どういうことかというと、あなたがユーラシア大陸を横断するとしたら、西の端のジブラルタル海峡から東の端のジョホール海峡まで、合計特殊出生率がほぼ人口置換水準2・2未満の国ばかりを通ることになる。

旅の出発点であるスペインの合計特殊出生率は1・3である。スペインの女性が産む子供の数は1980年代前半から2人を切り、1990年代後半には1人をわずかに超える程度まで下がっていた。それより前の、親カトリックで出生主義のフランコ政権下〔1936〜75年〕でさえそれほど高くはなかった。最近になって1・3を少し上回るようになったものの、これも少なくとも部分的には「テンポ効果」〔タイミング効果と呼ばれることもある〕で説明できてしまう。つまり、女性の出産年齢が上昇するタイミングでは出生率が下がったように見え、その後上昇にブレーキがかかったり止まったりして出産年齢がそれ以上——少なくとも同じ速度では——上がらなくなるタイミングでは、出生率がわずかに反転上昇したように見える。だがそれは前局面でのゆがみの修正でしかない〔13〕。

ピレネー山脈を越えてフランスに入ると、合計特殊出生率は1・8とやや改善するが、それでも人口置換水準に達していない。19世紀のあいだ、フランスではイギリスやドイツ——あるいは少し遅れてロシア——のような人口急増が見られなかった。だがほかのヨーロッパ諸国の出生率が急落したときにフランスはそうならなかったため、相対的な立場は改善された。現在のフランスの出生率は南欧や東欧ほど低くはなく、もう少し希望の持てるイギリス諸島、ベネルクス諸国〔ベルギー、オランダ、ルクセンブルク〕、スカンジナビア諸国〔スウェーデン、ノルウェー、デンマーク〕の水準に近い。これらの国の出生率が南欧・東欧より高い理由としては、女性の家庭と仕事の両立が比較的うまくいっていることや、婚外出生が比較的受け入れられていることなどが挙げられる。またフランスのように、出生率の高い国から移民を受け入れていることが、自国の出生率維持に貢献しているという面もある。ただし移民の出生率はかなり急速に受け入れ国の出生率に近づいていくので、効果は持続しない。

フランスからドイツ、オーストリアへと歩を進めると、両国ともすでに数十年前から合計特殊出生率が1・5程度で推移している。人口減少を免《まぬが》れているのはひとえに大量の移民を受け入れているからだ。続いてクロアチア、セルビア、ルーマニア、ウクライナだが、これらの国の合計特殊出生率はいずれも1・75を下回っている。要するに、南欧と東欧全体がこのレベルになっていると考えればいい。なかにはハンガリーのように1960年代前半からずっと人口置換水準を下回っている国もあれば、アルバニアのように1980年代後半まで女性が平均3人以上の子供を産んでいた国もあるが、現在はどの国も1・75を下回っている。

ヨーロッパの低出生率の国々の多くに共通しているのは、女性の教育機会は大いに拡大しているのに、その一方で伝統的な価値観がそのまま残っているという点で、このふたつの組み合わせは出生率にとって致命的である。女性の教育を奨励していながら、女性が仕事と家庭を両立させようとすると眉《まゆ》をひそめるような社会においては、女性は興味のある仕事か母親になる喜びかという二者択一を迫られ、多くの場合前者を選ぶことになるからだ。

出生率が低い社会に共通するもうひとつの特徴は、婚外出生が少ないことである。伝統的なタブーが薄れて、結婚しないまま母親になる女性が増えると、出生率が上がりはじめるという点は注目に値する。たとえばハンガリーでは出生率が緩やかに上がりはじめているが、その上昇分のほぼ半分を婚外出生が占めている。どうやら出生率を上げるには、政策よりも、伝統的規範の切り崩しのほうが効果があるようだ。ハンガリー政府は第三子の出産奨励策に重点を置いてきたが、少しずつとはいえ出生率が上がってきたのはこの政策の成果ではなく、婚外出生を中心に第一子または第二子を出産する女性が増えたことによるものだと考えられる[14]。

続いてロシアである。19世紀末から20世紀初頭までのあいだ、ロシアの出生率はかなり高く、革命、内戦、世界大戦、粛清、飢饉があったにもかかわらず人口が増えつづけたほどだった。しかし20世紀なかばになると状況が変わり、小家族化が軍事的・経済的衰退の大きな要因となった[15]。今世紀に入った時点で1・2前後だったロシアの合計特殊出生率は、その後1・75近くまで回復したが、低出生率が数十年続いたために子供を産むことができる若い女性が少なく、今もなお人口減少を食い止めるのに苦心している。1世紀ほど前の1914年には状況はまったく異なっていた。ロシアの人口増加はとどまるところを知らず、それが理由のひとつとなって、手遅れにならないうちにとドイツが開戦に踏み切ったほどだ[16]。現在、ロシアの合計特殊出生率は改善されたが、出生率はまだ改善されていない。

次は隣国の中国だ。中国は言わずと知れた人口大国だが、合計特殊出生率はかろうじて1・5を超えている程度である。人口統計学者のなかにはもっと低く1・2に近いと見る人もいる。2016年に一人っ子政策から二人っ子政策へと人口抑制が緩和され、2021年には第三子の容認も打ち出されたが、その効果は今のところほとんど現れていない。だがそれも、この国の急激な都市化、生活水準や女子教育の向上を考えれば驚くにあたらない。中国では産業革命の進行過程で、出産適齢期の人々が子供を農村に残して都市部に働きに出たため、家庭生活そのものが否応なく破壊された。

すでに発展した社会で一度下がった出生率を再び上げるのは容易なことではない。中国のほとんどのカップルの頭にあるのは、もはや農作業の人手を増やすことではなく、子供のライフチャンスを最大限保障することなので、せいぜい1人か2人の子供に集中的に投資することを望む。「娘の全人教育と自己成長、そして娘と一緒に過ごす時間を大事にしたいですね」と記者に語ったのは26歳の女性会計士で、義父母からもっと子供を産みなさいと再三言われながらも抵抗しているという。「働かなければならないことや、経済的圧力を考えると、子供は1人で十分だと思うのです」[17]。猛烈な「タイガー・マザー」〔中国の教育ママ〕も、虎の子が3匹以上いたら本領を発揮できないわけで、こういう思いは世界中の母親に共通のものだ。ということは、中国の女性たちもシンガポールの女性たちと同じ道を歩んでいくのかもしれないが、それが世界に及ぼす影響はシンガポールの比ではない。

中国でもどこでも、低出生率は自己強化型ループになる。一人っ子は年老いた両親の面倒を1人で見ることになり、その分自分の家族を育てる余裕がなくなる。また大家族に慣れていないので、自分が大家族を持ちたいと思うこともあまりなく、1人の子供で満足する傾向にある。さらに経済も小家族に合わせたものに調整されていくので、ますます子供を増やしにくくなる。

このユーラシア大陸横断の旅のルート上にある国では、ミャンマーがもっとも合計特殊出生率が高く、現在（本書執筆時点2021年で）ほぼ人口置換水準にある。1970年代後半にはビルマ〔ミャンマーの旧国名〕の女性は5人以上の子供を産んでいたが、その後合計特殊出生率は下がりつづけ、現在にいたっている。あとはタイ（1・5強）とマレーシア（2弱）を通れば、シンガポールにたどり着く。タイは、比較的貧しい国において人口動態の変化が国の発展速度を追い越す場合があることを示すケーススタディになっている。国が経済先進国になるずっと前に、タイの出生率は当時の先進国レベルとされていたところまで低下していた[18]。

低出生率をたどるワールドツアーでもっとも印象的なのは、同じように小家族化が進んでいながら、どの国もじつに多様なことだ。ドイツやセルビアなどのヨーロッパ諸国では出生率は何十年も前から低かったが、タイなどのアジア諸国では1970年代前半まで1人の女性が5人以上の子供を産んでいた。豊かな国もあれば、貧しい国もある。キリスト教国もあれば、仏教国、イスラム教国もあり、徹底して無宗教の国もある。これほど多様であるにもかかわらず、近い将来に出生率が大幅に上昇しそうだと思えるところがない。

なお、同レベルの低出生率はまったく異なる文化圏にも見られる。レバノンの女性は1960年代には平均5人以上の子供を産んでいたが、今では1・75人を切っている。イランでは出生率が急速に低下し、その速さはほかにほとんど例がないほどである。イランのある既婚女性は、「食べていくのがやっとなのに、子供なんか持てるわけないでしょう?」と嘆いている[19]。そして中南米諸国は、いずれも出生率がすでに低いか、低下中かのどちらかである。さらに韓国に関しては、合計特殊出生率がすでに0・8まで下がっているのではないかとする試算が出されている[20]。

つまり〝赤ちゃん不足〟は地域も文化も関係なく世界中で起こっている。かつてイタリアの「マンマ」は大家族をまとめる女家長的存在の典型と見なされていたが、すでに数世代前からそうではなくなっている。今日の〝赤ちゃん不足〟の例外で地理的範囲が広いのはサハラ以南のアフリカのみであり、そこでは死亡率の低下と高出生率の持続により、史上最大規模の人口急増が起ころうとしている。

代表的な国の合計特殊出生率
(1950−2100年)

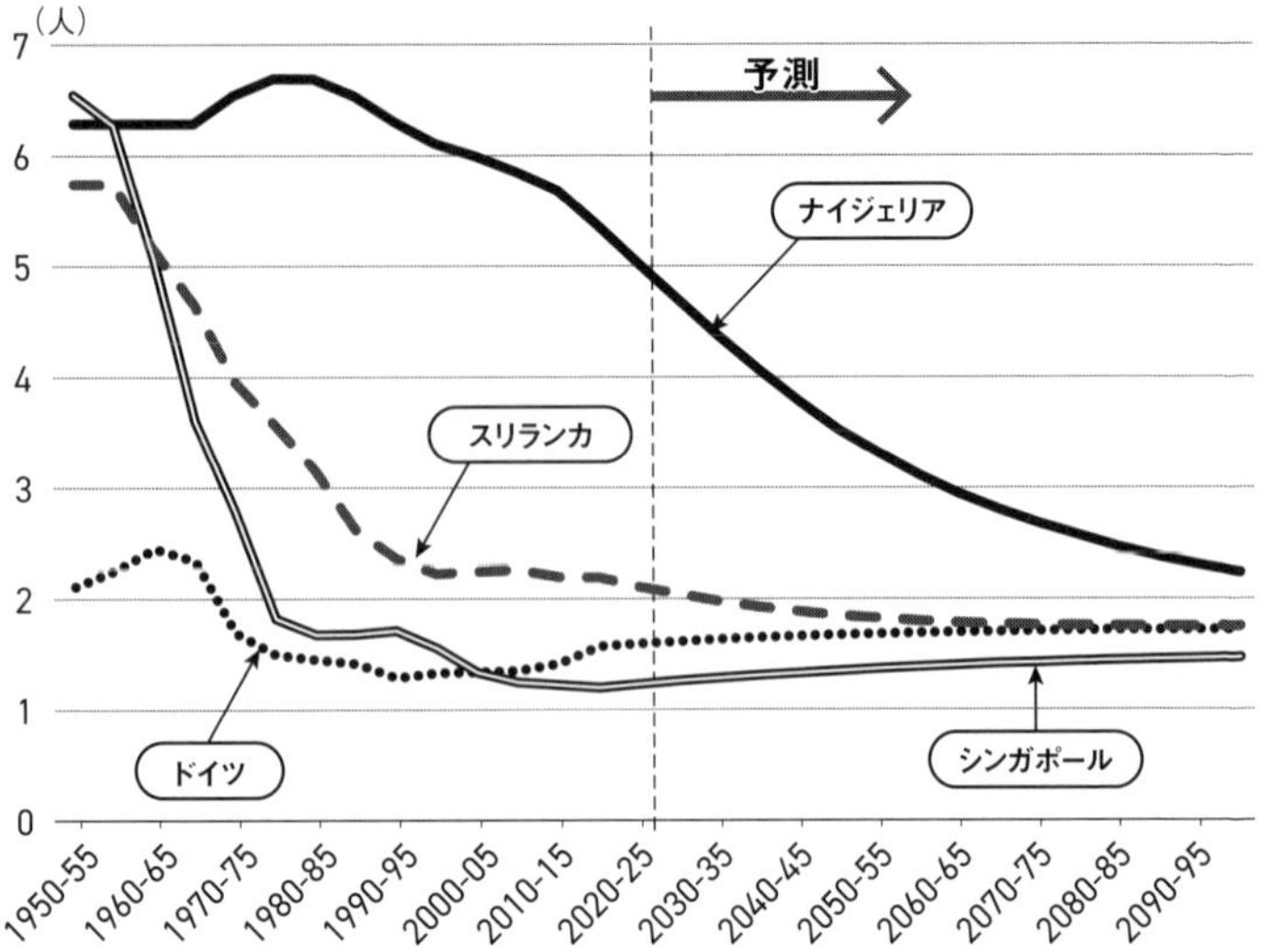

出典:国連人口部(中位推計)

20世紀なかばには合計特殊出生率は国によって大きく異なり、アフリカやアジアでは6から7、欧米では2から3という国が多かった。その後シンガポールのように豊かになった国と、ドイツのようにすでに豊かだった国は、ともに合計特殊出生率が2を大きく下回るところまで低下した。スリランカのような比較的貧しい国も、合計特殊出生率が2前後まで急落している。

今もなお出生率が高い国は、ほぼすべてサハラ以南のアフリカにあり、これらの国の合計特殊出生率がいつ、どのような速度で低下するかが人口統計学上の最大の未知数となっている。アフリカの人口大国であるナイジェリアについて、国連は出生率の着実な低下を見込んでいるが、人口置換水準に近づくのは21世紀末になると思われる。

文化が出生率に与える意外な影響

かつては国がどの発展段階にあるかがその国の出生率と平均寿命に表れていた。１９７０年代前半には、豊かな北欧の人々は70代まで生きたが、それより貧しい南アジアの人々は50代までしか生きられなかった。現在では、両地域間の発展格差は残っているものの、平均寿命の差は縮まっている。１９７０年代には、ブラジルの女性はアメリカの女性の2倍以上の子供を産んでいた。今日、豊かさではブラジル人はまだアメリカ人の5分の1でしかないが、出生率はむしろブラジルのほうがわずかに低い。かつては貧しい国のほうが大家族で、平均寿命が短いと決まっていたが、今はもうそうではない。

表面的に見れば、人口動態の歴史は終わりを迎え、アフリカという特別な章を残してページを閉じようとしていると思えるかもしれない。近代以前にはどの国も出生率が高く、平均寿命が短かった。もちろんばらつきはあったが――たとえば18世紀のイギリスと日本では出生率がやや下がっていたようだが――その差は大きくなかった。例外は限られていて、疫病や戦争といった災害で死亡率が急上昇した場合と、豊作が続いて死亡率が少し低下した場合くらいのものだった。

その後、世界は順に、異なる時期に異なる速度で人口転換を経験してきた。そしてこの転換を終えると、人口動態上の重要な違いは出生率となり、その決定要因は経済というより文化になる。

アメリカの各州の合計特殊出生率を比べるとそれがよくわかる。中部サウスダコタ州の女性は北東部バーモント州の女性よりも約0・75人分多くの子供を産んでいる。アメリカ中部の出生主義的な価値観は、バーモント州を含む北東部のニューイングランドの世俗的自由主義とはまったく対照的だ。宗教色の強い州ほど出生率が高いが、それ以上に高出生率と強い相関があるのが保守主義である。州単位で各要素と出生率との関係を見てみると、信心深さは所得の25倍相関が強く、さらに2016年に保守派のドナルド・トランプに投票した率となると所得の40倍も相関が強い[21]。ユタ州では宗教と出生率の関係が明らかで、モルモン教徒に子だくさんの家族が多いことはよく知られている。

長期的には、これがアメリカの人種・民族構成に予想外の影響を与える可能性もある。アメリカで合計特殊出生率が人口置換水準を上回っている州はサウスダコタとユタだけだが、どちらも白人比率が高い。アメリカの白人女性の出生率は、アフリカ系、ヒスパニックの女性よりまだ少し低いが、その差は縮まってきている。ヒスパニックの人々は伝統的に高出生率の国からやってきているが、今は出生率の低い都市部で暮らしていて、彼ら自身の出生率も下がり、地元の標準レベルに近づきつつある。もっとも彼らの母国でも出生率が下がりつつあるため、結果的には母国にいるのと同じような動きをたどっている。メキシコは１９７０年代前半まで１人の女性が平均７人近くの子供を産んでいたが、現在の合計特殊出生率は人口置換水準に近い。２００７年まで、アメリカのヒスパニック女性の出生率は白人女性に比べて60パーセントほど高かったが、今日ではその差が４分の１まで縮まっている[22]。２０１６年にはヒスパニック女性の出生率が、圧倒的に白人が多い農村の女性の出生率をわずかに下回り、しかもその差が開きつつある[23]。

わたしたちはこの１００年の経験から、白人社会は低出生率により人口が収縮すると想定しているが、絶対にそうなると決まったわけではない。アメリカの都市部、いやヨーロッパの都市部でも、人口の圧倒的多数が国際児や非ヨーロッパ系移民になり、その都市人口が低出生率で伸び悩み、逆に農村部の白人人口が再増加に転じたとしたら、想定は崩れることになる。もちろんその可能性は非常に小さいが、ゼロではない。

価値観で出生率は変わるのか

超正統派ユダヤ教徒（ハレーディー、複数はハレーディーム）もまた、アメリカで人口拡大中の白人集団である。ほかの高出生率のマイノリティとは異なり、ハレーディームはほぼ例外なく都市部に住んでいて、しかもだいたいは出生率が低い州の都市部である。それにもかかわらず、ブルックリンのウィリアムズバーグやバラパークには数万人規模のハレーディームのコミュニティが複数あり、その家族規模は世界でもっとも出生率の高い国々の家族と変わらない。人口は急増していて、今のところその勢いが鈍る気配はなく、当然のことながらコミュニティは新たな住宅を求め、居住域を広げつつある。

ハレーディームはイスラエルの人口増加にも寄与している。長期にわたって大家族を築いてきた集団では普通のことだが、彼らのコミュニティも若い。彼らの場合、人口の60パーセントが20歳以下だが、彼ら以外のユダヤ人全体では30パーセントが20歳以下である[24]。だがイスラエルで子だくさんなのはハレーディームだけではない。出生率は宗派を問わず全体的に高く、先進国とは思えないレベルである。イスラエルの女性はシンガポールの女性のほぼ3倍の子供を産んでいて、それでいて教育水準も高い。またアメリカと同じようにイスラエルでも、信心深いかどうかとは別の問題として、政治的に保守的な集団のほうが子供の数が多い[25]。

なんらかの価値観に基づいて出生率が変わることがあれば、人口動態に関するわたしたちの想定の多くが覆ることになる。ユダヤ人の子供の数は、イスラム教徒が圧倒的に多いアラブ人などの諸民族よりも少ないと思っている人がいたとしてもおかしくないが、それはもはや事実ではない。１９８０年代前半には、イスラエル人女性が産む子供の数はイラン人女性の半分にも及ばなかった。今ではそれよりずっと多くなっている。

ただし世界全体を見渡してみると、ユダヤ人も決して一様ではない。イスラエルでは全体的に合計特殊出生率が高く、もっとも宗教色の薄いコミュニティであっても人口置換水準を超えている。一方アメリカの世俗派のユダヤ人はアメリカ国内のあらゆる人種グループのなかでもっとも出生率が低い集団のひとつである[26]。

人口統計学者のなかには、広く少子化が進行する第二の人口転換のことを、家族を持ちたいという願望が個人主義に取って代わられるからだと説明する人がいるが[27]、そのような普遍的な傾向の存在は誇張の産物でしかない。実際はもっと複雑で、人々のものの考え方、イデオロギー、宗教が、それぞれに出生率の上昇や下降との結びつきを徐々に強めている。キリスト教やユダヤ教のコミュニティと同じように、イスラム教国でも宗教的帰属・実践と大家族は関連している[28]。同じ社会のなかでも、あるサブグループは大家族を望み、別のサブグループは小家族を望んでいる。そしてそのような一律ではない指向が、国の内部の、あるいは国家間の人口バランスを変化させていく。モルモン教徒の現在の人口は１９４７年の15倍だが、それは少なくとも部分的には、高い出生率に支えられてのことだ。そうなるとこんな考えも浮かんでくる。子だくさんをよしとするこれらの集団の子孫が同じ考え方を長期的に継承していくとしたら、やがて世俗主義の社会は姿を消し、宗教集団だけがこの地球を受け継ぐことにならないか[29]。

いや、そこには何の確実性もない。宗教集団が拡大を続けるためには、出生率だけではなく信者の維持も同じくらい重要である。だがこの点については十分なデータがない。イスラエルでもほかの国々でも、ハレーディームの生活様式から離れていく人々がいるのは確かなのだが、どうやらその人数は、今のところ彼らの自然増加に比べると少ないということなのだろう[30]。社会全体で見れば、アメリカでもヨーロッパの多くの国でも宗教離れが進んでいる。前近代の都市が人口維持のために絶えず農村からの人の流入を必要としたように、現代の世俗主義の社会も、自分たちより伝統的で出生率の高いコミュニティから随時人を招き入れている。だが、入ってきた人々の出生率はその後下がる傾向にある。こうしたことから考えると、未来は子だくさんの文化を育むことができ、それを維持することができ、かつ自分たちから離れていく人数を低く抑えることができる社会に委ねられていくように思える。

子だくさん高学歴女性のストーリー

ある金曜の朝、わたしは2人の女性の友人に頼んで、人口についてのディスカッションに付き合ってもらった。すでに述べたように、高学歴の女性ほど子供の数が少ないという傾向があるのだが、この2人はこの傾向から外れているので、ぜひとも話を聞いてみたかったのだ。サラはケンブリッジ大学卒で、6人の子供がいる。ヴィッキーはオックスフォード大学卒で、7人の子供がいる。2人はなぜそんなにたくさんの子供を望んだのかを知りたかった。

サラもヴィッキーもユダヤ教正統派だが、ものの見方は現代的である。わたしが感じたのは、この2人の子だくさんは、厳密な意味での宗教的義務などではなく、多産文化に組み込まれた子供への愛情によって説明できるのではないかということだった。ヴィッキーは自宅で地域紙の編集をしている。サラは子供が生まれるまで弁護士だったが、今は外では働いていない。2人は知的で高学歴だが、自分にできることのなかで出産・子育てがもっともやりがいがあると感じている。「7人の子供を産んで、その全員を心豊かな、分別と責任感のある人間として社会に送り出すっていうのは、このうえなく創造的でやりがいのあることだもの」とヴィッキーは言う。

2人とも小家族を選択した人々を非難するつもりはなく、子供を持つことができない人々への思いやりも忘れてはいない。だが社会全体としての少子化について語るとき、2人の口からはどうしても「利己的」という言葉が出てくる。現代の都市化した世界で子供をたくさん持つのは、とんでもなく大変だというわけではないと2人は言う。ときには休日に大家族用のレンタカーを借りるのが大変だったり、イベントのチケットを人数分予約するのに苦労したりするが、そんなことは些細《ささい》な不都合でしかない。サラとヴィッキーから見れば、小家族を選択した人々は、新しい命を生み出すことよりも自己啓発や休暇、子供1人に1部屋を確保することなどを優先させていることになる。その選択について誰かを非難しようというのではないが、そういう選択がなされる社会について、彼女たちは次のように説明している。今わたしたちが生きているこの世界では、個人の目標や一定の生活水準の達成が規範になっているが、その規範は大家族を持つことと折り合いをつけるのが難しいのだと。突き詰めれば、それらの達成を望む場合、そもそも家族を持つのは無理だということになりかねない。

一方サラは、大家族を持つことにした自分のほうが利己的だという可能性もあるのではないかと指摘した。欧米の、とくに大量消費・大量排出が止まらない先進国では、子供を持つことのほうがむしろ身勝手ではないかという疑念が広まりつつある。この問題を提起したのはアメリカの下院議員アレクサンドリア・オカシオ＝コルテスだった。「わたしたちの子供の時代には生きていくのが容易ではなくなるということが、基本的な科学的合意として形成されています。ですから若い人たちが、それでも子供を産んでいいのかと躊躇《ちゅうちょ》するのはむしろ当然のことでしょう」[31]〔この発言は有効な地球温暖化対策を急ぐべきだと訴えたもので、子供を産むなという意味ではない〕。この問題についてはのちほどまた取り上げる。

セックスの未来

先日、人口統計学のセミナーのある分科会で、人々の性行為の現状に詳しい著名な元教授と隣り合わせた。彼は出生率低下の問題に関連して「性交頻度の低下」に言及した。誰にとっても興味の尽きないこの話題について、彼がいい意味で古めかしく、かつ学術的に語るのが面白くて、聴衆は忍び笑いをもらした。人々の性交頻度がどの程度まで人口に影響しているかというのは、問う価値のある主題である。出生の圧倒的多数が性交の結果である以上、この主題は人口統計学の研究においても無視できない。

最近では、若い世代がその前の世代ほどパートナーとの長期的関係、結婚、出産に熱心ではないことが明らかになってきていて、しかもイタリアと日本といったまったく異なる国々でも同じ傾向が見られる。セックスそのものに対してさえ以前ほど興味がないようだ。日本の40歳未満の成人の4人に1人は異性間性交渉の経験がなく、しかもその割合は増えつつあるという[32]。イタリアでは性交頻度の低下は男性の性欲減退が原因だとされている[33]。

セックスが少ない未来へと向かう日本は、世界の先頭を走っているのかもしれないが、少なくとも独走しているわけではない。アメリカのミレニアル世代〔1980年代前半～90年代半ば生まれ〕の性行為不足の度合いは前世代の2倍で、コンドームの販売も右肩下がりが続いている[34]。「＃ＭｅＴｏｏ」時代の交際ルールが時として混乱と困惑を招いているのかもしれず〔ＭｅＴｏｏ運動を受けて、交際をリスクと見なす動きが広がった〕、伝統的な男女の役割が曖昧になってきたこともなんらかの関係があるのかもしれない。男性の家事分担が進むのはすばらしいことだが、これもどうやら性生活の減少と無関係ではないようだ[35]。技術の進歩も要因のひとつかもしれない。開業医をしている友人がこう言っていた。「この仕事を始めたころに比べると、10代の妊娠率がかなり下がっているんだけど、それは若い人たちがみんなデートに出かけないで、部屋にこもってテクノロジーに夢中になってるからなんだ」

性行為が減少したからといって、それだけで出生率が下がるわけではない。同様に、初体験の年齢や結婚年齢が上がったからといって、それだけで個々人の子供の数が減るわけではない。しかし女性が妊娠しないまま年齢を重ねると妊娠力が低下する恐れがある。社会的レベルで言えば、出産が遅くなるほど子供の数は少なくなる。生殖年齢のピークにいる女性たちが母親候補から外れるとしたら、集団レベルで妊娠・出産数が減る可能性はかなり高い。また、多くの女性が出産を先延ばしにしているコミュニティは、女性たちが出産以外の個人的計画を進めているコミュニティや、社会的な理由で出生率が低いコミュニティと重なる傾向にある。

出生率低下の原因としてよく挙げられるもののひとつにテレビがあり、実際、テレビの登場とともに性交頻度がやや低下したことがわかっている[36]。だがテレビが出生率低下に結びつくのは、単に人々の気をそらして子作りの時間を奪うからではない。ブラジルのある研究では、人気のドラマの世界が人々の憧れの的となったことが出生率を低下させていたとわかった。高級マンション、スマートカー、おしゃれな服などが小家族のライフスタイルを美化し、それを観た人々の子供の数が減っていたのだ[37]。この例からわかるように、大家族のイメージが、時代遅れの田舎じみた暮らし、すなわち発展途上国の人々がそこから逃れようとしている暮らしと結びつけられることで、出生率の低下を招くという面がある。これはちょっとした盲点だが、もうひとつの盲点は婚外出生である。前述のように、世界でもとりわけ出生率が低い社会は、女子教育に対しては前向きだが、婚外出生は認めようとしない社会である。逆にイギリスやスカンジナビア諸国などの婚外出生が多い国々では、出生率の状況ももう少し明るいようだ。

人間の生殖との向き合い方には遺伝要素で決まる部分があるのかもしれない[38]。選択の余地が与えられない場合には、生殖を望む遺伝要素があってもそれが結果を左右することはない〔ある研究によると、若い世代の女性は遺伝子構造上は第一子を持とうとする年齢が若くなってきているのに、社会的要因から出産年齢を遅らせていると考えられる〕。だがいったん自分で生殖をコントロールできるようになると、子供を持つことに有利にはたらく遺伝子が活性化するのかもしれない。だとすればそれはやがて出生率の回復に結びつくだろう。

「日本化」は進むのか

トマス・マルサスは、人口圧力は常に資源不足によって制限されると主張したが、間違っていた。人口学者たちは、合計特殊出生率はいずれあらゆるところで女性1人あたり子供2人強に落ち着き、世界の人口はほぼ安定するだろうと考えたが、これも間違っていた。欧米ではベビーブームが終わると出生率が急低下し、やがてほかの地域でも家族規模が縮小し、人口減少の可能性が出てきた。人口置換水準を下回る合計特殊出生率は西欧と北米から、南欧、旧共産圏、東アジアへと広がっていった。当初、低出生率は裕福な地域ならではのものだったが、今では世界各地に広がり、経済との関連性はかなり薄れている。小家族化が早くから進んだ国々では、合計特殊出生率が人口置換水準をやや下回ったところで一進一退を繰り返しているが、あとから追いかけた国々のなかにはもっと極端に下がったところもある。

人口予測には慎重でなければならないが、自信を持って言えることもいくつかある。すでに述べたように、最大の不確定要素はサハラ以南のアフリカにある。アフリカ大陸が発展を続けるとすれば、人口動態は世界の前例に倣《なら》うことになり、出生率は低下するだろう。仮に発展が止まったとしても、中東がそうだったように、出生率は低下しうる。ただしどういう速度でどの程度下がるのかは予測が難しい。サハラ以南のアフリカを別にして、その他のアフリカについて言えば、出生率の高い国々では今後急激な低下が続くものと思われる。どの国でも合計特殊出生率が4を切ると、そのまま低下が続く傾向にある。だがどのレベルで数字が落ち着くかは一様ではない。スリランカの合計特殊出生率は30年近くも2・0と2・5のあいだで推移しているが、コロンビアはこの「ゴルディロックス・ゾーン」〔宇宙空間における生存可能領域のことだが、ここでは人口置換水準の意味〕に10年しかとどまれず、今では人口置換水準を下回っている。

世界の出生率がどうなろうとも、世界人口は人口慣性によって当面のあいだ減速しながらも増えつづける。しかしながらわたしたちは、スウェーデンの統計学者ハンス・ロスリングが「ピーク・チャイルド」と呼んだ、世界の子供の数が増えなくなる瞬間にすでに達している[39]。今世紀末には、地球上の人口は今よりもおそらく50パーセント増えていることになりそうだが、５歳未満の人口は５０００万人以上減っていると思われる[40]。

出生率は人口変動のもっとも重要な原動力である。理論的には出生率に下限はないのだから、ひょっとするといつの日か、シンガポールの今の出生率でさえずいぶん高かったと思う日が来ないとも限らない。わたしたちはこの世界には出生率の高い文化や社会というものが存在していて、それはずっと変わらないと考えがちだが、たいていは思い込みにすぎない。インドの合計特殊出生率はずっと高く、ごく最近になってようやく人口置換水準を切るかどうかというところまで下がってきたのだが、地域別に見ると１・７前後まで下がっている州がいくつもあり、今後インド全体がそれらの州に続く可能性もある。こうした出生率の低下は、貧しい国々が経済発展よりはるかに速いペースで人口動態の近代化の道を歩んでいることを示している。

インドの出生率低下は中国より遅く始まり、かつなだらかに推移した。その結果、いまやインドが中国を追い抜いて世界一の人口大国になろうとしている〔２０２３年６月に追い抜いたと思われる〕。中国は今世紀末までに現在の人口の約４分の１を失うと考えられ、労働力減少が懸念されているが、インド経済のほうは堅調を維持している。インドの人口動態が今後も中国より健全であれば、過去数十年でライバルにつけられた差を取り返すチャンスが到来する。中国の経済規模は1980年にはインドの1・5倍強だったが、2016年には4～5倍になっていた[41]。だがこの関係は、主としてインドの労働力増加により、今後逆転する可能性がある。

日本はかなり前から低出生率とそれに伴う景気低迷に苦しんでいて、典型的な「低出生率の罠《わな》」に陥っている。女性が教育機会を得た国では、一般的に合計特殊出生率が人口置換水準あたりまで下がるが、そこで仕事と出産の両立が奨励されないとなると、出生率はいっそう低下する。日本がまさにその例で、この国には母親としても働き手としても満たされずにいる女性が大勢いる。国民が快適で豊かな暮らしを送っていて、犯罪率も低い国であるにもかかわらず、日本は先進国のなかでもっとも幸福度が低いが[42]、それも当然のことと言わざるをえない。

出生率に関して、今後アフリカが急速にほかの大陸のあとを追い、スリランカのような国でももう1段階の低下が起こるとしたら、世界全体が「日本化」することもないとは言えない。それはつまり、どの国も教育が行きわたって豊かになるが、合計特殊出生率は人口置換水準を下回り、男性にも女性にも多くの子供を育てる時間的・金銭的余裕がないという世界である。

注意すべきなのは、前述のように、近代後の出生パターンのひとつはすでに現れているということだ。保守的な価値観と宗教的信仰は高い合計特殊出生率を伴うのが常であり、それは人口置換水準をわずかに上回るレベルの場合もあれば、ペンシルベニア州の宗教集団アーミッシュのような非常に高い出生率の場合もある。もしかしたら、そうした強力な多産奨励主義の集団だけが生き残り、その他の集団は子孫を残せず消滅するような世界がやってくるのかもしれない。だとすれば、わたしたちは「空っぽの地球」に向かっているのではなく[43]、社会学的には似通っているがイデオロギー的には異なる集団がひしめき合う世界に向かっていることになる。そうした集団は出生率は高いが、多くは絶対主義的な考え方をもち、現代科学を嫌うのだから、それが支配的になれば、社会を動かすうえでの政治的・技術的課題はいっそう困難なものになるだろう。日本が人口動態の近代の先駆者だとすれば、人口動態の近代後の先駆者はイスラエルということになるのかもしれない。

ところで、人口減少が始まるのはもう少し先だとしても、その前に低出生率は高齢化社会を招くことになるので、次はこの現象に目を向けることにしよう。

第5章

高齢化社会と暴力との意外な関係

43 スペイン・カタルーニャ州の年齢中央値[1]

ルシヨン地方は広義のカタルーニャの一部で、スペインのカタルーニャ州ではなく、すぐ北隣のフランスに入ったところにある。雪を頂く山々と地中海の光輝く入り江が近接する土地で、海に向かって傾斜するブドウ畑が美しい。午前中にスキーをして、午後は海辺で日光浴ができるという、ヨーロッパでも稀有《けう》な場所のひとつである。海とピレネー山脈に囲まれたこの地域は、昔からフランスとスペインをつなぐ交通の要衝だった。縁があって、わたしはここを何度も訪れている。

このあたりのピレネー山脈の峠道は、何世紀ものあいだ人や物のひそかな移動のための抜け道として利用されてきた。１９３９年には、何十万ものスペイン人難民がフランコ体制から逃れるためにここを通って北へ向かい、その何か月かあとには、ナチスのフランス侵攻とその傀儡《かいらい》であるヴィシー政府から逃れるために、多くの難民が絶望とともに今度は南へ向かった。

数年前に、わたしはルシヨンから国境を越えてすぐの海沿いの町、ポルトボウを訪ねた。ドイツ系ユダヤ人の哲学者ヴァルター・ベンヤミンが1940年9月に自殺したとされている場所である。現在は心地よい海辺の町だが、北のコリウールや南のカダケスといったリゾート地に比べると地味で、港沿いにあるベンヤミンの墓と記念碑以外にはこれといって見るべきものもない。

ポルトボウを訪ねたのは人口動態の調査ではなく、今は亡き哲学者のゆかりの地を訪ねる巡礼のようなものだったのだが、思いがけずある人口動態上の謎を解く助けになった。その1年ほど前にカタルーニャ自治州政府が州の独立を問う住民投票を実施し、住民の圧倒的多数が賛成票を投じた。しかしスペイン中央政府は住民投票を認めず、カタルーニャの分離独立を受け入れるつもりがないことは明らかだった。投票日には州都バルセロナなどで有権者と国家警察が衝突して負傷者が出たが、死者は出なかった。頭に血の上った人々が警察署になだれ込むとか、軍が武力弾圧に乗り出すといったこともなかった。住民投票が内戦に発展することはなく、騒ぎは徐々に収まって、じきにニュース記事からも消えた。

わたしはポルトボウの広場のひとつのカフェに陣取って、あの住民投票が暴力的紛争に発展せず、死者のない出来事にとどまったのはなぜなのかと考えた。考えながら周囲を見回すと、10月の心地よい日差しの下、白髪交じりの地元の住民たちが楽しそうにコーヒーをすすっていた。そこでわたしは気づいた。この人々は皆、政治の不公平に憤って武器を手に取ったり、デモ行進をしたりするには年を取りすぎている。この海辺の町の住民は比較的高齢なので、カタルーニャ州全体の平均年齢は数十歳下になるだろうが、それがたとえば40代だとしても、やはり政治的大義のために武器を手に取るとは考えにくい。総じて中年層は、年老いた親は元気か、子供たちは学校でうまくやっているか、住宅ローンを返済しながらどうやって自分の老後に備えるかなど、心配事が多すぎてそれどころではないはずだ。

ある社会の年齢構成が持つ影響力を、わたしたちは当然のものと思っているか、あるいは考えないようにしていることが多い。わたしはその後カタルーニャと同じような現象をもうひとつ知ってはっとした。２０１９〜20年にかけて、「逃亡犯条例改正案」に関する中国政府の要求に香港政府が譲歩したことに抗議して起こった、香港の大規模デモのことである。抗議デモには幅広い年齢層の人々が参加したが、中心になったのは若者だった。死者は十数人で[2]、これは１９８９年に北京で推計1万人もの人々を中国軍が殺害したあの天安門事件とはまったく様相が異なる[3]。その違いを説明する手がかりは、１９８０年代末の中国の年齢中央値（25歳前後）と、30年後の香港の年齢中央値（45歳前後）を比べることで得られる。いずれの場合も中国当局は秩序維持に必要なことを何でもやってのけただろうが、人口に占める若者の割合が大きくないときには〝秩序維持に必要なこと〟の規模も大きくはならず、結果的に香港の事例では死者が少なかったと考えるべきだろう。「豊かになる前に老いてしまう」という問題がよく指摘されるが、「自由を手にする前に老いてしまう」という問題もある。危険をいとわない怒れる若者がいないと、国民はずっと専制政治に耐えるしかなくなるのかもしれない。

高齢化で紛争が減る

今日のカタルーニャ州の人口を見ると、40代が20代を圧倒的に上回っていて、年齢中央値も40歳を超えている[4]。わたしがはじめてカタルーニャを知ったのは、ジョージ・オーウェルの『カタロニア讃歌』のなかでのことだった。1930年代のバルセロナは、わたしがよく知るルションジ地方の日あたりのいい渓谷や雪を頂く山々の印象とはかなり違っていて、戦時中ならではの混《こん》沌《とん》とした都市だった。当時、バルセロナは共産主義者とアナキストの革命的融合によって動いていたし、スペインの年齢中央値は現在の半分程度だった[5]。

このような人口動態の変化を経験したスペインは、今では人口転換を経てきた多くの国々の代表例となっている。数十年前から合計特殊出生率が人口置換水準を下回り、平均寿命が延びつづけたことで（現在83歳を超え、世界トップクラスの一国に数えられる）、自国の歴史上も国際比較においても、並はずれて高齢化が進んだ国となった。国が発展を続けるかぎり、どこの国でもまず高齢化を免れない。例外は、イデオロギーや宗教上の強い動機によって小家族化傾向に抵抗する一部の地域だけである。スペインの、そしてドイツ、イタリアといった類似のヨーロッパ諸国の現在の年齢構成は、人類のほとんどの社会に起ころうとしていることの先触れだと言っていい。

高齢化が始まると、続いてやってくるのは中高年層の増大と、移民を大量に受け入れないとすれば総人口の減少である。これらについては別の章で述べるとして、この章では年齢中央値の上昇がその社会にとって、また世界全体にとって何を意味するのかを考えておきたい[6]。

平均年齢が20代前半で人口の大半が若い社会と、年齢中央値が40代で若者が少ない社会が違うというのは当然のことである。ナイトクラブとカフェの雰囲気が異なるように、若者が主力の社会と中高年が主力の社会も異なる。

その違いがもっとも顕著に表れるのは紛争だ。１９３０年代の若いカタルーニャと２０１０年代の高齢化したカタルーニャの違いはすでに述べたとおりで、後者においては独立を求める政治紛争でも死者が出なかった。１９３０年代には内戦に陥ったのに、２０１０年代にはそうならなかった理由は、まさしく人口動態にある。

ピレネー山脈東側のカタルーニャでは平和が続いていても、西側のバスク地方は違うではないかという指摘が聞こえてきそうだが、バスクの独立運動も同じ理屈で説明できるので、むしろ補強材料である。バスクの民族主義グループが暴力に手を染めたのは１９６０年代で、当時のスペインの年齢中央値は現在より15歳ほど若く、ようやく30歳に届いたところだった。だがその後、スペインの高齢化が進むにつれてバスク紛争は勢いを失い、２０１１年には闘争の停止にいたった。北アイルランド紛争も高齢化によってその勢いがだいぶ削《そ》がれた。和平協定締結は政治家たちの長年の外交努力の賜物であり、その点に水を差すつもりはまったくないが、人口動態の流れに乗っていたことが有利にはたらいたという面もある。１９８０年代なかばのアイルランドの平均年齢は20代なかばだったが、今では40歳近くまで上がっている。

よく考えてみれば、人口の高齢化とともに暴力的紛争が勢いを失った例はほかにもたくさんある。１９９０年代前半にユーゴスラビアが内戦状態に陥ったとき、ボスニアの年齢中央値は30歳に満たなかったが、現在では40歳を超えている。セルビアでも同期間に年齢中央値が10歳近く上がっている。セルビアとコソボにおける憲法上の解決は厄介で曖昧なものだが、それでもどうにか20年以上平和が続いていて、それも高齢化と無関係とは言えない。

中東にも同じ傾向を示す好例がいくつかある。１９７０年代なかばに内戦が勃発したとき、レバノンの年齢中央値は10代後半だった。それから１世代ほどたった現在でもレバノン情勢は依然として不安定だが、それでも本格的な武力衝突は回避できている。抗議デモが治安部隊との衝突に発展することはあるが、死者は（少なくとも本書執筆時点２０２１年には）片手で足りる人数に収まっている。これには、部分的とはいえ、レバノンの現在の年齢中央値が30歳に近く、しかも急速に上昇中だという事実が関係している。金融危機の影響や、２０２０年8月のベイルート港爆発事故といった不安材料がありながらも、レバノン国内の平和が保たれているのは、部分的にはこの国の年齢構成のおかげである。これに対し、国民の年齢中央値がまだ非常に若いシリアは、戦争と虐殺の災禍に身を投じたまま抜け出すことができていない。

中高年が多い社会が戦争を起こしにくいという主張は、事例証拠だけではなく、本格的な統計分析や学術研究によっても裏づけられている[7]。1960年代の研究では、ナチスの台頭がドイツ人口に占める若い男性の割合の急増と重なっていたことが明らかにされた。20世紀前半に不安定だったヨーロッパがその後長く平和を享受していることも、若年層中心から中高年中心への人口の変化によってある程度説明できるようだ。ヨーロッパ大陸の人口の年齢中央値は、第二次世界大戦後から今日までのあいだに10歳以上あがっている。数十年にわたる研究によって、人口の55パーセント以上が30歳を超えている国では内戦がほとんど起こらないことがわかっている[8]。

現代においては、若年層は以前より貧しい傾向にあり、貧困層は暴力的になりやすい傾向にある。したがって若年層は一般的に貧しいから暴力的なのだと思うかもしれないが、じつは内戦（紛争のなかでも群を抜いて起こりやすい）の発生頻度に密接な関係があるのは、中年層に対する若年層の相対的比率である[9]。1994年のルワンダの大虐殺のような出来事が、年齢中央値が18歳ではなく40歳の国で起こることは考えにくい。

人口の若さが関係しているのは戦争だけではなく、犯罪もそうである。人口動態が社会に与えるほかの影響へと話を進める前に、暴力とのあいだにこのような関係があるのはなぜなのか、どのように関係しているのかについて考えておきたい。

暴力と年齢の関係

「若さが戦争を引き起こす」とは言えないし、「熟年が平和をもたらす」とも言えないが、ある社会の年齢構成が作り出す背景条件によって、なんらかの出来事が紛争に発展するかしないかが決まると言うことはできる。カタルーニャ自治州の独立を問う住民投票や香港の逃亡犯条例改正案などはいわば火花であって、そこに燃え上がりやすい若者集団がいれば、猛火と化す可能性が高くなる。多くが中高年の、すぐに燃え上がったりしない集団であれば、火花は火花のままで消える可能性が高い。ルワンダが1990年代前半に経験したような大虐殺は、ポルトボウのような場所では起こらない。

重要なのはその国の若者の人数ではなく、若い世代と中高年の世代の相対的な規模である[10]。若者の絶対数ならドイツのほうがグアテマラより多いが、それだけでは問題にならない——ドイツのほうが総人口がはるかに多いので割合が低いからだ。グアテマラがドイツより暴力的（少なくとも年齢構成でその差が説明できるような意味において）なのは、グアテマラには40代1人に対して20代が約2人いるからである。一方ドイツでは、40代と50代の人口が20代未満の人口を50パーセント近くも上回っている[11]。そこで重要になるのが年齢中央値という指標だ。これはある国の人口について、人口動態上の重心がどこにあるかを示すもので、年齢中央値が高いほど社会が安定する傾向が見られる。どうやら中高年層は若年層を抑える存在になっていて、その抑えがないときは若年層の性急さが社会の基調となるようだ。

人口動態の重心によって、文化に関する事柄も説明できる場合がある。イギリスのナイトクラブは新型コロナウイルス感染症の蔓延よりも前から数が減ってきていた[12]。若い人々が前ほど夜更かしをせず、飲酒量も減り、性行動も奔放ではなくなっているとしたら、それは彼らの人口が相対的に小さくなり、もはや文化を牛耳っていないからではないだろうか。彼らはむしろ人口が多い年長者の影響を受けている。若者文化の時代はベビーブーム世代とともに生まれ、その高齢化とともに去っていった。

しかしそれだけではなぜ若年層が暴力や戦争と結びつくのか説明できない。若年層と社会の混乱が関連すること、中高年層と社会の安寧が関連することを当たり前のように思い、理由など考えない人もいるだろうが、この関連にはもっともな理由がふたつある。世代間の生物的差異と、社会的差異である。

まず生物的差異だが、人間の脳は思春期から中年期までのあいだ生物学的に変化する(これには進化上の理由がある)。10代の子供を持つ親なら、思春期の若者が大人よりも情緒不安定で衝動的

代表的な国の年齢中央値
(1950−2020年)

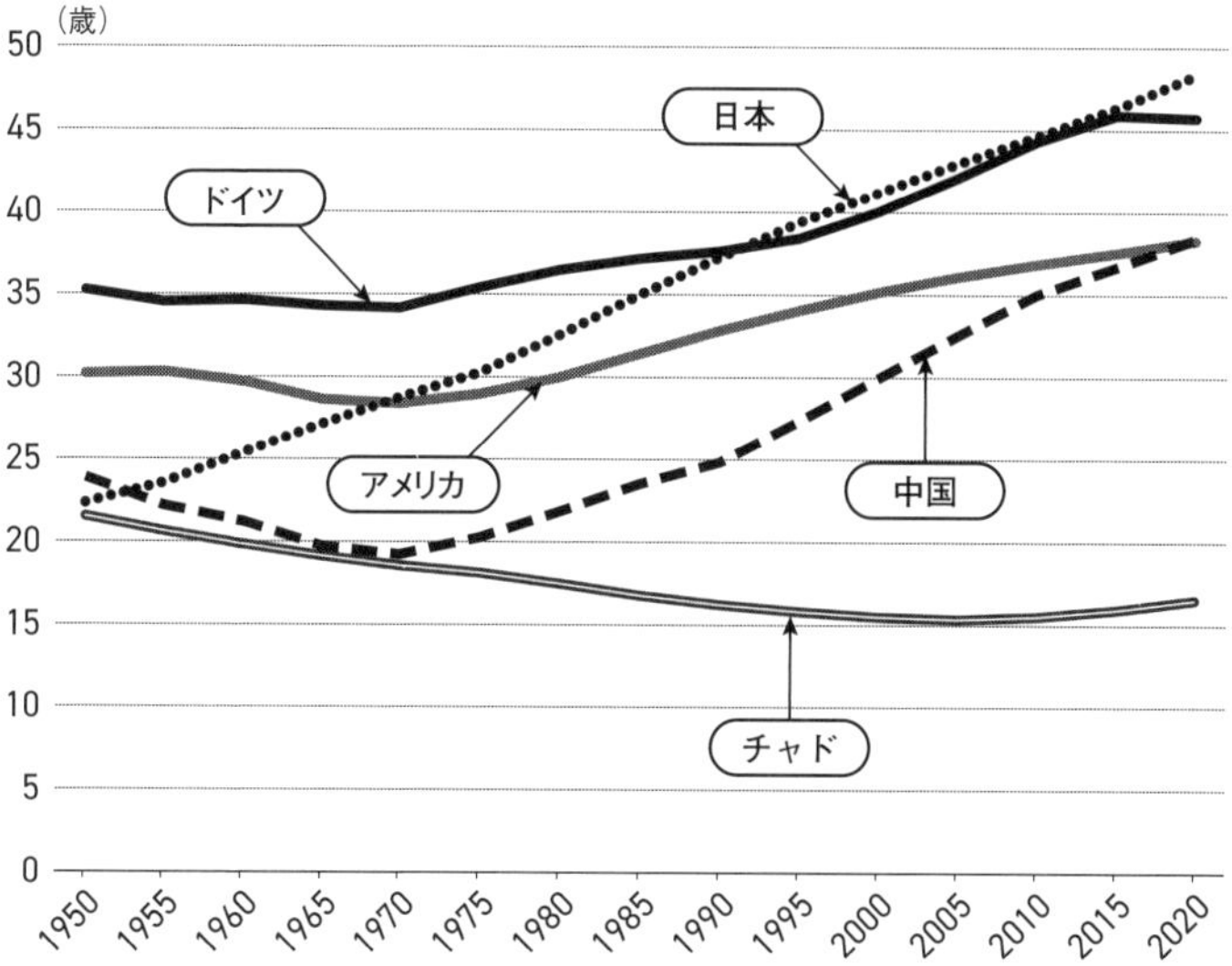

出典:国連人口部(中位推計)

出生率が低下し、平均寿命が延びるにつれて社会は高齢化するが、その変化がもっともよくわかるのが年齢中央値の推移である。ドイツをはじめとするヨーロッパ諸国の多くや日本をはじめとするアジアの一部では、年齢中央値はすでに40歳を超えている。中国も、1970年代初頭には20歳ほどだったが、そこから急速に上昇している。

アフリカ中部のチャドのような発展途上国では、乳児死亡率は急速に低下するが出生率は高いまま推移し、一時的に若者があふれ、年齢中央値が下がる可能性がある。だがその場合でも、チャドの例でわかるように、平均寿命が徐々に延びると同時に出生率が低下しはじめ、流れが変わることになる。

に振る舞いがちなことをよく知っているだろう。科学者の説明によれば、思春期にはテストステロン（男性ホルモン）、エストロゲン（卵胞ホルモン）、プロゲステロン（黄体ホルモン）の分泌量が増えるため、感情的で気まぐれな反応を示すという[13]。また若者は両親の抑制的指導よりも、ほかの若者から感化を受けることのほうが多い[14]。

こうした特性によって10代の若者はほかの年齢層より暴力的で、危険を冒しやすくなる。イギリスの若い男性ドライバーが重大な交通事故に遭う確率は、運転人口に占める割合から想定されるよりも6倍高い[15]。若い男性の事故率が飛び抜けて高い[16]のは、単に経験が浅いからではなく、脳内の化学的・生物的差異が運転中のとっさの判断に影響を及ぼすからである。若年運転者の保険料が高いのは保険会社の適当な思いつきではなく、現実のリスク計算がはじき出した結果である。

生物学的にはもうひとつ、人は年を取ると弱くなるという世代間の差異がある。身体能力がピークの人間と、中年に差しかかった人間が戦えば、前者が優位に立つのは言うまでもない。そこで人は30代なかばを過ぎると、自分が明らかに不利になる武力を避け、ほかの方法で戦うようになる。

20代のあいだは、脳の前頭葉の自制力、判断力、計画力、危険認知力に関係する部位が発達しつづける。つまり30歳の人間は20歳の人間よりも衝動的で性急な判断を下す可能性が低くなる。

衝動的かつ性急な判断というのは、それが集団で下された場合、抗議行動を暴動に、さらには内戦へと発展させる力をもちうる。

次に社会的差異だが、人は中年へと向かうにつれて個人的責任を負うようになる。通りに出て暴動に加わる18歳は、自分には失うものなどないと思っているかもしれないが、その10年後、15年後にはもっと複雑な心配事、悩み事を抱えているだろう。自分の身に何かあったら、誰がローンを払ってくれる？　誰が子供たちの食事を用意してくれる？　もしも逮捕されて有罪になったら、職を失うことになるのでは？　30歳になると人は生活の根を下ろし、ほかの人々と長期的関係を築くようになる。40歳になればさらに多くの責任や義務を抱えているだろう。このように若さと暴力の関係は、生物学的観点からも社会学的観点からも説明が可能である。

成人前期のあいだに、人は安定的で持続可能な性的関係を好ましいと思うようになり、そのような関係の多くは結婚につながる。だが婚前交渉がひんしゅくを買う社会においては、若者の多くが性的欲求不満に悩まされる。中東では、都市化に伴う住居費の高騰、高い失業率、結婚持参金問題などにより、若い世代が人生の伴侶を得る時期が前世代よりも遅くなっている。中東の男性は一般的に30代前半にならないと結婚しないが、これはほかのどの地域よりも遅い。しかも婚外交渉がタブーとされているため、水面下で激しい性的欲求不満が渦巻いている状態で、それがこの地域の混乱の一因になっていると考えられる。ある研究者はこう書いている。「多くの若者が高学歴なのに失業中で、独身で、そんな現状に憤っていて、またほかにすることもないので平和的な抗議に参加し、悪くすると暴力的闘争に身を投じる。このような状況が、アラブ世界の諸政権にとってひとつの脅威となっている」[17]

個人の損得勘定は年齢とともに変化し、そのときどきの行動を左右する。中年に近づくにつれ、人は社会のなかでより多くの利害関係を持つようになる。そこで社会秩序や金融秩序が崩壊したらどうだろう。大事な蓄えを失いかねない。さらに戦争にでもなれば、家、店、事業といった、30代が利害関係を持ちうる物的資本が破壊されかねない。これに対して若い人々は、まだ資本蓄積や財産形成と縁がないので、現行秩序を壊すことを冒険やチャンスと考えることがある。こうした違いから、中高年が人口に占める割合が高いところでは安定を優先し、波風を立てまいとする傾向が強くなる。

子供の犠牲への抵抗

人口が高齢化すると戦争意欲が低下することについては、もうひとつ考えられる理由がある。年齢中央値が高いのは家族規模が縮小した結果だが、子供が少ないほど、人は大義のために子供を犠牲にすることに抵抗を感じると考えられる。

逆から言えば、息子がたくさんいる人は大義のためならそのうちの1人を差し出す覚悟があるとなるが、そんなことを言うのはあまりにも無神経だと思えるし、わたしの経験とも一致しない。わたしが知るかぎり、子だくさんの人でも、子供が少ない親と同じくらい一人ひとりの子供を大事に思っている。だがもしかしたらそれは、家族規模が一般的に小さくなっているので、子供が少ない人々（社会の多数を占める人々）にとっての優先事項が、子供の多い人々（社会の少数となっている人々）にまで波及しているからかもしれない。大家族が当たり前の地域では、人々の姿勢も違うだろう。実際、女性1人あたり息子が3、4人いるところでは、母親の保護本能も少し弱まり、社会全体がやや好戦的になることは間違いないようだ。逆に、戦争を敬遠する傾向が見られる社会には、中高年人口による抑えが効いている社会だけではなく、戦争に駆り出されることになる若者が少ない社会も入る。ドイツの理論家グナル・ハインゾーンは、若年層が多いところでは、「若者たちは彼らの野心と、彼らのために社会が提供するポジションの数が釣り合うまで、互いを排除しようとしたり、戦争で命を落としたりする傾向にある」と指摘している。そして20世紀末のアルジェリア内戦とレバノン内戦について、「戦闘が終結したのはもはや新しい兵士が生まれてこなくなったからだった」[18]とも述べている（ただし、年若い人々を戦場に向かわせるのは、多くの場合、年老いた人々だということを忘れてはならない）。

人間が人口動態上の刺激に対して実験室のラットのように反応するという考えはおかしいと思

うかもしれないが、レバノンのような国々ではハインゾーンの理論どおりのことが起こっているように見える。2006年に、レバノンのシーア派武装組織ヒズボラとイスラエルのあいだで行きあたりばったりの戦いが短期間繰り広げられた。現在のヒズボラは、この10年のシリア反体制派との戦闘で相当数の戦闘員を失い〔ヒズボラはシリアのアサド政権を支援して多くの戦闘員をシリアに派遣した〕、配備が手薄になっている。それはレバノンのシーア派のあいだで都市化と少子化が進んでいて、戦闘員の補充がうまくいっていないからでもある。1960年にはレバノンの出生率はイスラエルのほぼ倍だったが、今ではかろうじて半分を超えている程度である。別の言い方をすると、1970年代にレバノンで内戦が勃発したとき、レバノンの平均的な20歳の男性は3人の息子のうちの1人であり、6人の子供のうちの1人だった。現在のレバノンの平均的な20歳の男性は、2人の子供のうちの1人である。

レバノンの人口の高齢化と、武器を手に取ってくれる若者の不足は、レバノンと南の隣国イスラエルの平和にある程度貢献してきたと思われる。同時に、3人も4人も息子を持つのではなく1人でいいと考える母親たちの意識の変化も、要因のひとつということだろう。メンバーの合計特殊出生率が2前後で、しかも近年かなりの人的損害を被っている組織は、限られた数の戦いしかできない。

視野を広げて世界レベルで見ると、アメリカが支配的な立場をまだしばらく維持できるとすれば、それはアメリカの高齢化が過去のライバル（ドイツ、日本）や現在のライバル（中国、ロシア）よりもゆっくり進んでいるおかげということになるだろう。またどの大国がトップに立とうとも、世界の大国がすべて高齢化していることに変わりはない[19]。「高齢化によるパクス・アメリカーナ」という言葉を持ち出す研究者もいるほどである[20]。

民族紛争における人口戦略

若い人口は戦争を起こしやすく、老いた人口は起こしにくいというのは明らかで、これは人口動態が戦争・紛争に影響するということだが、じつは逆方向の影響もある。紛争状態においては、人口工学と呼ばれるものによって人口構造に手が加えられることがある。

ここで言う人口工学とは、紛争状態にある民族集団が意図的に人口力を強化しようとすることである。それ自体が目的となる場合もあれば、政治力あるいは軍事力の獲得が目的となる場合もある[21]。紛争状態に置かれた個々の集団は、人口構造に手を加えて自分たちの数が対立集団より大きくなるようにすることで、自分たちの立場を有利にしようとする。過去においては、人数が多いことはそのまま市街戦その他の陸上戦で有利にはたらいたが、最近では、数の優位は政治権力を決める場である投票所での優位につながる。これが重要になるのは政党が民族別に組織されている場合で、世界の大半の地域がそうである。

人口工学には「ハード」なものと「ソフト」なものがある[22]。ハードな人口工学は人口そのものを操作して人口バランスを変えようとする。ソフトな人口工学はそれ以外の方法、たとえば地図上の境界線やアイデンティティの境界線を変えることによって人口バランスを変えようとする。抽象的でわかりにくいかもしれないので、いくつか実例を挙げておこう。

まずは、1965年から89年までニコラエ・チャウシェスクの共産主義政権下にあったルーマニアである。チャウシェスクはルーマニアの人口増加を望み、出生率の低下に不満を抱いていた。ルーマニアの合計特殊出生率は1960年代前半に2・0ぎりぎりのところまで下がっていたのだ。そこで数十年前のムッソリーニ政権下のイタリアと同じように、人口規模に関する国家目標が定められた[23]。だがチャウシェスクは人口規模だけではなく、自国を民族的にもっとルーマニアらしくすることも望んでいた。当時の東欧・中欧諸国では、第二次世界大戦後の大規模な人の移動――ポーランドやチェコスロバキアから何百万人ものドイツ人が追放されるなど――によって各国の民族的同質性が高まっていたが[24]、ルーマニアは多民族が混住したままだった。トランシルバニア地方にはハンガリー人が多かったし、ルーマニアは全体的にユダヤ人とロマ人がかなり多く、ドイツ人が圧倒的に多い町や村も数多くあった。

そのため、1966年に避妊と中絶が禁止されて出生率が急上昇したときも、当局はロマ人やハンガリー人が多い地域での中絶には目をつぶっていたと言われている[25]。もっと露骨だったのは、ルーマニア在住のドイツ人とユダヤ人をそれぞれドイツとイスラエルへ出国させるべく、彼らの移住を有償で認めたことで、これにより民族分布の統合と外貨獲得の一挙両得を狙った【ルーマニア在住のドイツ人・ユダヤ人に西ドイツ・イスラエルへの出国を許可する代わりに、両国から補償金や、経済社会開発への資金協力を受けていた】。このように民族別に異なる出生率へと誘導したり、移住を奨励したりする人口工学によって、ルーマニアの人口は政府の自民族中心主義に沿ったものへと変えられていった。これは非難に値する政策だ。だがハードな人口工学にはもっとひどいやり方があり、その最悪のものが大虐殺である。

ルーマニアはハードな人口工学のわかりやすい例だが、北アイルランドではハードとソフトの両方が用いられた。ハードな戦略としては、ユニオニスト政権〔イギリス統治継続を望むプロテスタント系〕が北アイルランドのプロテスタントとカトリックの比率を2対1程度に抑えようとし、差別的な住宅政策や雇用政策を推し進めて、出生率の高いカトリック教徒の移住を促したことが挙げられる。カトリック教徒の出生率が高いのは宗教的慣習によるものと思うだろうが、同じカトリックで比べると、南のアイルランド内のほうが（避妊がより困難だったにもかかわらず）出生率が低かった。

同じカトリックでも北アイルランド内のほうが出生率が高かったという事実は、当時の地域紛争が高出生率の要因のひとつであることを示唆している。1960年代までは、北アイルランドを出るカトリック教徒は多かったものの、残ったカトリック教徒の出生率の高さがその分を穴埋めする結果となっていた[26]。その後大量流出が止まると、北アイルランドの人口に占めるカトリック教徒の割合が上がりはじめ、これに対してプロテスタント側が前段落で述べたような対抗策に出たというわけだ。

ついでソフトな人口工学の例だが、出生、死亡、移動を操作することなく人口バランスを変化させるこの戦術は、北アイルランド州の誕生そのものに見ることができる。アイルランドが独立を求めたとき、イギリス政府とアルスター統一党は、アイルランド北部のうちのイギリス帝国内に残す部分を、伝統的なアルスター地方全体にまで広げるべきではないと判断した。その結果、アルスター地方県のうちドニゴール、モナハン、キャバンの3県はアイルランドに属することになった。北アイルランドでプロテスタントが安定多数を維持し、ストーモント議会（北アイルランド議会）を支配できるようにするために、ユニオニストはこの3県を犠牲にしたのである[27]。

以上の事例は、人口戦略がいかに紛争形成にかかわりうるかを示している。人口動態の視点は、中東から南アジアにいたるまでの各地の紛争に、あるいはアメリカのような意外な国での紛争にも、新たな光を投げかけてくれる。

若い人口は革命を起こしやすい

人口が若いほうが戦争に突入しやすいことはすでに述べたが、革命を起こす可能性についても同じことが言える。人口転換が始まると、それ以前なら死んでいた乳幼児が生き延びるようになるため、一時的に人口が若くなる傾向が見られる。アフリカのマラウイでは１９８０年代後半に比べて乳児死亡率が３分の１から４分の１まで下がり、同時に年齢中央値も１歳ほど下がった（その後は平均寿命の延長とともに上昇に転じている）。また第１章で触れたように、フランス海外県のマヨット島では乳児死亡率の急落によって年齢中央値が15歳も下がった。同様の例はもっと前からあり、19世紀末から20世紀初頭にかけてヨーロッパで人口転換が始まったときには、乳幼児期を生き延びた若者たちが街にあふれ出した。

１９１７年のロシアは若者の国であり、革命家たちは当時の社会を代表していた。指導者のレーニンは40代で、スターリンとトロツキーは30代だった。革命組織の階層を下りていけば、20代で重要な地位を占める人々がたくさんいた。つまり彼らは、ソ連時代の後期に高齢化社会で頂点に立っていた高齢の指導者たちとはまったく違う存在だった。イランも同じことで、１９７９年に民衆が立ち上がったとき、年齢中央値は20歳に届いていなかった。その後革命の熱が冷めたように見えるとすれば、理由のひとつはイラン人の年齢中央値が30歳を超え、高齢化が急速に進んでいるからだ。

社会が高齢化するにつれて稀になるのは政治革命だけではない。文化革命も同様で、これについても同じ生物的、社会的要因で説明できる。したがって欧米で、初期ベビーブーム世代が青年期を迎えた1960年代後半に、戦後の混乱がピークに達したことは驚くにあたらない。公民権運動、ベトナム戦争、学生運動の時代には、アメリカ人の年齢中央値は30歳に届いていなかったが、今日では急速に40歳に近づきつつある。今でも大学のキャンパスが反体制運動の温床になることはあるだろうが、暴力的抗議行動の拠点になることは考えにくい。そしていまや、ベビーブーム世代の現役引退が文化面で新たな変化を生んでいる。イギリスの音楽雑誌ニュー・ミュージカル・エクスプレスは2018年に66年続いた印刷版を廃刊し、その一方でクルージングや年金収入の管理に関する新聞の別刷り付録は急増している(クルージングは少なくとも新型コロナウイルス感染症が蔓延するまでは大人気だった)[28]。高齢化とともに、政治的重心も文化的重心も移動してきているようだ。

中国でも同じで、文化大革命における紅衛兵運動の拡大はフランスの5月革命やアメリカのバークレー闘争とほぼ同時期であり、人口ピラミッドで若年層が大きく膨《ふく》れ上がっていた時期である。毛沢東は意図的に若年層に訴えかけることで、共産党内の政敵を失脚に追い込んで権力を奪回しようとした。中国では1960年代に乳児死亡率が急激に低下し、年齢中央値も20代前半から10代後半へと急降下していた。文化大革命のときには大変革の名の下に、教師や大学の教授が殴られたり殺されたり、役人や官僚が襲われたりしたのだが、その大変革とはつまり、中高年に代表される「悪《あ》しき旧弊」を打破する運動のことだった。今日では、アメリカと同じく、中国の人口の年齢中央値も30代後半で、急速に高齢化が進んでいる。これからの中国について予測できることはいろいろあるが、文化大革命だけはもう起こらないとわたしは確信している。

民主主義を促す中高年社会

年齢と犯罪に関係があることは明白なので、わたしたちは改めて考えてみようともしない。高齢者が罪を犯すと、明らかに「ホワイトカラー犯罪」的なものは別として、わたしたちはいまだに驚く。2015年に、平均年齢63歳の男性グループがロンドンの宝石街ハットンガーデンで強盗事件を起こした[29]。熟練の技と入念な計画を要とする犯行だったので、実行グループがある程度の年齢なのは当然と思われたが、それにしても平均年齢が63歳とは誰もが驚いた。この事件をもとにふたつも映画が作られ、彼らはちょっとした有名人になった[30]。街中で刺殺事件が起こると、わたしたちはいつでも10代か20代前半の男性の犯行だろうと思うし、その推測が外れることはほとんどない。ロンドンで起こる刃物による犯罪の半数は、10代か子供による犯行である[31]。

もちろん戦争や革命と同じく犯罪についても、すべての面が若さのせいだというわけではない。若さが犯罪を引き起こすというのなら、多くの社会で若年層の大半が法律を守らないといった事態になっていてもおかしくない。だが犯罪に巻き込まれやすいという点では若年層が突出していて、その理由はすでに述べたとおりである。生物学的に言えば衝動的だからであり、社会学的に言えば失うものが少なく、むしろ何かしら得るものがあるからだ。

暴力的な社会はほぼすべて人口が若いが、若い社会がすべて暴力的だというわけではない。たとえばバングラデシュとエルサルバドルを比べてみると、どちらも比較的人口が若い国だが、殺人事件発生率は大きく異なり、エルサルバドルの発生率はバングラデシュのおよそ30倍にもなる[32]。また若い社会がすべて暴力的なわけではないが、年齢中央値が高いのに殺人率が高い国は存在しない。中高年層が多い国はだいたい豊かだが、それが理由で犯罪率が低いというわけでもない。バングラデシュをはじめとする多くの国が――それこそマラウイからベトナムまで――必ずしも相対的貧困が暴力を生むわけではないことを実証している。どうやら暴力の予測因子としては貧困よりも若さのほうがはるかに強いようだ。

中南米諸国の多くは今もなお暴力的で、人口もまだ若い。だがこの地域でもやはり高齢化が始まっている。メキシコの年齢中央値は過去40年で17歳から28歳へと上がってきているが、暴力事件発生率は依然として高い。この問題に取り組む当局は人口動態を味方につけているが、残念ながら能力不足と社会の腐敗に足を引っ張られている。身近なところでロンドンの状況を見ると、次の点が目を引く。33の行政区のうち、殺人発生率がもっとも高い区は年齢中央値が2番目に低く、殺人発生率がもっとも低い2区は年齢中央値がもっとも高い区のうちのふたつである〔33〕。個人にも国家にもあてはまることは、その中間レベルである自治体や地域にもあてはまる。

大都市では刃物による犯罪が注目を集めているが、先進国の多くでは暴力犯罪が1990年代以降減少している。ニューヨークの1980年代後半以降の犯罪減少についてはかなりよく練られた論文が出されていて、それによると、中絶法の自由化とその後の中絶の増加により、犯罪者になっていたかもしれない多くの人々が人口から外れる結果となったことが要因だという〔34〕。議論が絶えない「ドナヒュー・レヴィット仮説」〔人工妊娠中絶を合法化するともっとも犯罪を起こす率の高い子供の出生数が減るため長期的には犯罪が減少するという主張〕が正しいかどうかは別として〔前述の論文はこの仮説を再考するもの〕、犯罪の減少に関しては、社会に占める若年層の割合が下がったからだと考える人々と、若年層が以前ほど暴力に訴えなくなったからだと考える人々がいる〔35〕。仮に後者が正しい場合でも、中高年の割合増加に伴う抑制効果でその変化を説明できるのではないだろうか。さらに、中高年が多い社会は単に平和的で犯罪が少ないだけではなく、民主主義を促進する力も持っている〔36〕。

10月の穏やかな日に、ポルトボウの年金生活者たちに交じってカフェでコーヒーを飲みながら、わたしはこの町のなごやかな雰囲気を、第一次インティファーダ〔1987年イスラエル占領下におけるパレスチナ人の一斉蜂起〕前夜のイスラエルに張り詰めていた緊張感と比べてみた。そしてポルトボウはどう見ても暴力に陥ったりする場所ではないと思った。高齢化が進むにつれ、人口動態の追い風を受けて暴力が全般的に減少し、世界はより平和になっていく。しかしながら、年齢中央値の上昇の大部分は平均寿命の延長と関係があり、それが進んで人口に占める高齢者の割合が増えつづけると、世界は単なる暴力低減ではなく、はるかに大きな影響を受けることになる。

第6章

最先端の超高齢化社会は世界の未来

79000
日本の100歳以上の高齢者数

百寿者〔100歳以上の人〕が7万9000人〔2022年時点で9万人を超えた〕というのは、日本の人口が1億2000万人以上であることを考えれば、それほど目を引くものではない。とはいえこの数字が示しているのは、日本人の1パーセントの20分の1以上が百寿者だということであり、ある社会に占める百寿者の割合として史上最高であることはほぼ間違いない[1]。この数字は日本について、ひいては世界の将来について、ある重要なことを教えてくれる。高齢化というのが年齢中央値の上昇だけではなく、高齢者の急増をも意味するということだ。

日本の百寿者の90パーセント近くは女性である。世界最高齢だった都《みやこ》千代は、2018年7月に死去したとき117歳だった。都千代は「存命中の世界最高齢」の称号を、その3か月前に死去した田島ナビから受け継いでいた。都千代の死後は、115歳の田中カ《かね》子に受け継がれ[2]、本書執筆時点の2021年でもなお田中カ子が称号を保持している。あなたがこの本を読むときには、また別の日本女性にバトンタッチされているかもしれない〔田中カ子は2022年4月に119歳で亡くなり、世界最高齢の座はフランスのリュシル・ランドンに受け継がれた」。

超長寿は女性だけのものではなく、男性であっても日本人であれば超長寿が望める。野中正造《まさぞう》は1905年7月生まれで、2019年初頭に113歳で死去したが、2018年2月に世界最高齢の男性となっていた。野中は日露戦争中に生まれ、日本が真珠湾攻撃によりアメリカとの戦争に突入したときにはすでに中年で、死去したのは徳仁《なるひと》天皇即位の数か月前だった。長寿の秘訣については、温泉に入ることと甘いものを食べることが好きだからと言っていた[3]。

世界最高齢の女性も男性も日本人だと聞いても驚きはしないが、超長寿者が増えつつある国は日本以外にも次々と現れていて、男性の超長寿者も増えてきている。この章を書いていたときにも、イギリスの地元の小教区週報を見ていた妻が、教区内のある元医師が105歳で死亡したという訃報を見つけて教えてくれた。死出の旅を見送ったのは玄孫《やしゃご》たちであり、また2人の姉妹だった。姉妹のフィリスとミリーの年齢は書かれていなかったが、この2人もまた100歳前後に違いない[4]。本書執筆時点で、イギリスの最高齢の男性と女性は、まったくの偶然ながら、ともに1908年3月29日生まれである[5]。

「長寿の世界記録」保持者のほうは日本人ではなく、1997年に122歳で死亡したフランス人女性ジャンヌ・カルマンである。だがこれについては異議を唱える人もいて、たとえばロシアの数学者ニコライ・ザクは、ジャンヌの娘のイヴォンヌが母親と入れ替わっていたのだと主張した。1997年に死亡したのは娘のイヴォンヌで、ジャンヌのほうはその63年前に死亡していたというのである［6］。それが本当なら記録は日本に戻ることになるが、いずれにせよ、カルマンが南仏プロヴァンス地方のアルルの出身であることは注目に値する。地中海沿岸は長寿で知られていて、それはオリーブオイルが豊富で動物性脂肪が少ない食生活のおかげだという（こちらのほうが野中正造の甘いもの好きより説得力がありそうだ）。実際、世界のブルーゾーン〔長寿者が多い地域〕5か所のうちの2か所は地中海にある。イタリアのサルデーニャ島とギリシャのイカリア島である。あとの3か所はコスタリカのニコヤ半島、アメリカ・カリフォルニア州のロマリンダ、そして日本の沖縄だ［7］。

平均寿命の延長と百寿者の増加

年齢中央値がその社会について多くのことを教えてくれるように、平均寿命はその社会の高齢者について多くのことを教えてくれる。とくに乳児死亡率と成人前期・中期の早死にが統計的に有意でなくなってからは、まさに高齢化の指標になる。

平均余命（平均寿命を含む）の計算方法は、17世紀の黎明期の生命保険業界で考案された［8］。平均余命は基本的に死亡率の逆で、生存する、あるいは死なない統計的確率に基づいて計算される。

序章で説明したように、平均余命はどの年齢についても算出できるが、一般的によく使われる平均寿命は０歳児の平均余命に相当する。乳児死亡率が高い社会では、１歳の誕生日を迎えた子供は、リスクの高い最初の１年を生き延びているので、新生児よりも平均余命が長くなる。だがほとんどの国では、年齢が上がるにつれて、その先さらに生きられる年数は短くなっていく。男性と女性の平均余命・平均寿命は大きく異なり、通常は女性のほうが長く生きると考えられるため、男女別に算出されることが多い。

　世界全体で言うと、人類の平均寿命は１９５０年の40代なかばから現在の70代前半へと、驚異的な、社会を変えずにはおかないレベルの延びを見せているが、延び方は一様ではなく、地域によりばらばらである。20世紀なかばに平均寿命がもっとも短かった国々のほとんどが、その後最速で寿命を延ばしている一方で、ベストプラクティス平均寿命〔毎年の世界1位の国の平均寿命〕のほうは１９５０年の70代なかばから２０００年の80代なかばへと、着実な延びではあるものの、比較で言えばやや緩やかなものにとどまっている[9]。モルディブ、オマーン、韓国は、１９５０年から現在までに平均寿命を40年以上延ばしていて、前2国の場合は2倍以上に延びたことになる。乳児死亡率や１人あたり国民総所得と同じように、平均寿命についても近年大きな「地域格差減少《レベリング・アップ》」〔もとはイギリスのジョンソン元首相が掲げた地域格差是正策〕の流れが見られ、寿命が長かった国々の延長がやや鈍る一方で、短かった国々の多くは最速で追い上げている。

このことは前述の、デンマークが達成した基準へと収斂していく傾向の一部（72ページ参照）であり、出生率がやや低く、乳児死亡率が非常に低く、おおむね平均寿命が長いという人口統計学的規範へと世界中が向かっているようだ。たとえばカナダとコロンビアを比べてみると、カナダは１９５０年にすでにいい状態にあったが、今はさらに改善されていて、平均寿命は60代後半から80代前半へと延びている。コロンビアはカナダよりも悪い状況から出発したが、同じ期間にほぼ2倍の進歩を遂げ、平均寿命は50代前半から70代なかばまで延びている。１９５０年には両国の差は18年だったが、今ではわずか5年である。差が縮まるのは、比較的貧しい国であっても寿命を延ばすことは優先課題とされ、資源や設備が投入されるからである。平均寿命以外についてもそうだが、発展途上国が近代化の道をひた走っているのに対し、先進国のほうはとりあえず成し遂げられることを成し遂げたところで、つまり人口動態における近代後に差しかかったところで少し足踏みしている。

日本は第二次世界大戦後、広島・長崎の惨禍と敗戦の痛手からいち早く立ち直り、平均寿命が延びはじめた。20世紀なかばには平均寿命が60代前半に達し、カナダや西欧諸国にあと少しというところまで追いついた。そしてその後は競い合うライバルをすべて追い抜き、香港と並んで世界の第一線に躍り出た。日本では早死にが統計的に有意ではなくなって久しいので、ここ数十年の平均寿命の延びはそのまますべて高齢者の寿命延長によるものである。

1950年の日本の人口構造

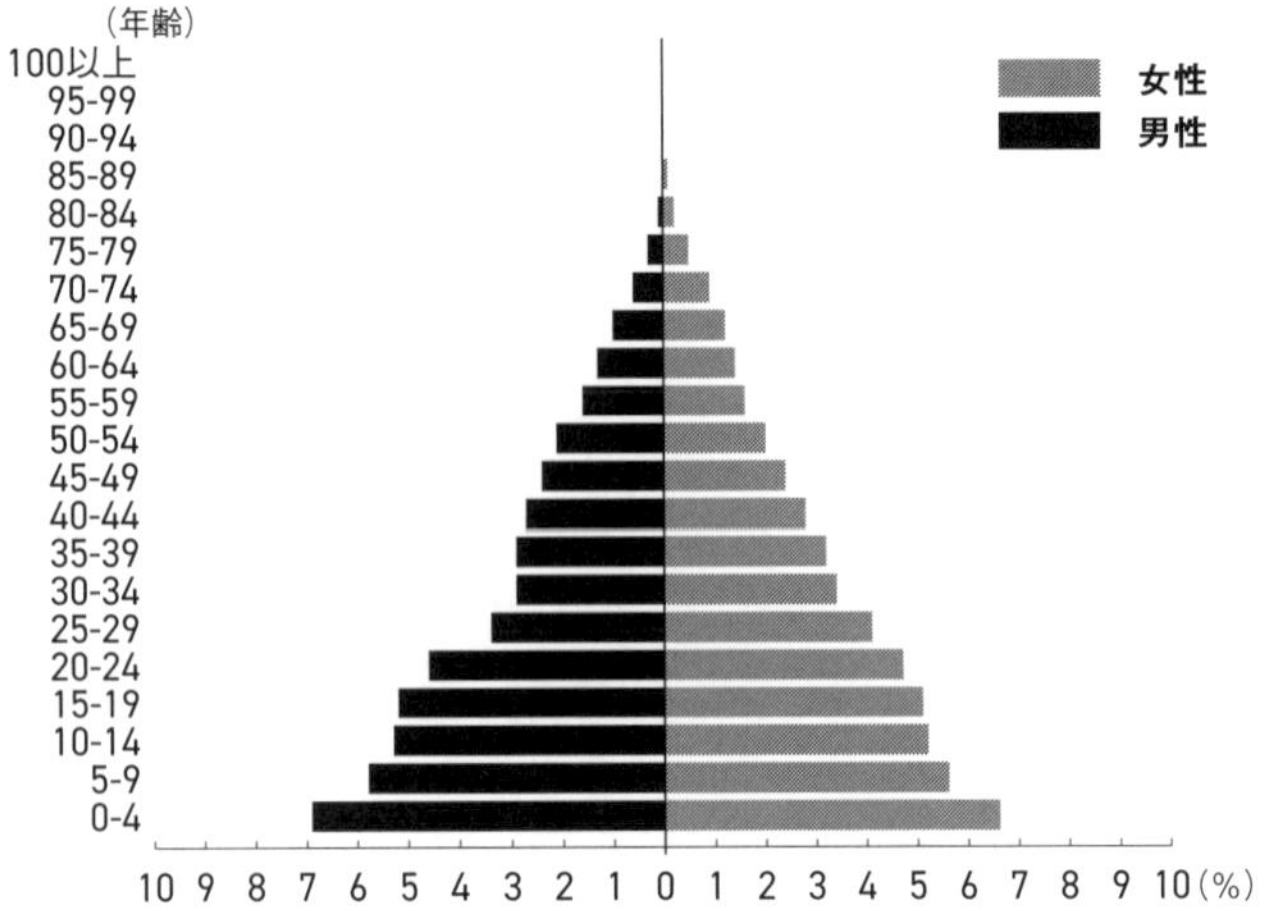

出典:https://www.populationpyramid.net/japan/2019/

1950年には、日本のほとんどの同世代集団はその下の世代よりも人数が少なく、長期的な人口拡大の兆しが見えていた。5歳未満の人口は60代後半の人口のほぼ7倍だった。だが何十年にもわたる少子化と平均寿命の延長を経た今日では、5歳未満の人口を60代後半の人口が上回り、最大の世代は40代後半になっている(182ページ参照)。「人口ピラミッド」と呼ばれたのは、底辺が広く上に向かって細くなっていく構造が人口の普通のあり方だと考えられていたからだ。だが日本の場合、2050年には最大の世代が70代後半になり、5歳未満の人口のおよそ2倍になると予測されている。日本の人口構造の変化は、高齢化社会を如実に物語っている。

高齢者が極端に多くなると、社会のあらゆる面に大きな影響が出てくる。日本には「老害」という言葉があり、若い世代におせっかいな忠告をするなどして当惑させる高齢者を指して使われる[10]。日本で暮らすある外国人によれば、この言葉は、年金生活者があふれているように見える社会にあって、劣勢に立たされている現役世代の不満の表れだという[11]。それはまた、かつて日本文化を特徴づけていた年長者に対する尊敬の念が薄れてきていることも示している。

日本人全体の平均寿命の延びもさることながら、日本の超高齢者の増加速度には驚かされる。1990年の国連の推計では日本の百寿者はわずか2000人で、それに比べると現在の7万9000人は桁違いだ。今後50年でその人数はさらに10倍になり、その間に日本の人口は1億2500万人以上から一気に1億人以下へと減少し、1960年代なかばとほぼ同じ水準に戻ると考えられている。それでもまだ百寿者が人口を圧倒するというところまではいかないが、いずれにしても超高齢者の人数は驚くべき速度で増えていくだろう。

合計特殊出生率が人口置換水準をはるかに下回り、人口動態の近代後の段階に入っているという意味では日本はスペインと同じだが、その度合いを見ると日本はスペインの先を行っている。すでに1970年代の時点で、日本の平均的な女性の子供の数は、スペインよりもほぼ1人分少なくなっていたのだから。多くの先進国の特徴である低出生率のもっとも進んだ例として、日出ずる国は今日、世界の大半の国々の未来を見せてくれる案内人的存在となっている。

2019年の日本の人口構造

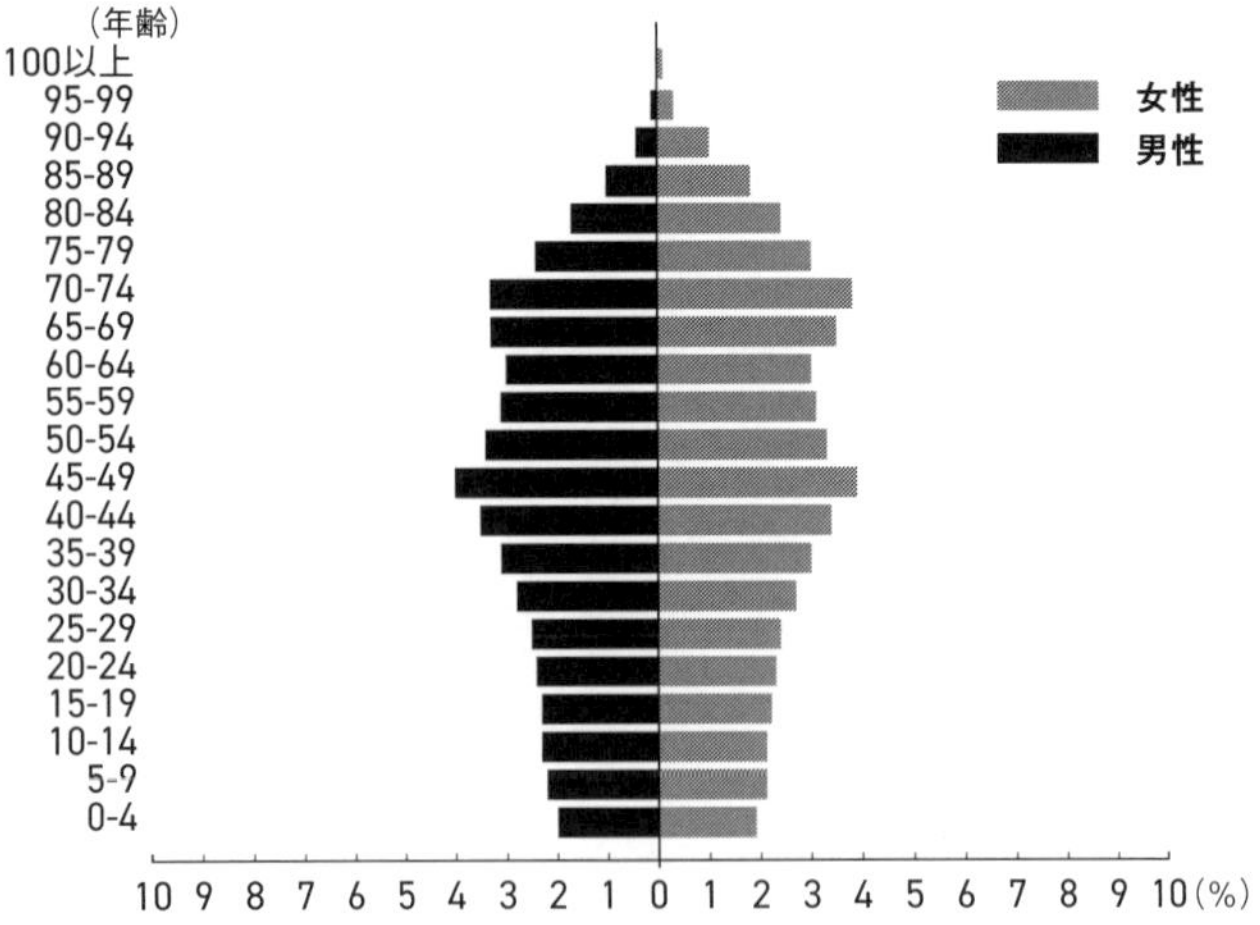

出典:https://www.populationpyramid.net/japan/2019/

2050年の日本の人口構造

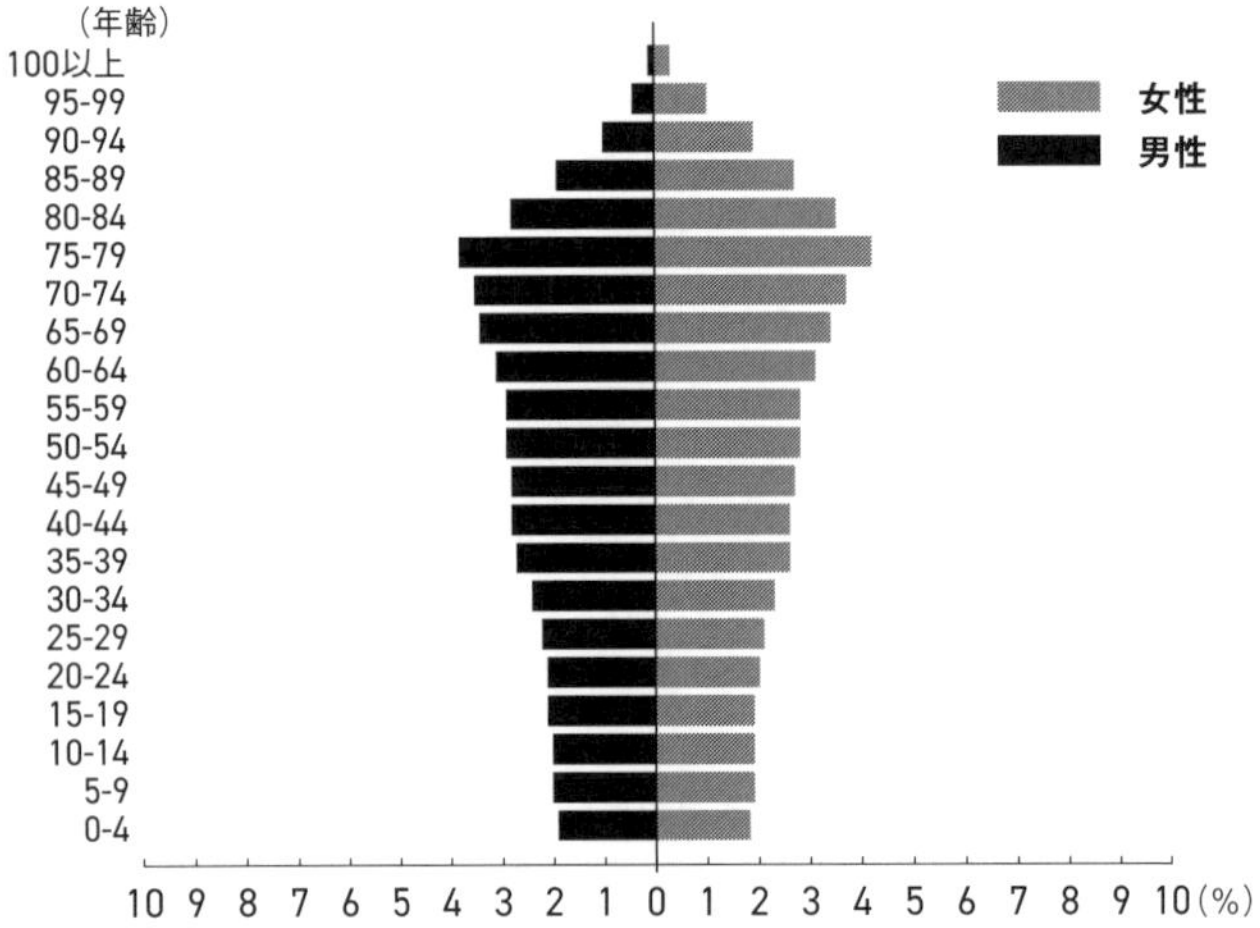

出典:https://www.populationpyramid.net/japan/2019/

超高齢化社会は、日本だけの特殊な例としてではなく、ここまでの各章で示してきた数字およびその背景と合わせて、大きな流れのなかでとらえるべきものだ。どの社会も、まずはペルーのように乳幼児の大量死を食い止めようと努力する。するとアフリカ大陸のように人口が急増する。やがて増えた人口の多くが農村では食べていけなくなり、中国のように農村から都市への移動が起こり、都市の人口が増えていく。移動した人々は都市のライフスタイルになじみ、シンガポールのように子供の数が減りはじめる。やがて子供の死亡が少ない代わりに子供の数も少ない状態となり、カタルーニャのように社会は高齢化する。そして高齢化が進むと、日本のように高齢者の数が急増する。

シンガポールの合計特殊出生率や、カタルーニャの年齢中央値と同じように、日本の百寿者の人数はそれだけでも大きな意味を持っている。日本は経済大国であり、建築やインテリアデザインから食文化にいたるまで、数多くの面で世界的な影響力を持つ国なのだから。それだけではなく、日本の百寿者の人数は世界的動向の最先端の例としても重要である。日本は超高齢者数で1歩先を行っているわけだが、世界のほかの地域にも、日本より列のうしろにいるとはいえ、さほど距離が開いていない国がたくさんある。

たとえばイギリスでは、1990〜2015年のあいだに百寿者が4000人から1万5000人に増加し、今世紀末には20万人に達すると予測されている。また中国では、1950年には80歳以上の高齢者がわずか１５０万人しかいなかったのだが、１９９０年には７５０万人に増えていた。しかも今世紀なかばには1億１５００万人を突破し、総人口の8パーセント強を占めることになると思われ、1世紀で75倍に膨れ上がることになる。その結果、中国は別の国になるだろう。長い歴史を振り返っても一度も前例のない、これまでとはまったく違う国になる。数十年後には日本の「老害」という言葉が世界中で使われるようになるかもしれない。

高齢化経済《グレーエコノミー》

日本は社会が高齢化するとどうなるかを知るための未来の実験室だと言える[12]。現在、日本人の28パーセントが65歳以上で、この割合は世界でも群を抜いて高い。だが国連の予測を信じるならば、イタリアは２０３０年、ドイツは２０３５年ごろ、中国は今世紀なかば、アメリカは２１００年にこの水準に達する。これほどの高齢化社会は誰も経験したことがないが、どのようなものになるのか知りたければ日本を見るのがいちばんである。

ここでは経済を切り口に説明するのがいいだろう。一時は経済の輝く星だった日本だが、１９９０年ごろに生産年齢人口がピークに達すると、ほぼ同時に経済の勢いも止まった[13]。この唐突で思いがけない停止は、労働人口が減少に転じたことがきっかけだったのかもしれないが、そこからすぐに立ち直れなかったのは、明らかにある人口動態の要素と関係がある。それは、日本が漸進的な人口減少という足枷《あしかせ》をずっと引きずってきたことだ。

日本の株式市場は1980年代末に到達した目がくらむような高値を、30年たっても更新できていない[14]。過去30年間で、日本のGDP（国内総生産）成長率が年率2パーセントを超えたのは5回だけだったが、その前の30年間には2パーセントを超えなかったのが2回だけだった[15]。経済学者が言う「長期停滞」、すなわち先進国世界における経済成長の長期的な鈍化について考えるとき、この状態に陥っている国々のなかで日本が長くリーダー的存在であることを忘れてはならないが、もうひとつ注目に値するのは、日本が高齢化のリーダーでもあり、それが長期停滞と無関係ではないということだ。経済成長の鈍化は持続的な低インフレを伴う。日本の年間インフレ率が2パーセントを超えたのは、過去30年間で二度だけである[16]。

わたしたちが知る経済は、物価上昇と失業のトレードオフに翻弄《ほんろう》されながら進んでいくものだが、そのような経済は若い人口の増加を前提にしていたと言っていい。その前提が崩れると、よくても経済は伸び悩む。そして持続的な低インフレと相まって、低金利にも大規模な景気刺激策にもあまり反応しなくなるようだ。実際に高齢化社会は、景気刺激策が打たれても、それで不景気とデフレを防ぐのがやっとという状態になっている。

高齢化が進むイギリスでは労働争議の件数が減っていて、1970年代や80年代前半に比べると数分の1でしかない[17]。多くの経済国で完全雇用がほぼ達成されているにもかかわらず、労働争議は減っている。かつて高雇用は労働の戦闘性を保証すると思われていたのではなかっただろうか。どうやら世界経済も、世界人口と同じく、老化しつつあるようだ。

高齢化社会で経済が伸び悩む最大の原因は、労働人口の減少にある。日本はその最たる例かもしれないが、アメリカのように以前は人口増加と経済増加が調和していた国々にもあてはまる。

経済生産高を一人ひとりの生産高を足したものだと考えてみよう。人が多ければ多いほど、より多くのモノとサービスを生産できる。また人の技能や教育水準が高ければ高いほど、より多くのものを生産できる。経済成長は人口増加と生産性向上の両方によってもたらされ、このふたつが合わさったものが「人的資本」である。アメリカの現状を分析すると、21世紀に入ってからの労働人口増加率の鈍化による影響が、労働人口の教育と経験の増加による影響を上回っていて、その結果、人的資本が経済成長の足を引っ張っていることがわかる。1970〜80年代に、人的資本の増加が年率1・5パーセント以上の経済成長に寄与していたのとは対照的である[18]。

じつは中高年労働者には利点がある。生産性と収益力のピークはキャリアの後期に訪れるので、中高年労働者のほうが活力は劣るかもしれないが経験は豊富だと言える。また本質的に要求における挑戦性が低いと考えられるので、賃金上昇圧力を、ひいては物価上昇圧力を抑えることにつながる。労働人口の増加が止まれば、職を得るのも維持するのも容易になる。また経済理論に反して、完全雇用はもはや職場での権利主張につながらないようだ――中高年労働者は対立を求めたがらず、危険を冒したがらない。フランスの黄色いベスト《ジレ・ジョーヌ》運動は、この国のデモや街頭行動の伝統を存続させる役には立つかもしれないが、近代後のプロレタリアート――そもそもプロレタリアートがまだ存在するとしての話だが――は国家転覆を謀ったりはしない。また高齢化社会は社会全体の嗜好や要求の変化を伴うので、課題もあるが、起業家や企業に明確な機会をもたらす。たとえばラベル表示の文字を大きくするといった簡単なことで、特定の商品を差別化できる。

　高齢化の経済への影響は日本で始まり、急速に世界に広がりつつある。欧米の金利がこれほど長く低水準で推移しているのも、人口変動の影響かもしれない。労働市場に新たに参入する若者の数は減少している。イタリアの25歳未満の人口は、２０５０年には１９８０年の半分になりそうだ。韓国でも20代前半の人口が10年前にピークに達し、２０５０年までには半減すると思われる。その一方で、わたしたちの経済モデルは自由貨幣〔経済学者シルビオ・ゲゼルが提唱した貨幣制度。時間の経過とともに価値が減るのが特徴〕に近いものを使った延命装置で維持されている。以前は高齢者が老後の資金のために債権を売るので金利が上がると期待することもできたが、今では金利の低下を促すほかの力のほうが強いことが明らかになっている[19]。

　最近「ポスト現代貨幣理論（ＰＭＭＴ）」という言葉をよく耳にするが[20]、この理論によると、公的部門の役割は民間部門が不安定な場合に投資するだけではなく、恒常的に完全雇用に必要なレベルまで需要を増加させることにあるという。民間部門はあまりにも硬直していて、もはや国の支援がなければ経済を引っ張ることができないからだというのだが、この点は少なくとも部分的に人口動態に起因している。労働市場に入ってくる若者が少なく、出ていく退職者は多く、人口は高齢化している——この3つが重なる環境においては、投資家も労働者も市場が提供する機会ではなく、国が提供する安全に目を向けるようになる。

　ゼロ金利あるいはマイナス金利が長く続いた結果、住宅、債券、株式の価格が上昇し、これらを保有している高齢者の富がさらに増加している。高齢者人口は投資に際してより短期で安全な回収を求める傾向にある[21]。高齢者が新事業を始めたり新会社を設立したりすることはあまりない。高齢者はベンチャー・キャピタル・ファンド〔未上場の新興企業への投資〕や株式市場に投資せずに安全な社債や国債を求めるので、その価格が上昇し、利回りは下がる。

　資金調達が容易なので政府は財政赤字を出しても前ほどコストがかからない。また政府が財政赤字を出さざるをえない必要性も増していく。人口の高齢化とともに人々は保守的になり、需要も投資も不十分で、国の介入なしには完全雇用を維持できなくなるからだ。新型コロナウイルス感染症の危機はこうした圧力をさらに強めた。

　高齢者人口はリスクの低いプロジェクトにより多くの資本を投じるので、経済はますます失速する。これは日本とドイツで実際に起こっていることで、どちらも世界のものづくりセンターとしての評判を失い、低成長に甘んじている。

一方、経済学者のチャールズ・グッドハートとマノジ・プラダンは、高齢化の経済への影響について最近別の見方を提唱した。労働力の減少により賃上げ要求が可能になり、それがきっかけとなって新たなインフレスパイラルに向かうとする見方である。日本がそうならずにデフレのまま推移したのは、1990年ごろから中国と東欧が世界経済に参加したことによって世界の労働供給が著しく増加し、日本がそれをうまく活用できたからだという。グッドハートとプラダンによれば、インドとアフリカの人口動態は健全だが、中国のように世界の工場になることは難しいと思われ、数億人規模の新しい労働力によるデフレ効果は終わりを告げる。そして世界は労働力不足に陥り、労働者は賃金の引き上げを要求し、それが物価上昇へとつながっていく。繰り返すまでもなく、人口減少に伴い景気が減速することは間違いないと思われるが、グッドハートとプラダンはその景気減速がデフレではなくインフレを伴うと考えているのである[22]。たしかに今(本書執筆時点の2021年)、世界各地でインフレ率上昇の兆しが見えているが、それが新型コロナウイルス感染症からの立ち直りによる一時的なものなのか、もっと根の深いものなのかを判断するのは時期尚早である。

自転車操業の公的年金制度

日本の経済特性で、ほかの国々にも広がりつつあるものがもうひとつある。政府債務の増加である。日本の政府債務残高はGDP比250パーセントを超えているが、日本についで上位にいるギリシャとイタリアでも高齢化が著しく進んでいる。3か国とも例外的な長寿を享受する「ブルーゾーン」であり、同時に低出生率がずっと続いている。政府債務は、人口が高齢化するときに国の財政がどのような試練に直面するかを映し出す指標のひとつである。新型コロナウイルス感染症の危機によって政府債務は異例の急増を見せたが、債務増加の根本的問題は新型コロナウイルスがまだ話題にもなっていなかったときからすでに存在していた。

日本、ギリシャ、イタリアほど極端ではないものの、高齢化の政府債務への影響は世界中に現れている。イギリスでは2019年の総選挙のとき、10年前から続いてきた「緊縮財政」に国民はこれ以上耐えられないというのが全政党の共通認識だった。それほど歳出を切り詰めてきたということなのだが、それでも2008年の金融危機（リーマン・ショック）以降、歳出を歳入以下に抑えられたことは一度もない。我慢して切り詰めたにもかかわらず、削減できたのは結局のところ毎年の借入額だけだった。そのおかげで政府債務残高の増加が少しは緩やかになったかもしれないが、増加しつづけていることに変わりはない。そしてその理由は人口動態にある。労働力の高齢化によって経済成長が鈍ると、税収が減る。イギリスでは1960年代前半の5年間に500万人近くが生まれ、この世代が20数年後に労働市場に加わった。だが2000年代前半の5年間に生まれた人数は350万に届かず、この世代は2020年以降に労働市場に加わることになる。同じ図式は世界中で見られ、新たに労働市場に加わる人数が減ってきているため、政府が課税により資金を調達する余地が縮小している。

一方、高齢化が進むにつれて財政需要は増大する。生活水準の向上と公共サービスの改善に慣れた先進国の有権者は、2008年の大不況以降に経験した緊縮財政をあくまでも例外的なものだと思っているが、国の財政を見ればそうは行かないことがわかる。

つまり人口動態によって政府の歳出と歳入のバランスが崩れてきているのである。先進国の多くでは、国がなんらかのかたちで医療費を負担することになっているので、高齢化が進めばその支出が増える。イギリスでは1990年代前半からの25年間で、1人あたりの公的医療費が実質的に3倍以上になった[23]。これは部分的には高額な延命治療や先進治療が可能になったからだが、基本的には高齢者人口の医療ニーズが高まった結果である。医療費は世界中で経済成長を上回るペースで増加していて、しかも医療費増加率と経済成長率の差は高齢化率が高い国々ほど大きい[24]。

高齢化が財政を圧迫するもうひとつの分野は年金である。イギリスは長いあいだ、年金をインフレ率以上に上げないことで支出を抑えてきた。全体的に見るとイギリスの年金受給者は裕福だが、それは政府が気前がいいからというよりも、むしろ数十年にわたる資本蓄積――なかでも不動産価格の上昇――と関係がある。だがこれからは、労働市場に加わる新たな労働者が減り、抜けていく退職者数が増加するため、ヨーロッパのどこの政府も強い圧力にさらされることになるだろう[25]。１８８９年にオットー・フォン・ビスマルクが70歳以上のドイツ人労働者を対象にささやかな年金制度を導入したときには、平均寿命は35歳を少し上回る程度だった[26]。多くの労働者が年金を支払う一方で、その恩恵を受けるほど長生きをする人は限られていた。この状態ならば仕組みとして何の問題もない。

公的年金制度は基本的に「ポンジ・スキーム」〔いわば自転車操業〕である。加入者が増えていくときはうまくいくが、新規加入者がいなくなり、残っている加入者が少なすぎて受給者を支えきれなくなると破綻する。破綻防止策のひとつは、年金支給開始年齢を徐々に引き上げていくことだ[27]。イギリスは68歳まで引き上げていく計画になっているが、フランスでは62歳から64歳に引き上げようとしたところで反対運動が起こり――まだ払いはじめてもいない学生たちまで参加した――デモが拡大したため断念せざるをえなかった[28]〔この年金制度改革法案は２０２３年４月にようやく成立した〕。年金支給開始年齢は、ロシアのプーチン大統領でさえ窮地に追い込まれるほど厄介な問題のひとつである[29]。

部分的ではあるが、企業年金や個人年金もこの問題の解決策のひとつであり、多くの国で雇用主が用意した年金制度への加入や、自分で老後に備えることが奨励されている。今でもすでに公的年金は年金生活者の必要を満たすのがせいぜいで、多くの人が憧れるような「悠々自適」を実現するものではない。そこで多くの国は、国民に老後への備えを促すような税制上の優遇措置をとっているが、実質金利の低下と平均寿命の延びにより、老後にまともな暮らしを送るのに必要とされる資金はますます高額になりつつある。そうなると、とにかく長く働きつづけるしかない。引退したらあとは長い老後をゆっくり楽しむという発想はごく最近出てきたものだが、早くも夢と消えつつある。ＥＵでは、55歳以上の人々が労働人口に占める割合が、２００４年の12パーセントから２０１９年の20パーセント弱へと跳ね上がった[30]。イギリスでは、70歳を超えてまだ働いている人の人数が10年で１３５パーセント増加した[31]。

そのことをわたしが実感するようになったのは、高齢でも現役で活躍する人々を実際にこの目で見てきているからだ。２０１４年には、アマチュア哲学者でラジオの哲学番組の制作も手がけ、元国会議員でもあるブライアン・マギーに会った。このときすでに80代に入っていたマギーはまだ現役で、その４年後の２０１８年に著書を出版することになる。２０１９年に89歳で死去したので、これが遺作となった。続いて数年後には、空港で並んでいるときに画家のデイヴィッド・ホックニーと一緒になり、少しだけ言葉を交わした。そのとき82歳だったホックニーは、ロンドンの王立芸術院での展覧会をまた計画していると言っていた(同じような画家は多い。ミケランジェロは89歳の誕生日を迎える約2週間前に死亡したが、そのときまだ仕事をしていたし、ピカソも91歳で死亡したとき、制作を続けていた)。さらに2019年の夏にロンドンのロイヤル・アルバート・ホールで行われたコンサートに行ったら、若干70歳のピアニスト、エマニュエル・アックスが登場した。オーケストラはロイヤル・コンセルトヘボウ管弦楽団、指揮はベルナルト・ハイティンクで、ハイティンクはこのときすでに90歳を過ぎていて、これがイギリスでの最後の出演となった。

政界でも同じ傾向が見られる。2020年のアメリカ大統領選挙で、共和党の73歳のドナルド・トランプに闘いを挑む民主党の大統領候補は、ある段階でジョー・バイデン、バーニー・サンダース、マイケル・ブルームバーグの3人に絞られたが、3人とも70代だった。結局バイデンが予備選挙を制し、大統領選挙は74歳の現職と78歳の挑戦者の争いとなり、78歳が勝利した。

分野が芸術であろうが政治であろうが、あるいはそれ以外であろうが、高齢者が仕事を続けることは多くの意味で好ましい。第一に、今の65歳の多くは、1世代前よりも元気で健康である。第二に、一般的にいきなり引退するより仕事を続けるほうが健康的であり、労働時間を徐々に減らしていけるのであればなおさらいいと考えられている。ウィスコンシン州で暮らす79歳のロイス・ケトナーは、地元のスーパーマーケットでレジ打ちをしていて、自分を同世代の典型だと思っている。そしてこうこぼす。「わたしたちはもう老後に入っていますけど、昔思っていたよりずいぶん冴えない老後ですよ」〔32〕。高齢でも働きつづけることが健康的かどうかは別として、引退したいのにそれを先延ばししつづけなければならないとなると、年金暮らしを楽しみにしていた人々からは不興を買うことにもなる。そしてそれこそ、政治路線の対立が世代間対立になりつつある要因のひとつである。

世代間政治の始まり

かつては政治と言えばおおむね階級のぶつかり合いだったが、最近では徐々に世代のぶつかり合いになりつつある。2017年のイギリスの総選挙は、高齢化する人口がいかに政治に直接影響を与えうるかを実証する場となった。選挙戦のおもな争点となったのは、高齢者介護などのケアサービス「社会的ケア」の財源問題だった。保守党が提案したのは、主要支持層の不利益になる思い切った政策で、資産額が基準額を超える場合は、在宅介護を国ではなく個人の負担とし、ただし支払いは先送りし、死後にその個人の資産〔持ち家を含む〕から相殺することを可能にするというものだった。この政策は「認知症税」と揶揄《やゆ》され、有権者の猛烈な反発を招き、テリーザ・メイ首相は政策を撤回せざるをえず、政治的に不名誉な後退を強いられた。

イギリスの総選挙でこのような問題が争点になるのは、以前なら考えられもしなかった。しかし有権者に占める高齢者の割合が増えるなか、年齢が政治課題を左右し、選挙結果をも左右する可能性がある。高齢者が政治力を発揮しうるとすれば、それは高齢者が孫の世代より人数が多く、投票率も高い傾向にあるからだ[33]。イギリスで高齢の住宅所有者が政府の緊縮政策の枠外に置かれていて、その影響で若い勤労者世帯の負担が不釣り合いに重くなっているとしても、驚くにはあたらない。

新型コロナウイルス感染症の流行に際しても世代間の違いが浮き彫りになった。イギリスでは、75歳以上の人々のこの感染症による死亡リスクは、15〜44歳の人々の数百倍にもなる。今回のパンデミックに対する一般的な反応、なかでも全国規模のロックダウンの強制は、中高年層を優先する判断によるものだったと言えるだろう[34]。

ここまで述べてきたように、先進国世界における「長老政治」の拡大は、医療と社会的ケアのニーズの急増と相まって、国家予算と労働力を著しく圧迫している。そこで急増するニーズに応えるために、裕福な国々は比較的貧しい国々のより若い人口を当てにすることになり、そうした国々からの移民の受け入れが徐々に重要な課題になっている。

年金支給開始年齢の引き上げは中高年の不興を買うかもしれないが、高齢者の医療費や年金支給額の増大は若い世代の不興を買う。しかしながら、年齢が投票の行方を決める重要な要素になるのは今に始まったことではなく、だいぶ前から少しずつそうなってきた。イギリスの場合、

１９７４年には、中上流階級のあいだで保守党支持者が37ポイントをリードし、労働者階級のあいだでは労働党支持者が35ポイントをリードしていた。だが２０１７年には、両党の国全体での得票率は似通っていたものの、各党の支持者の階級構成の違いは見られなくなっていて、代わりに年齢構成の違いが目立つようになっていた。20代の票は労働党が70パーセント近くを占め、保守党はかろうじて20パーセントだった。70代の票は保守党が60パーセントを占め、労働党は30パーセントを下回っていた[35]。しかもこの傾向は２０１９年にはもっと顕著になっていた。２０１６年のＥＵ離脱是非を問う国民投票でも、投票結果を理解する最大の助けとなったのは年齢別の分析だった[36]。ＥＵ離脱の決定と、２０１０年の総選挙における保守党の勝利については、支持に回った高齢層の集団が大きく、これに対して反対に回った若年層の集団が比較的小さかったことが明らかにされている。また高齢層の投票率が高い傾向にあることも結果を後押しした[37]。

同じく、２０１６年のアメリカ大統領選挙でも、両党の支持層の年齢構成が結果に影響した。かつて富裕層の政党だった共和党はいまや高齢者の政党に、かつて都市労働者階級の政党だった民主党はいまや若年層の政党になっている。最近大学を卒業してマンハッタンに住んでいる富裕層の若者は、中西部の労働者階級の年金生活者よりも、民主党に投票する可能性がずっと高い。２０１６年の選挙では、29歳以下の有権者のあいだで民主党のヒラリー・クリントンが共和党のドナルド・トランプの2倍の票を得ていて、65歳以上の有権者のあいだではトランプがヒラリーに10ポイントの差をつけていたのだが、65歳以上の有権者のほうがはるかに多かったことがトランプに有利にはたらいた[38]。そして2020年の大統領選挙では、若年層のトランプ支持票はさらに減っていた[39]。

投票パターンがますます世代間の違いを表すようになっているからといって、若年層が常に「進歩的」な政策を支持するというわけではない。2017年のフランス大統領選挙の決選投票では、18～24歳の有権者のほぼ半数が極右候補のマリーヌ・ルペンを支持したと考えられているが、これに対して65歳以上のルペン支持者は20パーセントにもならなかった[40]。

イギリスとアメリカの選挙では、年齢だけではなく、性別と人種も重要な意味合いを持っている。白人男性は保守党（英）・共和党（米）に投票する傾向にあり、女性やマイノリティはどちらかというと労働党（英）・民主党（米）を支持する傾向にある。30～40年前には階級が重要な決定因子だったことを考えると、大きな転換が起こっていることがわかる。年齢や民族といった人口統計学的要因が以前より重要になり、経済学的要因は以前ほど大きな意味をもたなくなってきている。

これにはもっともな理由がある。第一に、大規模な職場なら従業員を組織化したり票をまとめたりすることが容易だが、現在では大規模工場で働く人は少なく、逆に自営業者が増えている。

第二に、かつては民族的に同質だった社会が現在では多様化しているため、従来の労働者階級のあいだでもしばしば対立が生じ、一部が右翼政党を支持するといった現象が生じている。この点についてはあとでもう一度論じる。

年齢が政治に大きな影響を及ぼすようになってきたのは、高齢者の急増が前例のない難題を国に突きつけているからだが、国への期待がますます高まる一方で、それに応える力は以前より限られているのだから、これはまさに難題である。高齢層の増加と若年層の減少はまだ続くので、世代間政治は今後数十年でさらに重要性を増していくだろう。

「豊かになる前に老いる」国々

年金と医療費の急増、経済の硬直化、世代間の対立といった問題はたしかに難題ではあるが、「先進国ならではの贅沢な悩み」と考えることもできそうだ。こうした問題を抱える先進国は国内で、あるいは国際金融市場で、赤字を簡単に安く補塡することができる。またそうしたいと望むなら、世界のより貧しい地域から労働者を呼び寄せ、自国民がやりたがらない、あるいは人手が足りなくてできない仕事に就いてもらうこともできる。

豊かな先進国は、魅力的な賃金と生活水準を提供して、自分たちが必要とするかぎりの労働力を集め、その力を借りて高齢化に伴う諸問題に対処することができる。貧しく若い国々から豊かで老いた国々への人の移動は、おおむねそれで説明できる。一方、ヨーロッパや北米の富裕層がよりよい高齢者ケアを求めて、あるいは暖かい国での第二の人生を求めて逆方向に移動する例も出はじめている。たとえばコスタリカにはアメリカ人とカナダ人が7万人ほど暮らしているが、多くは年金生活者であり、冬だけやってくる人となればもっと多い[41]。

先進国の問題とは別に、今後迫りくるのは、「豊かになる前に老いる」国々が高齢化とどう向き合うのかという問題である。豊かな高齢化社会は、そのあとを追う発展途上の社会（若くて人口増加中）が存在するかぎり、機能しつづけることができるが、では後者が高齢化したときには誰が世話をしてくれるのだろうか？　ロンドンのわたしの隣人で、107歳で旅立った老婦人は、死ぬまでずっとフィリピン人の介護チームの世話になっていた。ではフィリピンの高齢者の面倒は誰が見るのだろうか？

もっともフィリピンは、出産を奨励するカトリック教義のおかげで合計特殊出生率が人口置換水準を上回っており、人口が若いまま推移しそうなので、当面大きな問題は出ないだろう。だがその隣国のなかにはフィリピンほど幸運ではないところもある。タイは合計特殊出生率が人口置換水準を下回り、平均寿命も急激に延びていることから、急ピッチで高齢化が進んでいる。年齢中央値はすでに40歳を超え、ノルウェーやアイルランドといった豊かな国々よりも高くなっている。今世紀なかばには、65歳以上の高齢者が全人口のおよそ3分の1を占めることになりそうだ。現在は約13パーセントだが、1990年代なかばにはわずか5パーセントだった。タイの高齢化はフランスの4倍以上のスピードで進んでいる[42]。

タイは、経済発展速度を上回るペースで人口動態の変化が進み、人口と経済が連動しなくなっている国の代表である。近代化の古いモデルでは、経済発展と人口動態の変化は密接に関連していた。もしそれが今でもあてはまるなら、タイの合計特殊出生率がフランスより低いはずはないし、年齢中央値がルクセンブルクより高いはずはないし、平均寿命があと1、2歳でアメリカに追いつくほど長いはずもない。

どのような問題が起こるとしても、タイよりはるかに大きな問題を抱えることになるのは、国の規模が桁違いに大きい中国である。中国はタイよりいくぶん豊かだが、高齢化はほぼ同じスピードで進んでいる。中国の場合、高齢化に対処するために途上国の余剰人口を呼び寄せようにも、国内人口が多すぎるため、地球上の若い人口を丸ごと呼び寄せても足りない。タイも中国も、高齢化が進むにつれて経済成長が鈍ると考えられる。両国ともすでに人口ボーナスを使い果たしているので、ここからは労働人口の拡大ではなく縮小に対処しなければならない。少なくとも中国は、一人っ子政策の実施以来、この事態を予測していたはずだ[43]。

中国やタイをはじめ、昔から高齢者を崇敬してきた国は少なくないが、そのような国で崇敬される側の高齢者が人口上の支配集団だったことは一度もなく、常に人口の一隅を占めるだけの存在だった。それが今大きく変わろうとしている。統計上のある数字を見るだけで問題の深刻さがわかる。タイの場合、2000年の時点では年金生活者1人に対して7人の労働者がいたが、2050年にはわずか1・7人になると予測されている[44]。老後は子孫に頼るという選択肢は、子孫がいなければ成立しない。タイの年金生活者はこう言っていた。「正直なところ、すべて自分でなんとかするしかありません。運がよければ、1人ぐらい、病院まで連れていってくれる家族がいるかもしれませんけどね」[45]

国が老いつつあるとはいえ、タイでは国が提供するサービスへの期待が欧米に比べて低いし、今は65歳になっても以前なら考えられないほど元気で健康だという事実もある。だがどちらの事実も、タイのような国が今後直面することになる課題を打ち消してくれるわけではない。タイをはじめとする国々で、多くの高齢者が孤独死を迎えたり介護放棄されたりするのを防ぐには、テクノロジーの著しい進歩以外に頼れるものがない。

老化と長寿を支える技術

日本はどの国よりも高齢化が進んでいるが、技術的にも進んでいるので、ソーシャルケアの分野で多くの技術的進歩が見られる。日本のスタートアップ企業の4分の1以上が高齢者介護事業にかかわっていて、その事業規模は少なくとも2000億円弱になる。どのようなサービスが提供されているかというと、たとえば介護施設では、入居者が失禁すると緊急介入を促す通知が職員に届くようになっている。バイタルサイン〔呼吸、体温、血圧、脈拍の生命兆候〕を見守って、不整脈や不規則な呼吸があると知らせてくれる装置もあるし[46]、電動ベッドが車いすになる介護ロボットも製造されている。日本ではこのような介護テクノロジーが緊急に必要とされているのだが、それは単に高齢者人口が急増しているからではない。ほかの多くの国々とは異なり、日本が移民の受け入れに消極的だからだ。外国人介護福祉士を対象としたビザ制度はあるが、初年度の申請者で資格を認められたのは20人に満たなかった[47]〔在留資格「介護」の該当者は2017年に18人だったが、2018年は185人、2019年は592人と増えつつある〕。

身体的なケアだけでなく、精神的なケアのためにもテクノロジーが活用されていて、それは訪ねてくる子、孫、親類がいない高齢者が増えてきているからである。孤独な高齢者の話し相手としてロボットやAI（人工知能）を活用して、精神的な刺激を絶やさないようにする試みも広がっている。身体機能を助ける介護用品と同様に、このような心のケアに関する日本のイノベーションはすでに輸出されていて、海外での需要も高まりつつある。たとえば日本製のペットロボットは、すでにデンマークの何百もの介護施設で使われている[48]。

わたしは数年前に、高齢者の見守りサービスを提供する企業の仕事をしたことがある。そのサービスは、高齢者に小さい通報装置を身に着けてもらい、転倒した場合などに高齢者がボタンを押すと、誰かが来てくれたり、親族に連絡が行ったりするというものだった。技術的に目新しいものではないが、そのときすでに新サービスの話も出ていて、そちらは朝のある時間までにカーテンが開けられなかった場合に連絡が行くというものだ。その後こうしたサービスはかなりの進化を遂げている。今ではカメラが動きをとらえて通知を送る。老いた母親が夜中に家を出ようとしたら、それを知ることができる。この分野では多くの進歩が見られ、今後もますます進むだろう。

寿命の階級差

人の生死は、個人レベルでは今も変わらず運の問題だが、社会的レベルではパターンが認められる。もっとも顕著なのは単純に「時代」と「場所」による違いである。今日の先進国に生まれる人は、2世紀前のどこの国に生まれた人よりも、また今日の世界の最貧国に生まれる人よりも、はるかに長生きできる可能性が高い。性別による違いもある。世界全体では女性の寿命は男性より平均5年長いが、その差は場所によってさまざまだ。ロシアでは10年以上の開きがあり、それは一般的に男性のアルコール依存率と自殺率が高いからだとされている。北欧諸国では平均寿命の男女差は3年で、その背景としてはアルコール摂取の男女差が小さいことと、進歩的な価値観によりライフスタイルの男女間の違いが小さくなっていることが挙げられる。一方で、価値観が明らかに進歩的ではない国々では寿命の男女差がもっと縮まっているが、それはおそらく、国の資源が少女や女性ではなく少年や男性に投じられているからだろう。

平均寿命の不平等に関して近年もっとも注目されているのは、男女間や国家間の差ではなく、階級間の差である。イギリスでは、平均寿命の男女差が1980年から2012年のあいだにほぼ半減した。男性に多かった喫煙の減少と、同じく男性に偏っていた心血管系疾患の治療改善が理由だと思われる。また以前は今よりも多くの男性が危険な重工業に従事していたことも男女差の要因のひとつだった。所得で比べるとどうかというと、人口の上位10パーセントの高所得者は男性が85歳弱、女性が85歳強の長寿を期待できるのに対し、もっとも貧しい人々の場合、女性は80歳を迎えられず、男性は75歳に届かないというのが現状である。イギリスでは時の経過とともに平均寿命の延びが鈍化してきているのだが、最貧困層ほどその傾向が強いため、階級間の差が広がる結果となっている[49]。2011〜14年に集められたデータによると、イギリスのアフリカ系、カリブ系、アジア系のグループのほうが白人よりも長寿を享受していた(複数の人種的背景を持つ人々は「ミックス」というカテゴリーに分類されているが、この人々は女性の平均寿命が白人と同じで、男性は白人よりわずかに短かった)[50]。

近年、イギリスでは高齢者の平均余命がわずかに短縮している。生命保険会社や年金基金は人々がどのくらい生きると推計されるかによって負債評価が決まるので、平均余命の変化はかなりの影響を与える。2018年にイギリスのアクチュアリー会〔アクチュアリーとは確率や統計などを用いて不確実な事象の評価を行う数理業務の専門職〕が、「これは一時的なものではなく、トレンドである」と認めたため、自社のバランスシートを大幅に強化できた会社が何社も出た[51]。加入者がそれまでの予想よりも早く死亡する可能性が出てきたため、年金支払いのために確保しておくべき資金を減らすことができたからだ。

アメリカでも似たような傾向が見られるが、こちらは高齢者の平均余命だけではなく、出生時の平均余命も短縮している。この傾向が長く続くかどうかについては、イギリス同様に多くの議論が交わされている。この新たな傾向には、いわゆる絶望病〔薬物中毒とアルコール依存症、それらに関連する死や病気〕――なかでも薬物乱用に起因するもの――と肥満の増加がおもに関係しているようだ。心血管系疾患と脳卒中への対策強化による寿命延長の効果はすでに出尽くしたのかもしれない[52]。

これについてイギリスでは、NHSの資金不足や緊縮財政がらみの公共支出の縮小を非難する声が多く聞かれる。たしかに政府にできることはまだまだあるが、それでもこの傾向が続くかどうかは個人の選択次第である。健康的な食事と適度な運動が長寿と大いにかかわっていることは明らかなのだから。それでもすべての事柄について政府が責任を負うような、そういう時代にわたしたちは生きているということなのだろうか。

平均寿命・平均余命に変化が見られるとはいえ、わたしたちの社会はまだ老いつづける。なぜなら、第一に、寿命短縮の動きはまだあまりにも小さく、局所的なので、これが長期的かつ一般的なトレンドになるとは考えられない。それに平均寿命の延びに関する過去の予測はかなり控えめなもので、人々がどれくらい生きられるかを過小評価していた[53]。第二に、先進国の場合、人口置換水準を下回る合計特殊出生率とベビーブーム世代の高齢化という所与の現実がある。しかしながら、どれほど先送りしようとも死はいずれやってくる。ということは、社会がいったん高齢化すると、その社会はやがて経済的に衰退しはじめるか、さもなければ外国から労働力を呼び寄せるしかなくなる。次の章ではこの問題を取り上げよう。

第7章 世界は人口減少を食い止められるのか

55 100年でのブルガリアの人口減少率〔予測〕

1989年のヨーロッパは、共産主義が崩壊寸前となったことで、第二次世界大戦後最大の政治変動に見舞われようとしていた。そのときヨーロッパ大陸の南東端では、30万人以上のトルコ系ブルガリア人が国を追われ、トルコへの亡命を余儀なくされた。

1989年に22歳の物理学専攻の学生だったファトマ・ソマーサンは、強制同化政策に抗議したとして、ブルガリアの共産党当局により罪に問われた。ブルガリアではその数年前から、50万人以上いたイスラム教徒がトルコ名やイスラム名を捨ててスラブ名を——当局がスラブ名と認める名前を——名乗ることを強制されるようになっていた。ファトマはこれに抗議するデモに参加したのだが、すると市長から呼び出され、トルコに帰れと命じられたのだ。「デモに参加したからには、トルコがどういうところか実際に見てきたらいいでしょう」

ファトマは1時間で家族に別れを告げて荷物をまとめなければならず、しかも持ち出せたのはバッグひとつだけだった。ブルガリア当局側は、イスラム教徒の出国を強制しているのではなく許可しているのだとして、この政策のことを休暇を楽しむ「大旅行」と呼んでいたのだからお笑いぐさだ。実際には戻ることのできない、何の補償金も支払われない休暇だった〔1〕。このような見え透いた嘘は諸外国の批判をかわすためのものだったが、その必要さえなかった。当時の国際社会はこの民族浄化行為をただ傍観したのである。しかもこれは序奏にすぎず、その後10年間、当時ユーゴスラビアと呼ばれていた国でもブルガリア同様の民族浄化が続いたが、国際社会はやはり無関心を通した。

もっとも、ブルガリアのイスラム教徒が強いられた「大旅行」は、バルカン半島とコーカサス地方における1世紀に及ぶキリスト教徒とイスラム教徒の相互移動の最新章だったにすぎない。かたやロシア、ギリシャ、ヨーロッパ南東部の新興キリスト教国、かたやオスマン帝国とその後継国トルコ、この両グループのあいだで、何百万人もの人々が双方向に国を追われた。ファトマがブルガリアを追われた1世紀ほど前には、19世紀にイギリスで自由党を率いていた政治家のウィリアム・グラッドストンが憤慨した「ブルガリアの恐怖」があった〔1876年のブルガリア4月蜂起に対するオスマン帝国の残虐な鎮圧行為のこと〕。1870年代のバルカン半島の諸民族の民族意識覚醒と、キリスト教徒住民の蜂起に対して、オスマントルコが勢力維持のために繰り広げた一連の鎮圧行為のひとつである〔1875年から77年にかけてのバルカン危機〕。同じころロシアもこの地域で勢力拡大を図り、チェチェンなどからイスラム教徒を一掃するべく、大半を虐殺したり追放したりした。バルカン半島西部では、何世紀も前からイスラム教徒とキリスト教徒が宗教の名の下に互いを迫害し合ってきたが、近年にいたっても収まらず、1920年代には、150万人以上のギリシャ人とトルコ人が「交換」された〔希土戦争後のローザンヌ条約で決められた住民交換のこと〕。

このように現代のトルコとブルガリアは、どちらも国民的・宗教的均質化を実現しようとする試みによって形成された国だと言っていい[2]。両国政府は、民族的背景も宗教も異なる人々が複雑に入り交じっている場所に、共通の言語と宗教と祖先を持つ単一で支配的な民族集団を作り上げようとした。1940年代後半から90年代初頭まで続いたブルガリアの共産主義時代には、奨励されたとまでは言わないとしても、トルコ人の自発的な移住が許可されたし、ときには、すでに述べたように文字どおり強制された。エスノナショナリズム（民族主義）の実体を、見せかけの社会主義と国際主義で取り繕った共産主義時代のブルガリアは、隣国のニコラエ・チャウシェスク支配下のルーマニアにも似ていた。ルーマニアではユダヤ人と民族ドイツ人〔ナチスドイツの時代に用いられた言葉で、ドイツとオーストリア以外に居住していたドイツ系の人々のこと〕の移住が許可され、ロマ人か民族ハンガリー人であれば中絶が容易だった。それはブルガリアと同じく、多数派に大きな力を与えるとともに、少数派を減らす、あるいは完全に排除しようとする試みだった[3]。

ブルガリアの共産主義政権がその末期に力を入れた民族浄化に、国際社会はほとんど目を向けなかった。西側諸国の首都で抗議デモが行われることはなく、国連も非難決議の採択にいたらなかった。世界は共産主義の崩壊のほうに目を奪われていたし、そもそもバルカン半島の少数民族のことなどあまり関心がなかったのだ。ブルガリアを追われたトルコ系の人々はトルコ風の暮らしに同化していったが、それは何世代も前からのイスラム教徒が、あるいは何十万ものキリスト教徒があちこちへ流れる難民となり、移住先の暮らしに同化していったのと同じである。

ところで、ブルガリアが30万人以上のトルコ系住民を追い出そうとしていたときに、ブルガリアの人口はもうひとつ別の意味でも大きく変化しつつあった。20世紀なかばに700万人強だったブルガリアの人口はその後増加していたが、1980年代後半に900万人弱でピークを迎えた。その後は減少しつづけているが、それはファトマ・ソマーサンのような人々が国を追われたことだけが原因ではない。

ブルガリアの現在の人口はおよそ700万人だが、2089年までにさらに300万人減少すると予測されている。「大旅行」後の1世紀で900万人弱から400万人へと55パーセントも減少することになりそうなのだ。すでに忘れられて久しいトルコ人追放は、この人口減少の一部にすぎない。ブルガリアでは日本並みの少子化と、国民の他国への移住――現在は本当に自発的な移住――が同時進行している。このふたつが重なると、その国の人口が向かう先は忘却の彼方以外にない。少数民族を追い出したことは自傷行為のようなもので、ブルガリアは自国の人口を自らの手で切り崩してしまったと言えるだろう。しかもその傷は、ブルガリア人が子供を望まないことと、機会があれば他国に移住したいと望んでいることによって悪化しつつある。

人口減少が進む先進国

車が急な坂を上がっていく。途中で運転手がアクセルを少しずつ緩めると、車のスピードは落ちはじめる。のろのろ運転になり、前進する力が弱くなる。それでもなお車は重力に抗おうとするが、どこかの時点で完全に失速し、うしろ向きに坂を下りはじめる。人口が減少に転じるときの様子はおおむねこのようなものだ。今この世界には、運転手の足がすでにアクセルから離れていて、車が坂をずり落ちそうになっている国があり、しかもその数が増えつつある。

とりあえず移民を脇に置くとすると、一国の人口規模はふたつの基本的要因、すなわち出生と死亡によって決まると考えることができる。出生と死亡によって今の状況を説明すると、平均寿命の延長(年々死者数が減る)と高い出生率(多くの人が生まれる)というふたつの推進力が失われつつあり、増えるのは超高齢者だけになっている。もう何年も前から世界の多くの地域で合計特殊出生率が人口置換水準を下回っているので、人口慣性の力もすでに使い果たされている。寿命の延びはまだしばらく期待できるだろうが、推進力としてはわずかなものでしかない。エンジン出力が下がり、車は坂道であえいでいる。

低出生率の長期化という人口減少力には〝複利効果〟がある。妊娠可能年齢の女性が以前ほど多くの子供を持たない選択をするという問題だけではなく、その前の世代が同じ選択をしたことによって、女性の人数そのものが減少する問題も同時に起こるからだ。これが続くと国が消滅する。

ブルガリアの場合は、寿命延長による人口増加力がかなり弱い。平均寿命は1960年代後半にすでに70歳を超えていたが、その後少ししか延びておらず、現在もまだ75歳に届いていない。合計特殊出生率のほうは、少なくとも1980年以降ずっと人口置換水準を下回っており、しかもその間のほとんどの年において人口置換水準を子供1人分近くも下回っていた。

前世代が多くの子供を持たず、今その子供たちが妊娠可能年齢に達しているが、この世代もまた多くの子供を持とうとしない。この状況をひとつの家族で考えてみよう。ある女性が大家族を持っていた——たとえば6人の娘がいた——とする。その女性から娘の代にかけて家族規模は大きくなる。だが娘たちが多くの子供を持たないとすれば、次の世代の家族規模は縮小に転じる。最初の女性の死は、6人の出生に対する1人の死亡となる。だが6人の娘たちが死を迎える時点で、もしその孫娘たちが子供を持たない、もしくは1人しか持たないとしたら、出生と死亡のバランスは死亡のほうに傾くことになり、家族規模は縮小していく。

ブルガリアの合計特殊出生率は20年前が1・25で、現在は1・5だが、これは第4章でスペインについて述べたテンポ効果による上昇である。結婚・出産が遅くなり、母親の平均出産年齢が上がっていくときには出生率が少し下がるが、その分、出産年齢の上昇が止まると出生率が少し

2020年を100%としたときの
代表的な国の人口推移(1950–2100年)

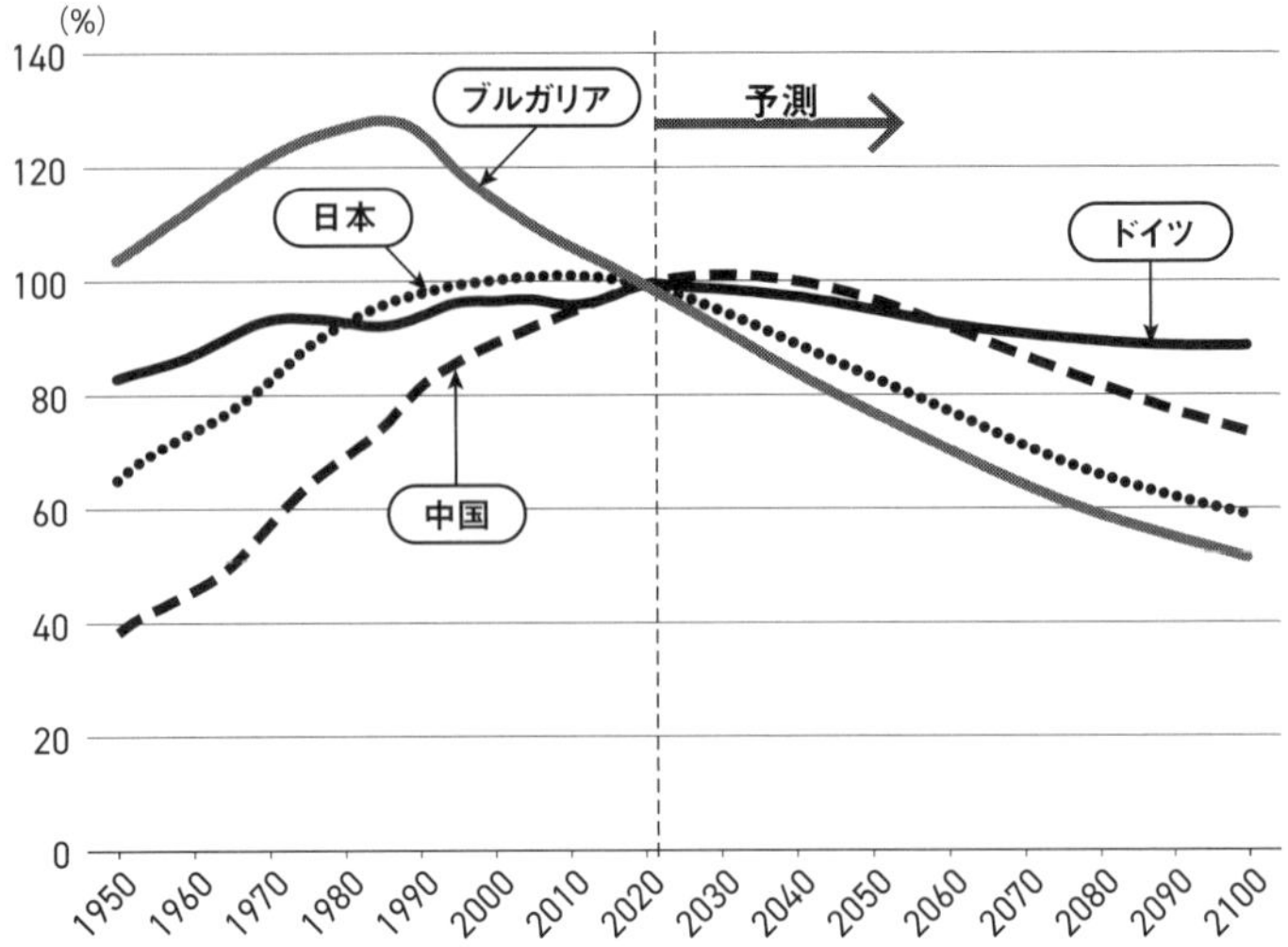

出典:国連人口部(中位推計)

過去においては、人口が収縮するのは飢饉、疫病、戦争その他の大災害に見舞われたときだけだった。しかし数十年前からの低出生率の持続によって、今多くの国が自ら招いた人口減少問題に直面している。ブルガリアは低出生率のみならず人口流出が多く、他国よりも早く人口減少が始まった。日本は今まさに人口が減少しつつあり、ドイツは純移民数のおかげでかろうじて人口減少を免れている。中国はすでに生産年齢人口がピークを過ぎていて、総人口も近々減少に転じると考えられる〔2022年に減少に転じたことが2023年に明らかになった〕。

上がることになる[4]。だがこの一時的な逆転現象を別にすれば、ブルガリアは長く低出生率が続いていて、この点でヨーロッパ諸国の典型と言ってもいい。現在のブルガリアの20代前半の女性の人数は1980年の半分以下になっている。ということは、たとえその女性たちが以前と同じ数の子供を産むとしても、20代前半の女性全体から生まれる年間出生数は半減することになる。

そのような状況は単なる理論上の数字や人口統計学者の空論ではなく、目に見えるかたちで日常生活に影響を及ぼす。ブルガリアのギリシャ国境に近い地域では、2014年までの5年間に1700以上の学校が閉鎖されたが、そのおもな理由は生徒数の減少だった[5]。隣国の北マケドニアでは、すでに人口の4分の1ほどが失われ、大統領は自国の人口問題を「もっとも深刻な脅威」と表現した[6]。北マケドニアが今後EUに加盟することになれば、国民にとっては移住の機会が増えることになり、人口問題はさらに深刻化するだろう。

ヨーロッパのなかでは、ドイツも人口ピラミッドのかたちが心もとない国のひとつである。人口を安定させ、生産年齢人口比率を維持するためには、大規模な人口移動〔移民受け入れ〕が必要になるだろう。すでに現在、死亡するドイツ人の多くに子供がいないか、いても少ないため、弔《とむら》う人が不足する事態となっている。現にドイツ北部の大都市ハンブルクでは、2007~17年に「公衆衛生葬儀」――国が葬儀を執り行い費用を負担する――の回数が倍増した[7]。同じようなことがドイツ全体で起こりつつあると考えられる。

人口を支える第三勢力

ブルガリアやギリシャのような国々では、低出生率の長期化が人口規模を縮小させつつあり、その勢いは寿命延長で補えるレベルを超えている。つまり車は坂をずり落ちようとしている。そこで重要になるのが、車のたとえにまだ出てきていなかった第三の基本的要因、純移民数〔移民流入数から移民流出数を引いたもの〕である。いわば車を牽引してくれる頼れる整備士だ。

死亡数が出生数を上回るドイツは、移民を受け入れていなければすでに人口が減少に転じていただろう。ヨーロッパの中心に位置する豊かな国なので、国境を開放しさえすれば、何百万人もの人々に雇用とよりよい生活環境を提供できる。移民への反発については次章で取り上げるが、政治的影響がどうであれ、2015年のようにドイツが危機に瀕《ひん》した人々に門戸を開くと、純移民数は100万人を超える（この年はシリアからの難民も多かった）〔8〕。

ドイツは以前から移民を引き寄せてきた。第二次世界大戦後の数十年間に、何十万人もの人々が南欧、トルコ、バルカン半島からドイツに移り住んだ。旧ソ連からの移民とともに、この人々がドイツの人口減少を未然に防ぐ助けになってきた。その多くは「ガストアルバイター（ゲスト労働者）」と呼ばれる外国人労働者として入国し、そのままドイツに滞在した。旧東ドイツ地域は別として、ドイツの都市をそぞろ歩けばだいたいどこでもケバブ店、トルコ人の理髪店、モスクなどが見つかるが、これらは何世代にもわたる移民の歴史を物語る証《あかし》である。

移民受け入れにはメリットもデメリットもあるが、人口減少対策としては機能している。ドイツのような豊かな国の場合、子供を持とうとしない人が増えても、より貧しい国々に出産と育児をいわばアウトソーシングして、その子供たちが働ける年齢になったら呼び寄せるという方法が可能である。つまり車が重力に負けて坂をずり落ちそうになったら、移民が投入される。そしてチャド、アフガニスタン、シリアといった国々から、何十万もの人々が命がけでドイツのような国を目指すことになる。

しかしブルガリアのような国では、純移民数がマイナスになっている。人の流入より流出のほうが多く、移民は人口減少を補うどころか、悪化させ、車をうしろへ引きずりおろす力になっている。実際、ブルガリアの人口減少の約3分の2は移出民によるものであり、低出生率よりも大きな要因である[9]。民主主義が確立された今、ブルガリアを出ていくのはもはや圧政で追い出されるトルコ人ではなく、教育を受けた若いブルガリア人だ。彼らは高い賃金と生活水準に引かれて、今では自由に移住できる西欧諸国へと自分の意志で移っていく。

もちろん移入民もいないわけではない。シリアの難民危機のときには、ブルガリアはトルコ経由で国を逃れる難民の到着地点となり、2014年と15年にはそれぞれ約5000人が難民認定された。多くはドイツへの移住を希望していたが、それ以上西へ行くことができない人々にとっては、滞在を許されたブルガリアにとどまるほうが戦乱の地に戻るよりましだった。だがその後ブルガリアの移民受け入れは絞られ、流入より流出が多い状態が続いている。２０１７年には、ブルガリア在住の外国人より国外在住のブルガリア人のほうが9倍も多くなっていた[10]。

ブルガリア政府は自国民の流出を抑えるとともに、出ていった人々を呼び戻すべく努力しているが、今のところ思ったような成果は上がっていない。外国から戻ってきた若者は、２０１９年にこう嘆いていた。「首都ソフィアの人口が丸ごと外国に住んでるようなものなんです」[11]。一般的に、労働年齢の人々が高所得国から低所得国に移住することはあまりないし、低所得国から高所得国に移住し、いったんそこでの生活を経験してから低所得国に戻る例となるともっと少ない。ブルガリア人の移住先のほとんどは高所得国なので、呼び戻すのは難しい。２０２０年3月に新型コロナウイルス感染症がヨーロッパでも猛威を振るいはじめたことで、約20万人のブルガリア人が自国に戻ったが[12]、事態が正常に戻れば、また出ていく人が増えるだろう。

過疎化が進む農村地帯

19世紀のイギリスでも、現代のナイジェリアでもそうだが、農業中心の国で人口爆発が起こると、あふれ出た人々が町に流れ、都市が次々と出現する。このとき、人口の都市への移動と同時に農村が空になるわけではなく、最初は農業で吸収しきれない過剰人口が農村を離れるだけである。しかしながら人口爆発が止まったあともずっと、都市は明るい照明、高賃金の仕事、刺激的な人生を送れるかもしれないチャンスなどによって人々を魅了しつづけるため、農村から都市への移動は止まらない。また農村に残った人々も以前ほど多くの子供を持とうとはしなくなるため、人口が減りはじめる。農村は小村になり、そのうち家が数軒だけの集落になる。やがて農家は一軒だけであとは廃屋ばかりという状態になり、そうなればもちろんその一軒からも人がいなくなる。

ヨーロッパの人口は、ペストや三十年戦争などにより何度も激減した。中国も長い歴史のあいだに、洪水や疫病などによる人口激減を何度も経験してきた。ヨーロッパ人がアメリカ大陸に到達してからは、アメリカ先住民が人口崩壊の憂き目に遭った[13]。しかしながら、今、世界各地の農村地域で人口が減少しているのは、戦争や疫病といった外力が原因ではない。それは純粋に、何人の子供を持つか、そしてどこで暮らすかについての個々の人間の選択の結果である。

今日の人口後退は、世界の広い範囲の、かなり前から低出生率が続いている地域で同時に起こっているが、それが実際どういうことなのかは、ここでもまたブルガリアの例を見るとよくわかる。ある調査によれば、20世紀なかばから2012年までのあいだに、ブルガリアの農村地帯の人口は約60パーセント減少していて、しかも減少傾向はその後も10年余り続いている[14]。第二次世界大戦直後のブルガリアには、村と呼べる規模の集落がおよそ6000あったが、2007年にはおよそ5000まで減っていて、その後も減少が続いている。前述の「大旅行」の影響があるので、トルコ系の人々が住んでいた村の減少幅がもっとも大きい[15]。またブルガリアの村々では過疎化が異常な速さで進んでいて、高齢者だけが取り残される傾向にある。遊び回る子供たちの声が谷に響いていたころのことを思い出して、彼らは途方に暮れているだろう。自分が死を迎えるとき、聖職者は来てくれるのかと案じているかもしれない。首都ソフィアからそれほど離れていないある村でも、数少ない30代の住民がBBCのインタビューに答えて、「一緒に育った仲間はとっくの昔にここを出ていきましたよ」と言っていた。その村の店にはわずかな品しか並んでおらず、いつ客足が絶えて店を閉めることになるかわからないという。そこより奥にある村々では、店はもうすべて閉められたそうだ[16]。

ルーマニアおよびセルビアと国境を接するブルガリア北西部のヴィディン州では、事態はさらに深刻である。この州の生産年齢人口は1980年代から半減し、人口減少の負のスパイラルに陥っている。以前は首都から国内線で30分飛べばヴィディンに行けたのだが、今では車で5時間かけて行くしかない。州都ヴィディンの住民で、何度もこの町を出ながら、町の外での仕事の契約が切れるたびに結局ここへ舞い戻ってきているという人物は、そのたびにこう思うと言っていた。「自分の墓場に戻ってきたような気分です。ここは死にゆく町ですから」[17]

農村の過疎化のプロセスは自己強化型ループである。村の人口があるレベルを下回ると、学校が閉鎖される。すると幼い子供のいる家族が入ってくることはなくなり、今いる家族も外に出ようと思いはじめる。路線バス、パン屋、食料品店といったインフラも、人口がある規模を下回ると廃止・閉鎖される傾向にある。公共サービスのコストが正当化できなくなり、地元企業も立ち行かなくなるからだ。過疎化が進む村や町に囲まれた地方都市は、もはや投資を呼び込めず、輸送・交通インフラも維持できなくなり、徐々に孤立し、そこに住もうと思う人も減っていく。

中欧・東欧には急激な人口減少に直面している国が数多くあるが、なかでもとりわけ深刻なのがロシアである。ブルガリアと同じように、ロシアでも長期的な都市化と過去最低水準の低出生率が重なっていて、低出生率のほうは少なくとも1970年代までさかのぼることができる。そのため統計上の死亡数が出生数を上回る結果となっている。だがブルガリアとは異なり、人口の純移民数はプラスである。流入のほうは旧ソ連諸国からの移民を中心にかなり多く、流出のほうはEUに加盟していないため限られている。ただしロシアに入ってくる移民は、ほかの国々でもだいたいそうだが、光あふれる大都市にひかれてやってくるのであって、人の少ない農村地帯には行こうとしない。ロシアではすでに2万の村が完全に放棄され、それ以外に3万6000の村が人口10人を切っている[18]。

ロシアは気候の厳しい地域がほとんどで、しかも広大な国土に町や村が散らばり、互いにかなり離れているところが多く、これらもまた過疎化の要因となっている。ロシアの人々はそうした厳しい土地を逃れ、暖房完備の住居があり、より多くの種類の食料品をより手軽に、より手ごろな価格で入手できる大きな都市へと集まるようになった。かつては活気に満ちていたロシアの村々に、今では高齢者だけが取り残されているという状況は、ブルガリアとあまり変わらない。実のところ、いまや世界各地でそうした例が増えつつある。カザフスタンとの国境に近いシェレポヴォのソーシャルワーカーは、村を訪れた記者に、「学校にはもう数人しか生徒がいません。こんなところでお年寄りがいつまで暮らしていけると思います？」と逆に問いをぶつけた。「この村は死にかけているのに、誰も何もしてくれないんです」[19]

空白地帯の地政学

ブルガリアの農村部の過疎化は国際関係にほとんど影響しないが、ロシアの広大な土地が過疎化するとなるとそうはいかない。ロシア指導部は何世紀も前から、国土の大部分の人口が希薄であることを問題視し、流れを変えようとしてきた。

アラスカは１８６７年にアメリカに売却されるまでロシアの一部で、19世紀初頭にはロシア人入植者が太平洋岸を南下し、北カリフォルニアまで足を伸ばしていた。また１８９０年代以降には、北米にロシア人入植者がいることに加えて、鉄道のシベリアへの延長によりアジア北部のロシアの影響力も強化された。続いて国土の周縁部への人口移動が画期的な進展を見せたのは、スターリンがウラル山脈周辺の工業化を推し進めた1930年代で、このときは開発用の機械とともに、男女を問わず多くの人々が辺境の地へと移っていった。そのおかげで国内のすべての工業地帯を敵に抑えられる心配がなくなり、その点が第二次世界大戦中の独ソ戦では有利に働いた。1950年代にも、フルシチョフが主導した「処女地開拓」農政によって若い開拓者たちが国の周縁部に移り住んだ。

これがソ連の膨張政策の最後の試みとなり、その後ソ連は、そしてロシアは、半世紀以上にわたって後退を続けている。部分的にはソ連崩壊と旧連邦諸国の独立をきっかけとする政治的後退だが、同時に人口の後退でもある。国土の周縁部でロシアの存在感が薄れてきているのは、周縁部の人口が高齢化し、子供が少なく、しかもその子供たちには両親のように村で生きていくつもりがないからだ。ロシア極東地域は人口流出が止まらないうえに、人口が増えつづけてきた中国と隣接していることからレッドゾーンと見なされ、プーチン大統領はこの地域の人口減少に危機感を募らせている[20]。ロシア政府は2016年に、極東ロシアに移住する人に土地を提供するという法律を制定したが、成果はほとんど上がっていない。この地域は土壌がやせていて農業に向かないうえに、行政上の煩雑《はんざつ》な手続きが障害となって政策が思うように実行されていない[21]。

極東ロシアではインフラを管理する人材が不足していて、居住環境が整わないという問題もある。企業は必要な専門家をこの地域に送り込むことができずに困っているし、この地域に石油探査など経済的に有望な分野で求められる人材がいても、彼らは極東ではなく、ロシア西部の大都市へ働きに行ってしまう。

ロシアは過疎化が進む地方について、隣接する中国の人口増に不安を感じているようだが、じつはその中国でも多くの村が消滅しつつある。それはある部分、すでに述べた大規模な都市化の結果だが、少子化の結果でもある。中国の夫婦が4～5人、あるいは2～3人の子供を持っていたなら、村々も十分な人口を維持できていたはずだ。現にナイジェリアでは都市に人があふれていても、農村地帯が空になったりはしてはいない。

中国の過疎化の典型的な例としては、甘粛省《かんしゅく》北西部のルマンチャ村が挙げられるが、ここには40歳未満の成人がほとんどいない。この村の小学校の校長は、「昔は冬が終わって寒さが緩むと、たくさんの子供たちが大声を上げて走り回り、遊びに夢中になっていたものです」と語った。「今では、学校が休みの日でも子供の姿を見かけることはめったにありません。夏休みも冬休みもそうです。子供たちは都会へ勉強しに行き、そのまま戻ってきません」。小学校にはつい10年前まで100人の生徒がいたが、今ではわずか3人だ。しかもルマンチャ村は例外ではない。甘粛省だけでも生徒が10人に満たない学校が2000校近くあるという[22]。

中国の過疎化は一地方の問題ではない。40年続いてきた低出生率は一人っ子政策によるところが大きいが、政策が廃止されても出生率は上昇に転じておらず、総人口が縮小に転じるのも時間の問題である。この10年間の中国の人口増加率は年0・5パーセント前後で推移してきたが〔23〕、直近数年はさらに鈍化しており、人口はすでに減少に転じたとする見方も出ている〔24〕。いずれにせよ、中国が少なくとも増加から減少への変わり目に立っていることは間違いない〔２０２３年１月の中国国家統計局の発表で、２０２２年に減少に転じたことが明らかにされている〕。今後数年でインドの人口が中国を追い抜くことはほぼ確実だが〔２０２３年６月に追い抜いたと思われる〕、そうなれば国家として成立して以来はじめて、つまり２０００年以上ぶりに、中国が人口世界一の国ではなくなることになる。

市街地も過疎化する日本

すでに述べたように、日本も長く低出生率が続いている少子化社会である。そのため高齢化だけでなく、空洞化も進んでいる。ブルガリアやロシアと同じように、日本でも廃村が増えつつある。農業従事者がいなくなった農村地帯では野生動物が増え、縮小しつつある集落にも入ってくるようになった。北日本ではクマの目撃情報が1年で倍増した〔25〕。いまや日本では都市の郊外までもが空洞化しつつある。欧米の中年層には、高齢の親族の家を相続するという「棚ぼた」に期待している人が少なからずいる。だが日本では家を所有すると税金や管理費用が高額になるため、不動産を相続することになった人が相続放棄する例が多く見られる。すでに7軒に1軒近くが「空き家」になっており、この問題は今後さらに深刻化すると思われる[26]。

東京の活気あふれる都心部を訪れる観光客は増えているだろうが、そこから電車で少しのところにある郊外で、高齢化と空洞化が進んでいることを知る人は少ないだろう。問題は地方都市のほうが深刻だが、ある不動産専門家によれば、東京も今後状況が悪化し、50年後には郊外が〝ミニ〟デトロイト化して荒廃した空き家だらけになるかもしれないという[27]。

デトロイトへの言及は、ヨーロッパと北米の多くの地域で起こっていることを思い出させる。移民の受け入れや、まだ少し残っている人口慣性の効果のおかげで人口が安定している、あるいはわずかながら増えている国でも、農村地帯から始まった人口流出が止まらず、いまや一部の市街地にも及んでいる。その最悪の例が、ミシガン州最大の都市デトロイトのように、巨額の投資をした自動車産業がその後衰退して雇用の見通しが立たなくなり、商業地区も衰退し、インフラが劣化して、ゴーストタウンと化している都市である。

町の消滅は、今日の先進国世界の大半が患っている病の症状のひとつである。わたしのある友人は、かつて陶器産業で栄えたイギリスのストーク゠オン゠トレントの出身なのだが、最近里帰りしたら、子供時代とはまるで違う場所になっていたと言っていた。彼がそこで子供時代を過ごした1930～40年代には、多くの住民がまだ貧しかったが、商店街も通りもにぎやかだったそうだ。当時に比べると、現在のストーク＝オン＝トレントの住民は豊かで、食料事情も住環境も改善されているし、教育水準も高くて失業率は低い（少なくとも新型コロナウイルス感染症の流行以前には）。誰もがスマートフォンを持っていて、バカンスには安い海外旅行を楽しむ余裕もある。そんなことは彼の子供時代には考えられもしなかった。それにもかかわらず、彼は久しぶりにこの町を見てある種の絶望感に襲われたという。

人は高齢になると過去をバラ色の眼鏡で見る傾向があるので、話を少し割り引いて考えるべきかもしれない。また人口動態が都市の衰退をすべて説明してくれるわけではない。実際、人口動態は原因を示す場合もあれば結果を示す場合もあるのだから。それでも人口データを見れば、友人が感じ取った町の衰退についてなんらかの判断材料が得られるはずだ。そう思って調べてみたところ、ストーク＝オン＝トレントの人口は19世紀初頭から20世紀初頭までのあいだに15倍に増え、20世紀なかばにピークを迎えたあと、上下に振れながらも少しずつ下がってきていた。だがもっと印象的なのは年齢構成の変化である。第一次世界大戦前には5歳未満の人口が65歳以上の人口の4倍以上だったが、今では逆転して、後者が前者の2倍前後になっている[28]。またこの20年間で、この町はバーやパブの40パーセントを失っていた[29]。友人が今のストーク＝オン＝トレントを見て、自分の記憶にある70年前の若くにぎやかな町とはまるで違うと感じたのも無理はない。

都市の衰退を語る際には、人の不足、とくに若者の不足が中心テーマになる。もしイギリスの出生率が維持され、19世紀の大半と20世紀前半に経験したような人口増加がその後も続いていたら、ストーク＝オン＝トレントのような町も衰退を感じさせるほどの状況にはなっていなかっただろう。イギリスの都市のなかにはマンチェスターやリバプールのように、近年人口減少に歯止めをかけることに成功したところがあるが、もしイギリス全体の人口がもっと多ければ、そのような成功例が増えていたはずである。実際には、これら北部の諸都市の成功はおそらく周辺の町の犠牲の上に成り立っていると考えられるし、周辺の町は都市に併合された、あるいは人口を奪われたように感じているだろう。

都市の人口が増えているか減っているかの違いは、中心街を歩いてみれば実感としてわかる。たとえばイギリスの大学都市ケンブリッジを訪れると、明らかに活気があるとわかる。大学が休みの期間でも中心街には人がいて、ほとんどの商業施設がにぎわっている。レストランやバーは満席で、閉店して板を打ちつけられた店も見あたらない。そんな様子を見たあとなら驚きもしないだろうが、ケンブリッジの人口は長期にわたって増えつづけている。１９２０年代と２０１１年の国勢調査の数字を比べると、ケンブリッジの人口はおよそ倍になっていて、一方ストーク＝オン＝トレントはおよそ6パーセント減少していた[30]。ケンブリッジはストーク＝オン＝トレントとはまったく異なる様相を呈していて、その違いは街を歩けば感じ取ることができるし、人口統計からも見て取ることができる。

わたしの友人がストーク＝オン＝トレントについて感じたことは、ほかの先進国の多くの地域にもあてはまる。アメリカの広大な「錆びついた工業地帯《ラストベルト》」では製造業が衰退し、残された町々の人口は減りつつある。かつてにぎやかだった通りも今は閑散として、ただ板を打ちつけられた店が並ぶばかりの殺伐とした光景になっている。類似の現象はドイツやフランスでも広範囲に見られる。フランスもイギリスもアメリカも絶対数としての人口はまだ減少していないが、経済と同じように、都市地理学も継続的発展と力強い成長を前提として成り立っていることを忘れてはならない。つまり発展・成長が止まると、都市は活力を奪われると考えられる。

人口減少が進んでいるのは小さい町やラストベルト内の町だけではない。パリの中心部でさえこの10年で人口が減少し、２０１５～18年の3年間で15の学校が閉鎖されたり他校と統合されたりした。ロンドンの人口はまだ減ってはいないが、毎年ロンドンを出ていくイギリス人は入ってくるイギリス人より10万人多く、その分を大量の移民が補っている。ニューヨークも最近では人口が減少する年がある。しかもこれらはすべて、新型コロナウイルス感染症流行以前の話だ。

かつて人口の大増加は、農村から始まって都市へと広がっていった。現在のアフリカでもそうである。人口減少も同じことで、地方の集落で始まり、やがて中心部へと波及してきて、ついには東京郊外の廃墟と化した集合住宅とか、パリのパン屋の閉店といった結果をもたらす。それが、長期的な人口減少というものの実態である〔31〕。

はたして人は残るのか

ここまでの内容からすると、農村から都市へと広がる過疎化は避けがたいもの、体の末端である四肢から始まり、じわじわと中心部に迫って心臓にいたる病のようなものだと思えてくる。実際この病はウイルスのように国から国へ、大陸から大陸へと広がり、かつて人でごった返していた場所、大家族が普通だった場所にもひょっこり顔を出す。寂《さび》れた集落、閉鎖された学校、郊外の空き家といった、これまで局所的なものと思われていた問題が、いまやいたるところに広がりつつあるように思える。

このテーマについて見事に論じたのが、ダリル・ブリッカーとジョン・イビットソンによる2019年の『2050年 世界人口大減少』である。都市化、女性の権利向上、そしてよりリベラルな考え方の一般的導入が地球全体で進んでいるので、すでに低い出生率は今後さらに下がり、しかも広がり、その結果人口減少にいたるとする内容だ。多くのデータがこの方向を示しているが、ブリッカーとイビットソンはそれでもまだ全般的に予測が控えめだと考えている。たとえばインドでは「人口統計学者や政府関係者が何度も小声で、じつは合計特殊出生率はもう2・

1を切っていると思われるんですよ、と言ってきた」[32]そうだ。その人々が正しかったことは最新のデータで明らかになっている。2人はアフリカのデータについても懐疑的で、世界人口は今世紀末ではなく今世紀なかばに、つまり数十年後にピークを迎え、減少に転じると考えている。

　人口問題に関しては、どうやらわたしたちは数世紀前から正反対のパニックを交互に繰り返してきているようだ。イングランドで人口急増が始まった18世紀末にトマス・マルサスが『人口論』で予測したのは、人口が増えすぎて地球の資源では支えきれなくなる未来だった。その1世紀後にイングランドの家族規模が縮小しはじめたことがわかったとき、デイリー・メール紙は「民族の衰退」について論じはじめ、アメリカ大統領セオドア・ルーズベルトは「民族自滅」[33]という言葉を口にした。世界の人口増加が著しかった1960年代には、生物学者で人口問題専門家のポール・エーリックが『人口爆弾』で地球は滅亡するとわたしたちに警告した。「食べている人、見ている人、寝ている人。誰かを訪ね、口論し、叫ぶ人々。排便する人、排尿する人。バスにしがみつく人、家畜の群れを追う人。人、人、人、人」[34]〔エーリックによるインドのスラム街の描写〕。そして今わたしたちは、自分たちがもうじき「あの人たちはみんなどこへ行ってしまったんだろう？」と、とまどうことになると考えている。

　この数世紀にわたる論争では、どちらの側もその時点の人口動態を不可逆的なものと見なす傾向が強すぎる。もっとバランスの取れた全体像をつかむためには出生率の問題に立ち返る必要がある。というのも突き詰めればそれこそが決定要因だからだ。結局のところ人口減少の根源は低出生率にあるので、地球を空にしたくなければ、出生率を上げるか、あるいは最低でも低出生率がすべての地域に広がらないようにするしかない。考えてみれば、都市の少子化にしても、都市住民だから出生率が低いと決めてかかる必要はない。たしかにインドのコルカタの合計特殊出生率は1を少し超える程度でしかないが、世界最大かつ最速で成長している大都市ラゴスを擁するナイジェリアのラゴス州は、合計特殊出生率が今でも人口置換水準のおよそ2倍である[35]。もちろん、今後そこから下がるかもしれないが、下がらないかもしれない。そしてそれを決めるのは個人を超える社会的権力ではなく、無数の女性と男性の個々の人生の選択である。

発展レベルが同等の都市でも出生率に大きな差が出ているし、国同士の比較でも同じことが言える。１９７０年代以降に合計特殊出生率が5から1・5に低下したタイのような国もあれば、この30年間、合計特殊出生率がおおむね2〜2・5のあいだで推移しているスリランカのような国もある。

先進国のあいだで違いがあることにも目を留めておきたい。日本と南欧・東欧諸国は出産に熱心とは言いがたいが、北欧諸国では合計特殊出生率が人口置換水準に近く、人口の自然減はごく緩やかなものにとどまっている。デンマークとスウェーデンの出生率は50年来ほぼ変わっておらず、スウェーデンの出生率は１９３７年より現在のほうが少し高い[36]。ここで大事なのは、合計特殊出生率は何世代にもわたって人口置換水準またはそれに近い水準にとどまりうるということ、つまり合計特殊出生率が下がりはじめたら必然的に人口置換水準を下回るというわけではまったくないという点である。

わたしたちはよく大陸単位で傾向を語るが、大陸内部にももちろんさまざまな違いがある。同じアフリカでも、出生率は東・南アフリカより西アフリカが高く、北アフリカはかなり低い。ヨーロッパ内でも、南欧・東欧の出生率は最低レベルだが、北欧・西欧は少なくとも今のところはそうではない。

アジアでは、東アジアのほうが南アジアよりも出生率の落ち込みが大きいが、これは東アジアのほうが物質的条件が整っているからだと考えられる。たとえば中国と日本は、インドとパキスタンより経済的にずっと進んでいる。しかしこのような経済発展と低出生率の直接的な関係はヨーロッパにはあてはまらず、豊かなスカンジナビア、フランス、イギリスのほうが、イタリア、スペイン、ギリシャ、そしてもちろんブルガリアよりも出生率が高い。またケニアのほうがナイジェリアよりも早く家族規模が縮小している理由も、経済発展のレベルでは説明できそうにない。従来の近代化による説明ではこのあたりが限界である。より包括的に実態をとらえるには、文化、伝統、信念といった面でのより深い考察が求められる。つまり人口動態は近代後の段階に移行しはじめている。

大陸間にも大陸内にも出生率のばらつきがあるが、いずれにしても世界人口は今すぐ減りはじめるわけではない。国連のデータを信じるならば、世界の合計特殊出生率はまだ2をだいぶ上回っている。それに、たとえ人口置換水準を下回るときが来たとしても人口慣性があり、前世代に大家族が多かったおかげでこれから子供を産む若い人々がまだたくさんいるので、人口はしばらく増えつづける。それに加えて、今後も多くの国で平均寿命が延びつづけるだろう。坂を上がろうとする車にはまだ前進しようとする勢いがある。1910年代に、戦争の惨禍とスペイン風邪の大流行がありながらヨーロッパの人口が増えつづけたのも、同じような理由による。

新型コロナウイルスの蔓延を経験した今、わたしたちはパンデミックが世界人口にもたらしうる危険について以前よりもはるかに強く意識している。実際、過去においては、ペストが猛威を振るうたびにヨーロッパの一部の人口が減るという状態が何世紀も続いた。なかにはこんなことを言う人々もいる——ほかの惑星に住む知的生命体がいまだに見つからないのは、高度な文明を築いても、結局はなんらかの理由で絶滅してしまうからではないか。たとえば自己破壊的な性質を持っていた、低出生率が長く続いた、ウイルスか細菌にやられたなどが考えられるのではないかと[37]。とはいえ当面は、人類はまだしばらく存続すると考えて間違いはないし、「人がいない地球」どころか、「人口がピークに達した地球」でさえまだ数十年先の話である。

豊かな国々の多くは、とくに西欧諸国は、移民を受け入れていなければ人口がすでに減少して

イタリアの5歳未満の人口の推移
(1950－2100年)

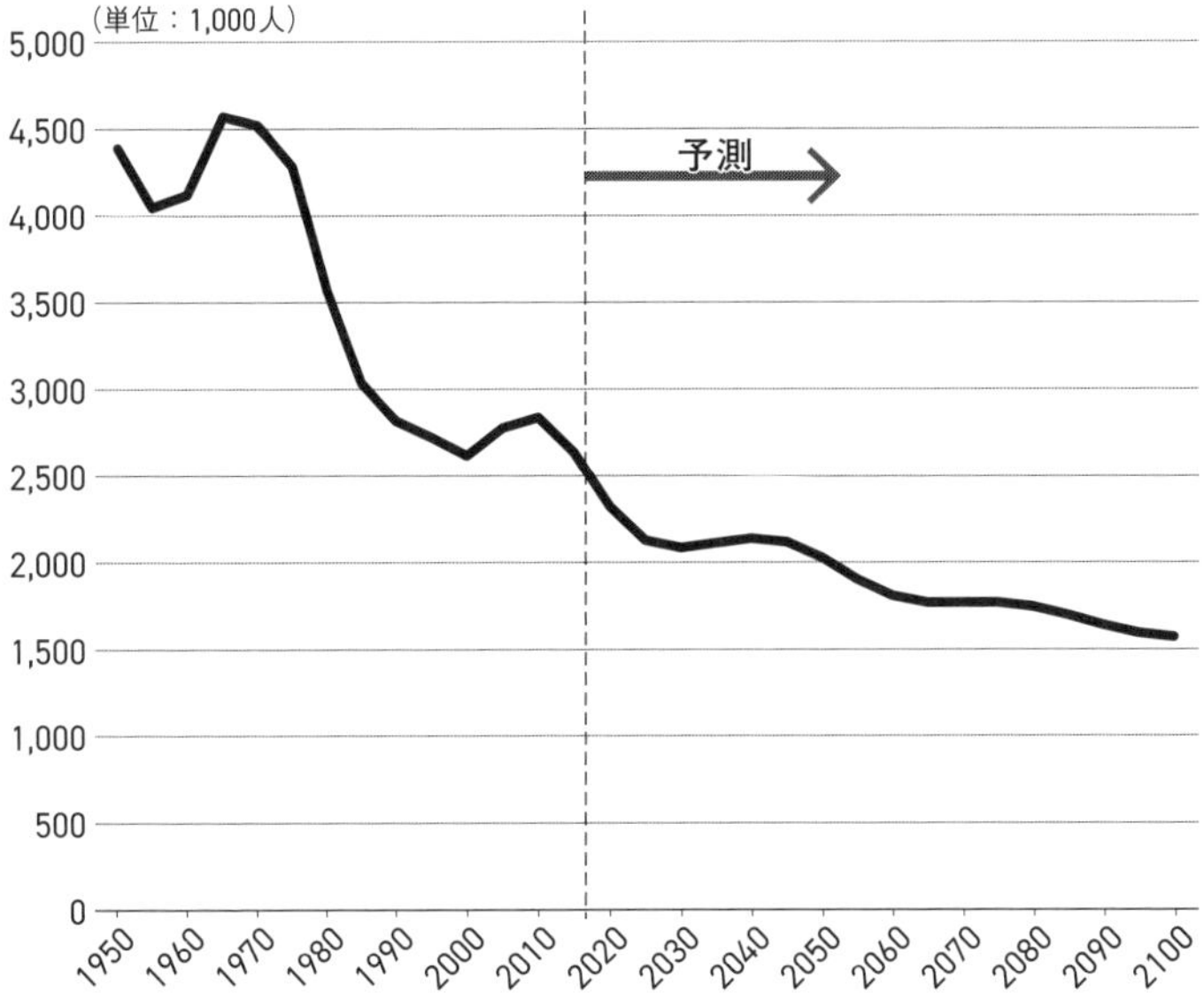

出典:国連人口部(中位推計)

人口減少がもっとも顕著に表れるのは若い世代で、イタリアの状況もその例である。今世紀末には、イタリアの5歳未満の子供の人口は今から60年前のピーク時の3分の1にまで落ち込むと予測されている。

いただろう。ドイツでは1年間に生まれてくる人よりも死んでいく人のほうが20万人多い。ベルリンとドレスデンのあいだの町の聖職者によれば、葬儀を5回執り行うあいだに洗礼がようやく1回といったところで、「地平線上に人口の暗雲が垂れ込めている」そうだ[38]。今後さらに大量の移民が入ってこなければ、ドイツの人口はすぐにも減少に転じ、今世紀なかばには毎年50万人を失うペースになるだろう。今世紀終わりには、ドイツの人口は現在の60パーセント程度になる模様だが、これも移民の出生率が比較的高いことを計算に入れた数字であって、そうでなければ状況はもっと悲惨なものになりかねない。

西欧と北米は、中南米、アフリカ、中東、アジアからの移民を呼び込むことで人口減少を食い止められるかもしれない。だがそれによってアメリカとカナダは様変わりするだろうし、西欧にいたっては、ローマ帝国崩壊後の民族大移動以来はじめての、民族構成の激変を経験することになる。そこで次の章では、民族構成の変化という問題を取り上げる。

第8章 民族構成が映し出す未来

22 カリフォルニア州の児童に占める白人率［1］

「アメリカ合衆国は、偉大な民の土地であれと神が意図された国だとわたしは信じています。偉大な民とは、英語を話し、偉大な理想を持ち、キリスト教を奉じる白色人種のことであり、ひとつの民族、ひとつの国家、ひとつの運命が原則です。アメリカはイギリス、スカンジナビア、サクソンなど北欧の人々が入植した強大な国でした。アフリカ人、東洋人、モンゴル人、そしてヨーロッパ、アジア、アフリカのすべての黄色人種には、この偉大な国に住み着くことを許すべきではありませんでした」

このように豪語したのはかつての下院議員アイラ・ハーシーで、1924年の移民制限法案をめぐる議論のなかでのことだった。第一次世界大戦前の一時期、アメリカは南欧と東欧から大量の移民を受け入れていた。だが第一次世界大戦が終わると孤立主義に回帰し、ヨーロッパからの移民にはじめて厳しい制限を加えた。その制限は臆することなくアメリカの人種的特徴を維持しようとするものだった。定義が「アングロサクソン」であろうが「北欧系」であろうが本質は変わらず、要するにロシア、ポーランド、イタリアなどの出身者よりもブリテン諸島出身者を優遇するもので、１８９０年時点の移民の人種構成に基づいて割り当てが決められた。アメリカの１９２０年代の移民規制は「好ましくない種類のヨーロッパ人」を制限することが目的だったが、それにとどまらず、１８９０年を基準年とすることで、事実上アジアからの移民を全面的に禁止するものともなった〔その大半は日本人だったので、「排日移民法」とも呼ばれた〕。法案提出者の１人だった下院議員アルバート・ジョンソンはその目的についてこう明言している。「われわれの望みは均質な国家です。自己防衛のためにそうでなければならないのです」[2]

ジョンソンの物言いはまだしも控えめだったが、彼の支持者だったアイラ・ハーシーのほうは明らかに差別的で宗教的な発言が目立っていた。だがハーシーはバイブル・ベルト〔正統派キリスト教徒が優勢なアメリカ南東部〕や南部の州ではなく、北部〔奴隷制に反対するなど、リベラルな思想を持つ傾向がある〕の圧倒的に白人が多いメイン州選出の議員だったのだ。このことからも戦間期のアメリカに人種的偏見が蔓延していたことがわかる。ハーシーは神が北欧系の人間を好まれると確信していたようだが、それはヨーロッパ系の人々が世界を足元に跪《ひざまず》かせ、その状態が続くと考えられていた時代ならではの民族的傲慢《ごうまん》を露呈していた。

移民・人種問題と闘ってきたアメリカ

アメリカは長く移民問題および人種問題と格闘してきた。常により多くの人を、より大きな発展をと望む一方で、誰がアメリカ人にふさわしいのかをめぐる争いが絶えない。またアメリカには常に、人を出自にかかわらず受け入れようとするリベラルな人々がいる一方で、民族的、国家主義的なものの見方をする人々もいて、両者の衝突がずっと続いている[3]。

19世紀のアメリカは膨張の衝動に突き動かされていた。何もない空間を人、町、鉄道、工場、農場で埋め尽くさなければならないという衝動である。この使命感は「明白な天命《マニフェスト・デスティニー》」と呼ばれることになるのだが、要するに、アメリカ人は東海岸から西海岸まで広がる大国を築くべく運命づけられているという考えのことである。それは救世主的で、観念的で、かつ実際的な欲求だった。多くのアメリカ人は、自分たちは荒野の隅々まで行けと神に命じられたのだと考えていたが、そこには強い経済的欲求もあった。しかしアメリカを人で満たすには膨大な人数が必要になる。当時のアメリカ人は子だくさんで、大家族が多く、生存率も比較的高かったが、急増する人口をもってしても、マニフェスト・デスティニーが求めるほどの緊急性をもって大陸を満たすには足りなかった。そこでアメリカは、ヨーロッパの最果ての地から貧しい下層階級の人々を受け入れる――いやむしろ歓迎する――ことにした。自由の女神が建てられたのもこの時期で、移民受け入れのシンボルとなった。

第一次世界大戦前の数十年間にエリス島〔当時の移民はニューヨーク湾にあるこの島から入国した〕に到着した人々は、それ以前のイングランド、スコットランド、ウェールズ、アイルランド、オランダ、ドイツからの移民とは違っていた。19世紀末には、ヨーロッパ大陸内の交通はもとより大西洋航路も発達し、シチリアやポーランドといったところからアメリカへ渡るのも、それまでのようにはるか彼方への旅ではなく、ある程度現実的なものになっていた。20世紀に入るとヨーロッパ内陸部〔ロシアやポーランド〕からもますます多くの人々がアメリカを目指すようになり、移民のプロセスに弾みがついた〔従来のイギリス、ドイツからの旧移民に対して、このころ急増したイタリア、ロシア、ポーランドなどからの移民は新移民と呼ばれた〕。第2章でもアフリカからヨーロッパへの移民の例で説明したが、誰か1人でも親族が先に入植すれば、それに続く人々は入植しやすくなる。

アメリカは領土拡大と国の発展が第一だったので、入国管理の整備は後回しになった。1920年代以前のアメリカの移民政策が自由放任だったというわけではない。1848年にカリフォルニアと西部のかなりの部分がメキシコから割譲されたとき、アメリカはそこに住んでいたメキシコ人を自国にふさわしい市民と認めなかった。新たに獲得した領土はとりあえず管理下に置くだけで、白人が多数を占めるようになるまでは合衆国の州として認めなかったのだ。カリフォルニアはメキシコ人がかなり多かったが、魅力的な土地だったので次々とアメリカ人が入ってきて、たちまち白人が過半数を占めることになり、1850年に合衆国の州に昇格した。一方ニューメキシコはもっとメキシコ人が多かったうえに、白人入植者にとってそれほど魅力的な土地ではなかったため、州になったのはようやく1912年のことだった[4]。

アメリカ人の民族感情は、領土をいつ州にするかだけではなく、どこを領土にするかにも影響を与えた。1898年の米西(アメリカ・スペイン)戦争のあとでマッキンリー政権がフィリピン併合を提案したとき、サウスカロライナ州選出の上院議員ベンジャミン・ティルマンは、「あなたが併合してこの政府の一部にしようとしているのは、1000万人の有色人種が住む島々で、その半分かそれ以上は最低レベルの未開人じゃありませんか」と抗議した。彼によれば、フィリピン併合が意味するのは、「あの汚れた血が、あの劣った無知な人々が、合衆国国民と入り交じることだったのだ[5]。

アメリカが西部を獲得してから数十年のあいだ、カリフォルニアの景気、とくに金鉱に引き寄せられて、ヨーロッパのみならずアジアからも多くの移民が入ってきた。これが白人の強い反発を生み、早くも1852年には中国人に入植を思いとどまらせる目的で、カリフォルニアの中国人に税金が課せられた。19世紀末には、彼らの滞在を制限するためにいくつもの法律が制定され、それを機に暴力が振るわれることも少なくなかった。外国人労働者が無制限に入ってくれば仕事の奪い合いになるうえに賃金も下がるので、労働組合はだいたいにおいて移民規制を支持したが、同じ理由により経営者側は移民受け入れを支持する傾向が強かった。

アメリカの一部となってから、カリフォルニアにはヨーロッパ系アメリカ人が流入して一気に人口が増えた。20世紀に入ったとき150万人弱だったカリフォルニア州の人口は、20世紀末には3000万人をだいぶ超えていた[6]。この地にやってきた人々は実り豊かな農地にひかれたのだが、それは同時に、東の州で貧困に苦しみ、さらに西へ移動せざるをえなかったからでもあった。つまり引きと押しの両方の力がはたらいていたわけで、その状態は1930年代でもまだ続いていた。ジョン・スタインベックの1939年の小説『怒りの葡萄』では、ダストボウル〔1930年代にアメリカ中西部を襲った砂嵐〕で農地が耕作不能となった不運なジョード一家が、故郷オクラホマを出て、まだ約束の地と見なされていた太平洋岸を目指す。この時期にオクラホマからカリフォルニアなどの西の諸州を目指した人々は数十万人に上ると言われている。

20世紀末になると、ヒスパニック移民の増加により、カリフォルニアには東ではなく南から人がやってくるようになった。今ではヒスパニックではない「ヨーロッパ系」の人口は少数派で、学校でも割合がどんどん小さくなってきている。カリフォルニア州の学校人口に占める白人の割合を見ると、2世代前には圧倒的多数だったが、1世代前には40パーセント強となり、現在では22パーセントまで下がっている。

西が北になる

19世紀なかばの米墨《べいぼく》（アメリカ・メキシコ）戦争後の土地の獲得は、アメリカにとっては西部開拓の絶好の機会となった。建国者たちがニューイングランドやバージニアに入植して以来、アメリカは西へ西へと進んできたが、これで一気に太平洋岸まで進むことになった。しかしメキシコから見れば、アメリカ南西部は西ではなくて北であり、自分たちが失った広大な領土でもある。

前項で触れたように、ここ数十年でアメリカ南西部の人口動態は驚くほど変わっている。前述の学校人口の変化は、未来の総人口の変化の先取りと考えることもできる。1970年には、カリフォルニア州の人口の75パーセント以上が白人で、12パーセントがヒスパニックだった。だが2018年には、ヒスパニックが38パーセントまで増えていて、逆に白人は37パーセントまで減っていた[7]。近年、メキシコ人に関しては、アメリカに入ってくる人より出ていく人のほうが多くなっているが、代わりにホンジュラス、グアテマラ、エルサルバドルからの移民が増加している。未来のカリフォルニアの人口について知りたければ、学校を見ればいい。現在カリフォルニア州の学校には、白人の生徒の2倍以上のヒスパニックの生徒がいる[8]。

これらはすべて、前章までに明らかにしてきた人口動態の変化の結果である。先進国で低出生率が長く続いていることと、グローバルサウス〔南半球に多い発展途上国・新興国の総称〕で出生率が高いまま子供の生存率が上がってきていることが重なって、このような変化が起きている。現在のメキシコの出生率はアメリカをそれほど上回ってはいないが、1970年代には3倍だった。

大規模な人口移動が起こるとき、その条件を創出するのは人口動態だが、きっかけを提供するのは経済である。ダイナミックなアメリカ経済は、第一次世界大戦前と同様に、この40～50年のあいだヨーロッパからの安価な労働力を必要としていた。だが今ではヨーロッパ側の状況が変わっている。ヨーロッパは経済的に豊かで、人口的には豊かではない。つまりヨーロッパの人口にはアメリカに移住するほどの余裕がなく、経済的な動機もない。東欧にはそれほど豊かではない人々がいるが、彼らにとってはアメリカに行くより西欧諸国に移住するほうが現実的である。

アメリカはもはや、1世紀前のようにヨーロッパの余剰人口が流れ込む先ではなくなっている。代わって、今アメリカに流入している安価な労働力はリオ・グランデ川の南からやってくる。20世紀の最初の10年間、ニューヨークのロウワー・イースト・サイドの労働搾取工場にはロシアやイタリア、あるいはオーストリア・ハンガリー帝国内の片田舎からやってきた人々があふれていた。だが20世紀末には、カリフォルニアの富裕層の庭やプールを、メキシコや中央アメリカからやってきた人々が手入れするようになっていた。

貧しく、最近まで出生率が高かったヒスパニックの人々は、移住に関してかつてのヨーロッパ人と同じような行動を見せていて、その流れがアメリカの人口構成に影響を及ぼしている。人口構成が急速に変わりつつあるのはカリフォルニア州だけではなく、テキサス州も同じことで、2019年にはすでに白人とヒスパニックの人口にほとんど差がなくなっていた[9]。テキサスでも1980年代までは白人が3分の2を占めていたが、現在はぎりぎり40パーセントで、20年後には3分の1以下になると予測されている[10]。アメリカ全体でも、ヒスパニックの人口はすでにアフリカ系の人口を大きく上回っている。2020年の国勢調査では、白人と自認するアメリカ人は総人口の60パーセントを切っていた。そして2060年には、白人人口は全体の半分を切り、ヒスパニック人口はアフリカ系人口の2倍以上にまで膨らむと予測されている[11]。

こうした予測を見ると人種問題は単純明快なように思えるが、実際には微妙で複雑である。人種に関するデータは人々の自己認識にかかっているので、主観的で変化しやすい。アメリカの上流階級がアイルランド系カトリック教徒の北東部の都市への流入を懸念していたころには、「白人」というカテゴリーに大した意味はなかった。

カテゴリー分類がどうであれ、アメリカの民族構成の変化が速いことは明らかで、今後もそれが続くだろう。ヨーロッパ人がやってきて先住民の大部分を滅ぼして以来、白人の人口的優位は何世紀も揺るがなかった。ただしその「白人」の内訳は、イタリア人、ポーランド人、ユダヤ人の大量移民がWASP（白人のアングロサクソン系プロテスタント）の人口的――ついで文化的――優

アメリカの人口の民族構成
(1965、2015、2065年)

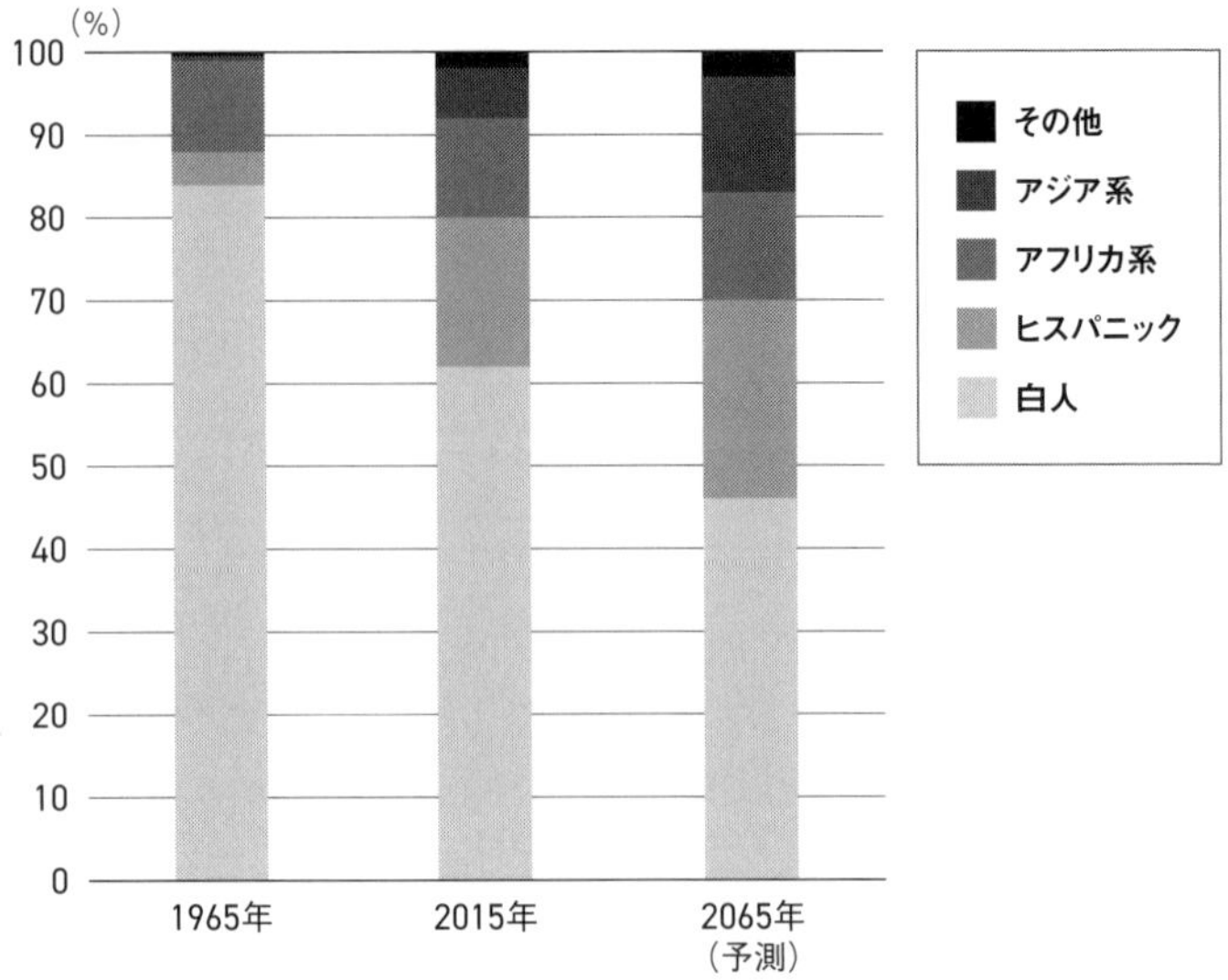

出典:ピュー研究所(注:1965年の「アジア系」と「その他」はいずれも1%未満である)

過去においては、ヨーロッパ系の人々が遠い大陸に渡り、その地の人口構成を変えてきた。現在は逆のことが起こっていて、ヨーロッパや北米の豊かな国々がアフリカ、アジア、中南米からの移民を受け入れている。

アメリカには第一次世界大戦前にヨーロッパから大量の移民がやってきて、その後は厳しい移民規制が導入されたため、1960年代に移民政策が見直された時点では白人が圧倒的に多かった。その後は中南米からの移民が急増している。白人の割合は1965-2065年までの1世紀でほぼ半減し、白人がマイノリティになると予測されている。

位に対抗するかたちで変化してきた。フィリップ・ロス〔ユダヤ系の小説家〕からマドンナ〔父はイタリア系、母はフランス系の歌手〕まで、20世紀なかばから後半にかけてアメリカ文化および文学の象徴となった人々の多くは、同じヨーロッパでもイギリスより遠くの大陸からやってきた人々の子孫だった。

しかし、1965年の移民法の改正によって1924年の移民規制法が撤廃されてからのアメリカは、ヨーロッパ系の民族集団のみならず、もっと広く世界各地の民族集団からなる人種のるつぼとなり、アジア系、アフリカ系、そしてヒスパニックのコミュニティが増えつつある。明日のアメリカ人は、文化的にも、民族的にも、宗教的にも、昨日のアメリカ人とはまったく異なる人々になるだろう。

多くの人々にとって、アメリカへの移住は大きなチャンスとなった。だがその旅は楽なものではないし、いまだに後を絶たない不法入国者にとってはまさに命がけである。2019年のある月だけで、14万4000人が無理やり国境を越えようとして拘束された。リオ・グランデ川で溺《おぼ》れかかったところを救助された人は何百人もいるが、運悪くそのまま流された人も大勢いる[12]。2019年6月には、溺死《できし》した父親と幼い娘の衝撃的な写真がトップニュースで公開された。オスカル・ラミレスは家族とともに中米のエルサルバドルを脱出し、アメリカでの難民申請を希望していた。彼は娘を連れて一度川を渡ってから、妻を渡らせるために戻ろうとしたところ、幼い娘がついてきてしまい、2人とも流されたのだ[13]。このような悲劇は今に始まったことではなく、1993〜97年だけでも約1600人の移民がメキシコとの国境を越えようとして命を落としたと考えられている[14]。

カリフォルニアが経験してきた変化は、いまや西欧諸国全般で起こりつつあり、これは人口転換の拡大局面が世界中に及んでいる証拠である。かつてアメリカの白人のなかには、自分たちの進出によってメキシコ人は「消えうせる」と考えていた人々がいたし、アフリカを探検したイギリス人たちは、急増するヨーロッパの人口がここに入ってきたら先住民が消滅しかねないと心配した。すでに述べたとおり、チャールズ・ダーウィンも、「文明化した諸民族」(ヨーロッパ人のこと)がいずれほかの民族をすべて滅ぼすだろうと考えていた[15]。そのような考えが思い上がりだったことは、今日のカリフォルニアの学校人口のデータを見れば明らかだ。

グローバルサウスで人口が増加していて、先進国では減少しているという人口動態の変化が、カリフォルニアで見られるような変化を生んでいる。南で急増しつつある人口は、やがて北の好景気に引き寄せられる。一般的に人は困窮しているときにはその場所にとどまる傾向があるが、若干の余裕が出てくると移住を考えるようになる。しかもいまや、携帯電話さえあれば先進国の物質的繁栄について知りうるわけで、そうなれば魅力を覚えるのは当然だ。このように人口動態と経済が組み合わさることによって、ある地域に移民が流入し、その地域の人口構成を変えていく。この現象は今アメリカ全土で見られるが、少し前までアメリカに移民を送り出していた側のヨーロッパでも同じことが起こりつつある。

変貌するヨーロッパ

2015年9月、トルコの海岸に遺体となって打ち上げられた幼い男の子の写真が公開され、ヨーロッパ中の人々が衝撃を受けた。その4年後のリオ・グランデ川でのオスカル・ラミレスと娘の溺死もそうだが、このときもひとつの悲劇がより大規模な人類の悲劇の象徴となった。アラン・クルディは、イスラム過激派とクルド人勢力の戦闘で荒廃したシリア北部の町、コバニの出身だった。クルディ一家は身を守るためにトルコへ脱出し、そこからギリシャへ向かおうとしたが、トルコの海岸を離れたところで早くも旅は終わってしまった。一家が乗った小舟は9月2日にトルコのボドルム沖で転覆し、5人の女性と子供を含む12人が溺れ死んだ[16]。ラミレスと娘のように、3歳のアランも、先進国へ逃れる途中で命を落とした何千という人々を代表する象徴的存在となった。ヨーロッパ諸国もアメリカ同様、移民流入と自国の民族構成の変化を制御しながら、必要に応じて安全な避難場所を提供するという、悩ましい課題に直面している。

移民・難民に対する門戸開放政策は、たとえ政治的に可能であったとしても、実際上は難題を伴う。意欲的な、あるいは捨て身の人々を危険な旅へと駆り立てることにつながり、結果的により多くの死を招くからだ。ときおりNGOが溺れる女性や子供たちを助けにきてくれと訴え、ヨーロッパ諸国の当局を動かそうとするが、そのような訴えは多くの場合無視されている。２０２１年8月にもカナリア諸島を目指していた数十人の移住希望者がアフリカ沿岸沖で溺死したが、このような出来事があまりにも多いので、小さな記事で報じられただけだった[17]。それに、たとえこうした悲劇が大々的に報じられたとしても、移民の流れが止まることはない。彼らにしてみれば、母国の暗澹《あんたん》たる状況と、ヨーロッパに行けば得られるはずの機会とがあまりにもかけ離れているので、危険を冒してでも行くしかないのだから。

２０１５年には、前年の2倍以上の１３０万人を超える難民・移民がヨーロッパ諸国に殺到した[18]。大半は、クルディ一家のように２０１１年から続くシリア内戦を逃れてやってきたシリア人で、ほかはアフガニスタンなどの長期化する混乱状態を逃れてきた人々や、ヨーロッパで経済的機会を得ようとする人々だった。その後は国境管理が強化されたこともあって、難民・移民の流入は減少している。だがヨーロッパの豊かさが、アフリカや中東の膨大な数の若い人々を引き寄せる磁石になっていることは変わらない。最近タリバンがアフガニスタンを制圧したことで〔２０２１年8月〕、また新たな難民の波がヨーロッパに押し寄せるものと考えられる。２０２１年の夏から秋にかけて、イギリスの海岸には大量の難民と亡命希望者がやってきて、再び大きく報じられた。そのときも、いったん逃れた安全な国から自分たちが望む国へと移動するために命を賭けた人が多く、実際に命を落とした人も少なくなかった。

西欧諸国の場合、主としてふたつの地域からの人口流入によって民族構成が変わりつつある。第一の流れは、以前から続いているアフリカ、アジア、そしてカリブ諸国（イギリスの場合）からの移住である。第二の流れは、比較的最近見られるようになった旧共産圏の国々からの移住である。第二の流れのほうは主としてＥＵに加盟した国々からの流入で、この人々は自由に入ってこられる。２０１８年には、イギリスの居住者の約6パーセントがＥＵ域内からの移住者だった。決して小さくない数字だが、ヨーロッパ以外からの移住者はもっと多く、9パーセントだった[19]〔この移住は２０２２年2月のウクライナ侵攻以前のもの。その後ウクライナからＥＵ諸国に逃れた難民は、２０２３年1月時点で８００万人に上ると言われる〕。

このふたつの流れによって、大都市を中心に、西欧諸国の人口構成に顕著な変化が生じている。ロンドン市民は、わたしが生まれた１９６０年代なかばには、何世代も前からイギリス諸島に住んでいるというイギリス人が圧倒的に多かった。わたしのように両親が移民というのはロンドンでも珍しいほうだった。その数十年前だったら、ウィンドラッシュ世代〔２０世紀なかばに西インド諸島からイギリスにやってきた移民とその子供たち。第一陣が乗ってきた船の名前からこう呼ばれている〕も初期の南アジアからの大量移民もまだやってきていなかったので、もっと珍しかっただろう。

だが２０１１年には、ロンドン市民の3分の1以上が外国生まれになっていた。２０１７年には、イギリス全体の新生児の30パーセント近くが外国生まれの母親から生まれていて、ロンドンでは60パーセント近くがそうだった。わたしが生まれ育ったブレント区などは、4分の3以上がそうだった[20]。パリ、ブリュッセル、ベルリンの数字も似たようなものである。ブレント区は1960年代には圧倒的に白人が多かったが、2001年には白人が半分以下になっていて、2011年には3分の1でしかなかった[21]。

このような変化が起こると、医療をはじめとする公的サービスに運営上の問題が生じうる。たとえばベルリン医科大学のシャリテ病院では、ここで出産する女性の多くがドイツ以外の国から来ているので、コミュニケーションの問題に直面している。産科部長は、「今年は通訳を雇うのに数十万ユーロもかかりました」と頭を抱えていた。「外国出身の女性患者が普通に来院しますから。シリアの女性だけではなく、イラク、イラン、アフガニスタン、アフリカ諸国の女性もいます。そこで急遽《きゆうきよ》通訳を手配することになります。こうした費用をどうやって賄《まかな》うかという問題は未解決のままです」[22]。学校や裁判所でも同じような問題が生じている。多言語社会の問題は、かつてオーストリア・ハンガリー帝国やソビエト連邦の軍隊を悩ませたが、現代の福祉国家もこの問題に取り組まなければならなくなっている。

昔は大陸を越える人口移動は例外的なものだった。距離がありすぎ、費用がかかりすぎ、しかも移動手段が未発達だった。だが19世紀には、ヨーロッパ人が大陸内の人口増加に押され、大陸外の世界でのチャンスにひかれ、また新しい移動手段に助けられて、ヨーロッパ大陸から流れ出ていった。そして今、ヨーロッパ大陸内の人口が縮小するにつれて、大陸間の人口移動が一気に逆流しつつある。いまやヨーロッパは人口を吐《は》き出すのではなく、吸い込んでいる。

　わたしたちが少し前から目にしてきた変化は、おそらくその逆流の始まりにすぎない。アフリカの人口は今後急増すると考えられ、ヨーロッパへの移住希望者も増える一方だろう。たとえばエジプトの人口は、１９５０年にはドイツの人口の3分の1にもならなかったが、今では1億人を超え、ドイツを上回っている。エジプトは諸外国からの財政支援や資金援助に大きく依存しているので、それが途絶えるようなことがあれば、これまでとは比べものにならないほど大きな人の波がヨーロッパに押し寄せるかもしれない。すべては各国の移民政策次第だが、ある専門家によれば、イギリスで白人のイギリス人が総人口に占める割合は、１９９０年代前半には90パーセント以上だったが、今世紀なかばには60パーセント程度まで下がるという[23]。

　英仏海峡を渡った先のフランスも同じような状況にある。フランスには宗教に関する公式の国勢調査データがないが、それ以外の調査結果から、すでに人口の約9パーセントをイスラム教徒が占めるようになっていると考えられる。もともとの居住者が改宗した例は少なく[24]、大多数は北アフリカからの移民とその子孫である。かつて大英帝国に支配されていた地域の出身者がイギリスを目指すように、フランスの言語と文化に慣れ親しんできたモロッコ、アルジェリア、チュニジアの人々はフランスを目指す。そしてこれらの国は出生率が高く、経済が低迷している。

60年ほど前のフランスには北アフリカ出身者はあまりいなかったが、フランス統治下のアルジェリアのほうにはヨーロッパ系の入植者が１００万人以上いて〔フランス領アルジェリアでフランス市民権が与えられた〕、彼らの多くはアルジェリア独立戦争の際に戦禍を逃れてそれぞれの母国に戻った（フランスでは黒い足《ピエ・ノワール》と呼ばれて差別された）。この時点でアルジェリアではすでに人口増加が数十年続いていて、それが両国の人口バランスを変え、フランス領アルジェリアの運命を決定づけ、その後の北アフリカからフランスへの人口流入の道筋をつけたのだった。フランス大統領だったシャルル・ド・ゴールはこの流れを喜びはしなかっただろう。彼はフランス国内に非ヨーロッパ系の人々がいてもかまわないが、「ごく少数にとどまることが条件」だと述べていたし、コロンベ＝レ＝ドゥー＝ゼグリーズ村〔大統領辞任後に暮らした山村〕が「コロンベ＝レ＝ドゥー＝モスケ」になるようなことがあってはならない〔教会〔エグリーズ〕ではなくモスク〔モスケ〕になってしまうの意味〕と言ったこともある[25]。

前々段落で触れたフランスの宗教と人口構成に関する調査によれば、フランスの人口に占めるイスラム教徒の割合は２０５０年には13パーセントになると予測されている。またフランスに限らずヨーロッパ全体で、イスラム教徒以外のアフリカ人も増えることになるだろう。すでにパリ、ロンドン、ロッテルダム、フランクフルト、ブリュッセル、マルセイユには、ヨーロッパの外から移住してきた人々やその子孫がかなりの人数居住している。明日のヨーロッパ人は、明日のアメリカ人と同じように、まったく違う人々になっているだろう。

何が民族的変化を起こすのか

ある地域の民族構成の急激な変化は、出生率の差か人口移動によって引き起こされる。また死亡率の差も民族バランスを変えることがある。死亡率に差が生じるのは、たとえば大量虐殺でも起こりうるが、移民人口が移住先の人口より若い場合にも死亡率に差が出る。出生数が飛び抜けて多いかどうかとはかかわりなく、移民集団が若ければ、その年齢構成ゆえに死亡数がかなり低くなるからだ。一方、20世紀なかば以降にコソボやボスニアにおけるセルビア人の割合が低下したのは、ひとつにはセルビア人がこれらの地域から出ていったからで、もうひとつにはコソボ人とボスニア人のほうがセルビア人よりも出生率が高かったからである。

アメリカの場合、1970年代前半以降の民族構成の大きな変化は、出生率の差によるものというより移民の結果である。たしかにメキシコ人の出生率はアメリカ人よりもはるかに高く、だからこそアメリカに移住する人々が多くいたわけだが、その高い出生率は長くは続かなかった。移民集団が自分たちより出生率の低い地域に移住した場合、出生率は急速に下がってその地域と同レベルになる傾向がある。第4章で述べたように、アメリカにおけるヒスパニックの人々の出生率は急速に白人の出生率に近づいている。実際、最近のアメリカの出生率低下は、ヒスパニックの出生率低下がおもな要因である。

このように出生率が収斂していく理由は、端的に言えば、若い世代が移住先の生活様式を身につけていくからだ。またメキシコの場合は母国でも出生率が下がってきている。メキシコやその他の中米諸国の出生率が急落しているときに、それらの国から危険を冒してアメリカに移住した人々が同じような近代化の力を受けないとしたら、むしろそのほうが驚きである。

彼らの母親や祖母の世代の女性たちは、若い世代に妊娠・出産を促すのではなく、むしろその逆を勧めているようだ。メキシコからアメリカに移住した両親を持つヨセリン・ウェンセスは、「わたしたちのように結婚が早すぎてはだめ、子供を持つのが早すぎてはだめ、10代の母親になっちゃだめよ。わたしたちが犠牲を払ってきたのは、あなたが教育を受けて仕事を持てるようにするためなんだから」と言われて育ったそうだ。そしてサウスカロライナ州で学生になった彼女は、ニューヨーク・タイムズ紙の取材に対し、30代なかばまで子供を産むつもりはないと答えている[26]。ヒスパニックの人々の出生率が全体的に低下していることを考えると、ヨセリンだけではなくほかの若い女性たちも同じようなアドバイスを受けて育ち、それに従っているのだろう。

わたしの娘たちはロンドンの女子校に通ったが、そこは生徒のほとんどが移民――おもに南アジアからの移民――かその娘たちだった。彼女たちの希望も早く結婚することやたくさんの子供を持つことではなく大学進学であり、キャリアを積むことだった。こうした考え方はイギリスの社会規範にのっとっているだけではなく、すでに見てきたような南アジアの最新の動向にも沿っている。だとすれば、今後なお北米や西欧の民族構成の変化が続くとしても、それを移民やその子供たちの出生率の高さによって説明することはできなくなるだろう。

データもこの事例を裏づけている。それどころかインド系イギリス人の出生率は、1980年代後半以降イギリスの白人の出生率を下回っているほどで、これも前述のような背景を考えれば驚くにはあたらない。バングラデシュやパキスタン出身の人々も、以前は出生率が高かったが、1990年代には白人との差が著しく縮まった[27]。南アジア系イギリス人のコミュニティの多くは比較的若いので、全国平均よりも出生数が多く、死亡数が少ない。したがって、もしこれ以上移民が入ってこないとしても、人口慣性によってしばらくのあいだは増えつづける。逆に言えば、もしこれ以上移民が入ってこないとしたら、人口慣性の効果も民族構成をそれほど大きく変えることなく終わることになるだろう。

アメリカで、都市から遠く離れた農村地帯の出生率が都市より高いことはすでに述べたとおりである。一時は、移民のなかに、アメリカの農地に魅力を感じてやってくる人々がいた時代もあった。たとえばスカンジナビアの農村からアメリカへ移住した人々がそうだった。だがその後は、先進国に移住する人々の大多数が都市に定住するようになり、そうなってからすでに久しい。そして、都会から来ようが田舎から来ようが、人は都会で暮らすようになると必ず都会人として

イギリス在住の外国生まれの人口
(2004、2011、2018年)

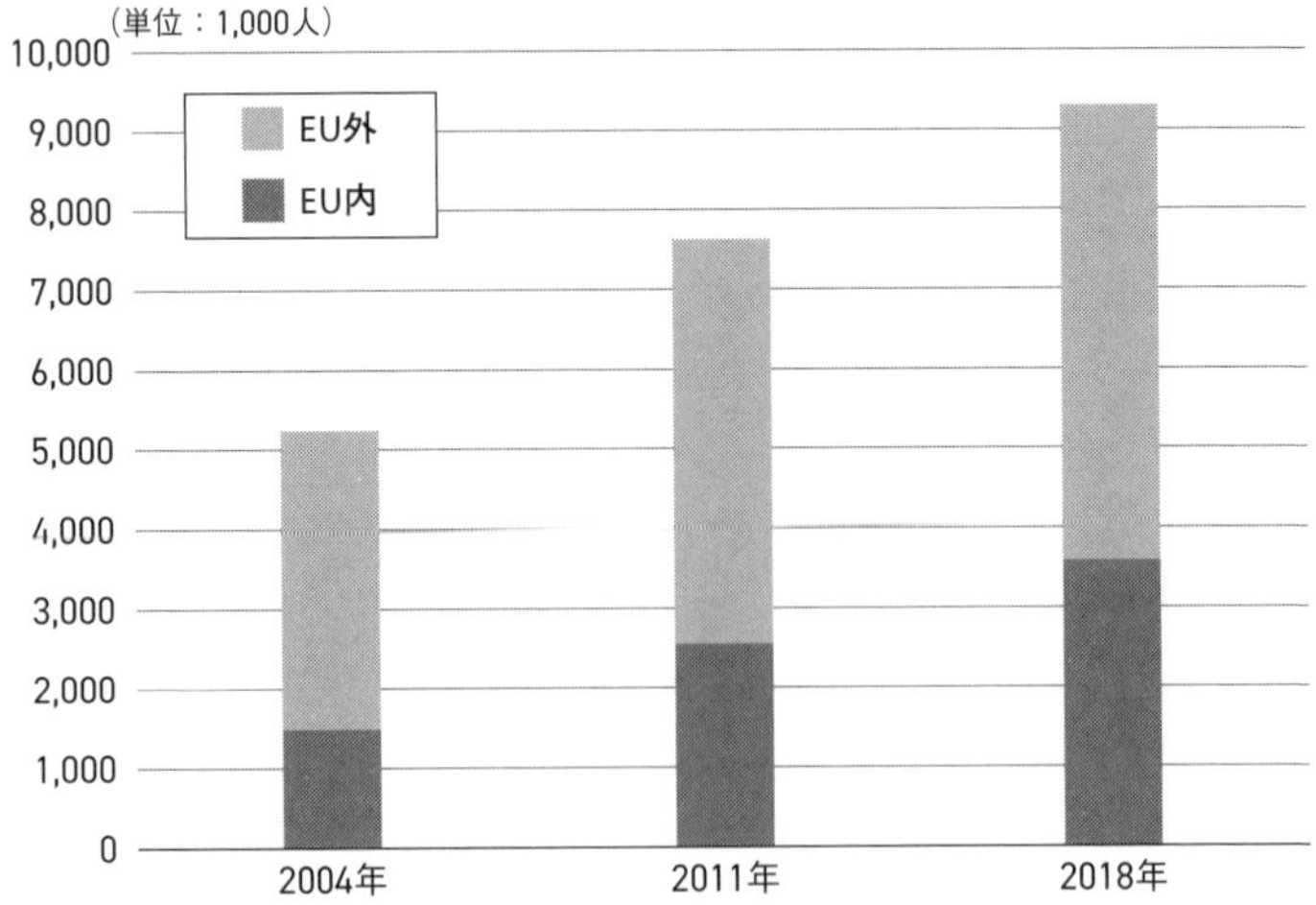

出典:移民観測所(オックスフォード大学)

労働需要の増加と低出生率の長期的持続を背景に、イギリスはEU内からもEU外からも移民を引き寄せてきた。イギリス在住の外国生まれの人口は、2004−18年までのあいだに倍近くになった。

振る舞うようになる。だとすれば、ヨーロッパや北米のなかの、もともとの人口の多くが農村地帯にいたような地域では、その人々の出生率よりも、あとから都市部に入ってきた移民コミュニティの出生率のほうが低くなると想定してもいいのではないだろうか。アメリカではすでにこの想定どおりの状況になっていて、移民マイノリティの出生率に比べて白人の出生率が著しく低いとは言えなくなっている。たとえばユタ州の農村地帯で暮らす末日聖徒イエス・キリスト教会の会員（モルモン教徒）は、ニューヨーク市のヒスパニックよりも多くの子供を産んでいる。とはいえ、先進国の農村部と都市部の出生率の差は一般的にわずかであり、この差が民族構成の大きな変化につながるとは思えない。

自由意志が人口動態を変える

人口統計学の歴史から学べることがあるとすれば、それは完全に不可避の事象などないということである。人口統計学上の現象は、起こる前にはまずありえないと思われていたのに、実際に起こってからは当然の結果だと見なされることが多い。民族構成の変化についても同じことが言える。つまり北米やヨーロッパの未来はまだ決まったわけでも何でもない。さまざまな力が結果を左右しうるし、個人や政治家の選択が条件を変えていくだろう。人口統計学を支配しているのは決定論ではなく自由意志である。ただし1人の自由意志ではなく、何百万人もの自由意志だ。

今は経済と人口動態（出生率や年齢構成）の差によって移民の増加に拍車がかかっているが、いずれ経済も人口動態もあるところに収斂していくとすれば、移民の増加傾向にも歯止めがかかるだろう。たとえば東欧は豊かになりつつあり、人口の年齢が上がりつつある。移民の年齢層でもっとも多いのは20代前半だが、20代前半のポーランド人は２００５〜45年でほぼ半減すると予測され、移民予備軍が減ることになる。「ポーランド人の配管工」〔東欧から入ってきた移民労働者のこと。イギリスのみならず広く欧州全体で使われている言葉〕がイギリスのどこにでもいる時代は終わろうとしている。労働市場に参入する若者が減少する一方で、ポーランド（または東欧）からの移民労働者に頼ることもできなくなってくる。

20世紀初頭のアメリカでは、労働力はヨーロッパから無尽蔵に入ってくると思われていたが、実際にはそうではなかった。今、北米やヨーロッパに大量に流入している移民も、今後母国が人口減少や経済成長を経験すればその流れは止まりうるわけで、同じパターンが繰り返されることになるだろう。

また長期的な力とは別に、短期的な力もはたらいていて、すでに移民の流れが弱められている部分もある。人はだいたいにおいて、他国からの移民や自国内の民族構成の変化に拒否反応を示すもので、もともとの住民はもちろん、比較的最近移住してきた人々でさえそのような反応を示す。２０１９年の調査では、イギリス人の約44パーセントが移民を今より減らすべきだと考えていた[28]。その数年前の、欧州難民危機のころの２０１５年の調査では、イギリス人の４分の３以上が移民に否定的だった[29]。

国民がこうした否定的な態度を見せていても、移民推進という政治的合意が揺らぐことなく何年も過ぎることもある。だが２０１５年のイギリスの場合はそうはいかず、労働党でさえさらなる移民規制の必要性を訴え、厳しい規制を実施してこなかった保守党政権を批判する事態となった[30]。翌年の国民投票でＥＵ離脱が支持されたのも、おおかた移民に対する否定的な姿勢が招いた結果である[31]。イギリス政府は長年、純移民数を年10万人未満に抑えることを目標としてきたが、達成できたことは一度もない[32]。２０１８年には移民の流入が流出を25万人以上上回り、移民流入数は60万人を超えた[33]。この数字は11世紀のノルマン・コンクエスト〔１０６６年、ノルマンディー公ギヨーム2世によるイングランド征服〕から20世紀の第二次世界大戦までの９世紀間にイギリスに移住した人数より多いのではないかと思われる。翌２０１９年の移民流入も同じような規模だった[34]。

大西洋の反対側では、ドナルド・トランプがメキシコ国境に壁を建設することを公約の目玉に掲げて、２０１６年の大統領選挙に勝利した。経済格差や金融システムの破綻よりも移民や人口構成の変化を心配するのが、トランプ支持者の特徴のひとつだったようだ。とはいえ、反移民感情が根強いイギリスと同じく、アメリカでも移民規制政策は保守派だけのものではない。民主党のビル・クリントンが大統領だった１９９６年にも「不法移民改正及び移民責任法」が制定され、不法移民の強制送還が以前よりも普通に行われるようになった。

アングロ圏以外でも同じことが言える。2017年のフランス大統領選挙の際の国民戦線〔現国民連合〕のスローガンは、「on est chez nous（ここはわたしたちの家だ）」だった。これはフランス国民のなかの一部の人々——この国には自分たちとは異質な文化の持ち主が多すぎて、圧倒されそうだと感じている人々——に訴えかけることを意図したものだった。移民人口が増えると、極右政党への支持率も上がると決まっている。2017年のフランス大統領選挙の第2回投票で、国民戦線のマリーヌ・ルペンは15年前の父親〔国民戦線の創始者ジャン＝マリー・ルペン〕の2倍の得票率を獲得した[35]。しかも2017年の選挙では、極左の候補者も人の自由な移動に強硬に反対していた。

2018〜19年にかけてイタリアでポピュリスト政権が成立した背景にも、同国の経済的苦境のみならず、地中海を渡ってやってくる移民に対する国民の恐怖感があった。オーストリアの極右政党が勢力を伸ばし、2017〜19年にかけて政権に参加したのも同じ状況によるものだった。ドイツでも右派のポピュリスト政党「ドイツのための選択肢（AfD）」の台頭により、アンゲラ・メルケルの中道右派政権が移民政策の厳格化を強いられたため、2015年のような大量の難民流入はその後起こっていない。

しかしこれら反移民のポピュリスト政党の台頭を、1920〜30年代のヨーロッパのファシズムとあまり緊密に関連づけないように注意するべきだ。両者の決定的な違いは、ここでもまた人口動態に反映されている。近年、極右政党が票を伸ばしているのは、年齢中央値が20代ではなく40代の社会でのことである。彼らは保守的で、急速な民族構成の変化に反発しているが、イタリアやオーストリアの右派は街に出て暴力を振るったりはしない。実際、暴力の欠如は、これらのポピュリスト運動の特徴のひとつである。ヨーロッパの民主主義が右派ポピュリズムに押されて後退することはありうるが、大戦間期のように暴力的に排除されることはないだろう。ヨーロッパの人々は、抗議のために街に繰り出したり、軍事力で国外に打って出ようとする運動を支持したりするには、年を取りすぎているようだ。

移民とそれに伴う民族構成の変化は必然などではなく、政府の選択であり、つまりは世論の反映である。国境管理はどの国にとっても難しい課題だが、克服できない問題ではない。シンガポールは豊かな島国だが、インドネシアとマレーシアに囲まれている。後者2国は経済発展を遂げているものの、シンガポールほど豊かではないので、シンガポールに移住できればもっといい暮らしができると思っている人々が数億人いることになり、人口600万人足らずのシンガポールは押し寄せる移民にのみ込まれてしまいかねない。そこでシンガポールは断固たる態度で国境を守っている。オーストラリアも不法入国者に厳しい態度で臨んでいて、海路での密航者を見つけた場合、南太平洋の島々に設けた施設に収容するなどしている。ヨーロッパ南東部の国々は、トルコからの難民流入を食い止めるためにフェンスを設置している。

発展途上国がさらに発展を続ければ、出生率が低下し、経済が成長するので、これもまた民族構成の変化を抑えることにつながる。経済発展の初期段階では、少し余裕のできた人々がもっと豊かな国々への移住を夢見るようになり、移民の流れが生じうるが、やがて国内で多くの機会が創出されれば、移住よりも国にとどまることを選ぶ人が増えるだろう。また難民が生まれる最大の原因は戦争だが、その頻度は減ってきている。さらに前述のように、移民として入ってきたマイノリティは都市部に定住し、結果的に出生率が下がる傾向にある。すると農村部の先住民のほうが出生率が高くなる可能性があり、これらはいずれも民族構成の変化にブレーキをかける方向にはたらく。ただし出生率の差はわずかにとどまると考えられ、またそもそも農村人口が総人口に占める割合は一般的に小さいので、変化を一気に逆転させるところまではいかないだろう。

民族構成の変化を抑えうる――場合によっては逆転させうる――要因としてはもうひとつ、もっと微妙なものが挙げられる。アイデンティティの変化である。これは近代後ならではの、人々の境界の曖昧さととらえることができるかもしれない。民族の境界線は絶対的なものと思われているが、実際には一般に信じられている以上に恣意的または偶然によるものだ。持って回った言い方に聞こえるかもしれないので、具体例を挙げておこう。スリランカでは民族対立が長く続いていたが、1983年に本格的な内戦に発展したことでようやく世界の注目を浴びた。このとき世界の目に映ったのは、多数派のシンハラ人と少数派のタミル人の対立という構図である。

だが少しでも注意を払えば、実際ははるかに複雑な状況だったとわかる。シンハラ人は高地に住むキャンディ人と沿岸の低地に住む人々をルーツに持つが、2つのグループは伝統が異なるので、つい最近まで国勢調査では別々にカウントされていた。一方タミル人には、島の北部に古くから住むスリランカ・タミル人も、植民地時代にプランテーション（紅茶農園）で茶摘みをするためにやってきた労働者移民の子孫のインド・タミル人も含まれていた。シンハラ人はおもに仏教徒で、タミル人はおもにヒンドゥー教徒だが、どちらにもかなりの数のキリスト教徒がいる。イスラム教徒もいて、その多くはタミル語を話すが、文化的にはタミル人ではない[36]。

このように複雑で、変化に富み、柔軟なスリランカ人のアイデンティティは、しばしば歴史的根拠のない伝説の上に成り立っている。シンハラ人は北インドから来たと広く信じられているが、シンハラ人を代表する民族学者は、ごく少数のシンハラ人が長期にわたって南インド人をこの島に引き寄せ、その人々がシンハラ人の言語と宗教を自分たちのものにしたという説を披露している。つまり、自分はシンハラ人だと考えている人々の大半は、じつは遺伝的にはタミル人と区別がつかない[37]。

スリランカが特別なわけではない。一般的にアイデンティティというものは、わたしたちが思っているほど単純なものではない。たとえばアイルランドも複雑極まりない。アイルランド人の多くは、自分たちは入植したイングランド人に虐《しいた》げられてきたという意識を持っている。しかしイングランドからアイルランドに移り住んだのは、ときにはイングランド人ではなくノルマン人だったこともあるわけで、またやってきた人々はしばしば地元の人々に同化してきた。現在のアイルランド人は、イングランドにいるアイルランド系の人々以上に、入植者の遺伝子が強い人々の子孫である可能性が高い。アルスター地方では、17世紀に主としてスコットランドから長老派の人々がこの地方の西部に入植したが、その多くは地元に同化し、カトリックに改宗した。これに対して東部にいたもともとのカトリック信者は、次々と入ってきた入植者の影響を受け、プロテスタントに改宗することが多かった。ナショナリスト〔アイルランド統一派〕の指導者にアダムズやウィルソンといった英国系の名前の人物がいて、ロイヤリスト（王党派）〔イギリス帰属派〕のテロリストにマーフィーといったアイルランド系の名前の人物がいるのも、これで説明がつく。

他方、その多くがかつてアイルランドに移住したイングランド人やスコットランド人の子孫であることが間違いないIRA（アイルランド共和国軍）が、イギリス本土で爆破事件を起こしていたころ、イギリスにはキャラハンというアイルランド系の名前の首相がいたし、ヒーリーという同じくアイルランド系の名前の財務大臣がいたが、どちらもアイルランド系とは見なされなかった。キャラハンの後継者となったマーガレット・サッチャーは、自分は「本質的にユニオニスト（統一派）」だと主張する一方で、部分的にはアイルランドの血も受け継いでいると信じていたし[38]、トニー・ブレアはカトリックに改宗したが、その祖先には北アイルランドのプロテスタントがいた。このように、アイデンティティの問題はイギリス諸島の人々のあいだでも、スリランカ同様に複雑な様相を呈している。

大西洋の反対側でも同じような現象が見られる。2016年のアメリカ大統領選挙で保守派有権者を動員するカギとなった争点のひとつが、ドナルド・トランプの「壁を建設する」という公約だったことはすでに述べたとおりだが、この公約が代弁するようにヒスパニックの人々への反感があっても、共和党のほかの大統領候補のなかにクルーズやルビオといったヒスパニックの名前を持つ人物がいることは問題にされなかった。またヒスパニックというアイデンティティは、時間と婚姻関係によって薄れていく[39]。今日では、カトリック信者を自称するヒスパニック2人に対して、プロテスタントを自称するヒスパニックが1人、どの宗教にも属していないヒスパニックが1人いる。しかも非カトリック教徒の割合が増えつつある[40]。宗教以外の面から見ても、移民後に2世、3世と世代が下るにつれてヒスパニックのアイデンティティは弱まり、異文化間の結婚がますます増えてきている[41]。

北米とヨーロッパの未来の民族構成がこれまでよりヨーロッパ的ではなくなることは間違いないとしても、遠く離れた場所からやってきた人々の多くは、新たな祖国となる欧米社会に溶け込んでいくだろう。そしてそこに取り込まれた数々のアイデンティティの性質が、アイデンティティというものが常にそうであるように、時とともに融合し、変化していくことになる。13世紀のイングランド人は、10世紀のアングロサクソン人とは違っていた。異文化間の結婚によってますます多くの人が複数の文化的・民族的背景を持つようになるので、イギリス系の血が少ししか入っていない、あるいはまったく入っていない多くの人々が、イギリスという国、あるいはその構成国のひとつと自分を重ね合わせるようになるだろうし、同じことが欧米諸国のそれぞれで起こるだろう。アメリカ合衆国は以前から、常により多くの「アメリカ人」を生み出す強力な機械だった。ヨーロッパ諸国もそうなる可能性が高い。ただしアメリカとは違って、今のところ自分たちを「移民の国」だとは思っていないので、この先どうなるかは移民人口の割合と、移民統合のスピード次第といったところである。

２０２０年代前半のロンドン、パリ、ニューヨークを見るかぎり、民族混合社会の誕生はごく自然な成り行きだと思えるが、歴史的にはそうは言いきれない。かつてイギリスやフランスが民族的に同質だった時代に、アルジェ、バグダッド、アレキサンドリアといった中東やアフリカの都市には宗教も出身国もばらばらな人々が集まっていた。ところが今日ではその正反対で、これらの都市の特徴と言えば厳格な均質化であり、民族的分離が進んでいるところさえある。多民族国家という未来への道は一方通行ではない。一方通行に見えるとしたらそれは錯覚であり、歴史・地理上のほんの一部しか見ていない証拠である。

第9章 教育の向上は国家の発展をうながす

71 バングラデシュの女性100人あたりの識字者数 [1]

前章までは、人口は何人か、子供は何人いるか、平均年齢は何歳か、死亡するのは何歳かなど、「量」の問題を取り上げてきた。すべて重要な問題だが、そろそろ「質」にも目を向けるべきだろう。というのも、わたしたちは少し前から「質的向上」という人類誕生以来もっとも驚くべき移行を経験していて、この向上の前にはどんな技術的進歩も霞《かす》んでしまいそうだからだ。質的向上がなければ、ここまでに述べてきた死亡率低下、平均寿命延長、出生率低下といった大きな量的変化も起こりえなかった[2]。

質的向上とは、端的に言えば、人間が無学から教育を受ける存在へと変わったこと、そして教育がごく一部の特権階級のものから何十億人のものへと広がってきたことである。何万年にもわたる人類史全体から見れば、この変化はほんの一瞬の出来事でしかない。1800年には、世界人口のほぼ90パーセント近くが読み書きをしていなかったと考えられるが、今日では、読み書きができる人のほうが90パーセントを占めている[3]。

バングラデシュの奇跡

1947年のインド独立前夜に、インドのイスラム教指導者たちは、インドとは別にイスラム国家を分離独立させることを求めた。その結果彼らが得たのは、東西に1600キロ離れたふたつの領土からなる国だった。ふたつの領土、東西パキスタンは地理的に離れているだけではなく文化的にも異なっていたが、それでも数十年間はひとつの国として存在していた。だがやがて東パキスタンのベンガル人が、西パキスタンのパンジャブ人による支配に耐えられなくなって反乱を起こし、これに対して西パキスタンは大量虐殺としか言いようがない方法で応じた。300万人ものベンガル人が殺害され[4]、なかでも少数派のヒンドゥー教徒は西パキスタン軍の格好の標的とされた。隣国のインドには大量の難民が流入し、これを受けてインドのインディラ・ガンディー首相が東の反乱軍側を支持して軍事介入した。その結果、1971年3月に東パキスタンは西パキスタンから分離独立して、バングラデシュが誕生し、西パキスタンはパキスタンと改名した。

バングラデシュは前途多難なスタートを切ることになった。平坦で、豊かな沖積土《ちゅうせきど》で知られるガンジス・デルタは耕作に適しているが、その前の25年間で人口が約80パーセント増加していたため、生産力の限界に近づきつつあった。経済的にはきわめて貧しく、大多数の国民が最低限の生活を強いられていた。１９８０年代にはエチオピアが世界の貧困を啓発するポスター・チャイルドの役を果たしたが、１９７０年代にその役割を担っていたのは一連のサイクロンと洪水に見舞われたバングラデシュだった。国土の大半が低地で洪水が発生しやすいうえに、人口増加で居住限界地域にまで人が押しやられていて、災害に対してきわめて脆弱《ぜいじゃく》だった。国際社会からの大規模な災害緊急支援を受けたバングラデシュは、典型的な「バスケット・ケース」〔無力な人々の意味から転じて、希望の持てない国〕と見なされた。この言葉を最初に使ったのは、当時のアメリカの国家安全保障担当補佐官ヘンリー・キッシンジャーだと言われている[5]。

　バングラデシュは今でも貧しい国であり、多くの国民が苦しい生活を送っている。だが人口統計データを見ると、この国が現在とはまったく異なる未来に向かって歩みつつあることがはっきりわかる。独立を手にした１９７０年代初頭と現在を比べると、バングラデシュの平均寿命は40代なかばから70代前半へと大きく延びていて、乳児死亡率も当時のおよそ６分の１まで下がっている。出生率も女性１人あたり７人近くだったところから２人まで下がり、人口の安定が見えてきた。こうした変化のすべてを支えているのが識字率向上という革命である。すでに述べてきたように、人は教育を受けると――それが初等教育にすぎないとしても――自分と子供の健康をよりよく管理できるようになるし、長寿になるし、小家族がいいと思うようになる。バングラデシュの人々は自分の運命を自分の手で切り拓くようになりつつあるが、それは自分で学ぶことができるようになったからだ。

バングラデシュでは現在ほぼ4人に3人が読み書きができる。男女別に見ると男性のほうが識字率が高いが、24歳以下に絞ると、識字率は90パーセントをはるかに超えていて、しかも女性のほうが高い。バングラデシュの識字率が、カナダや日本のようにほぼ100パーセントになる日は近い。教育は万能薬ではないが、教育なくして社会の発展は望めない。そして教育の第一歩は識字率の向上である。

あらゆるデータについて言えることだが、バングラデシュの識字率の変化も、歴史的背景とともに理解する必要がある。バングラデシュが独立した時点では、読み書きができるのは4人に1人程度だった[6]。しかも女性はわずか6人に1人で、男性の半分以下だった。2010年代には識字率の男女差はほぼ解消され(2019年時点で男性77パーセント、女性71パーセント)、若い世代の識字率は100パーセントに近づきつつある[7]。

読み書きは初等教育で身につくとして、次に課題となるのは、より多くの子供をどうやって中等教育に進ませるか、また経済的・社会的な圧力が子供たちを学校から引き離そうとするときに、どうやって彼らを学校に引き留められるかである。困難な状況にもかかわらず、南アジアの国々では中等以上の教育の進展が著しい。南アジア全体では、2014年までの20年間に、高等教育

バングラデシュの男女別の識字率
(1981–2019年)

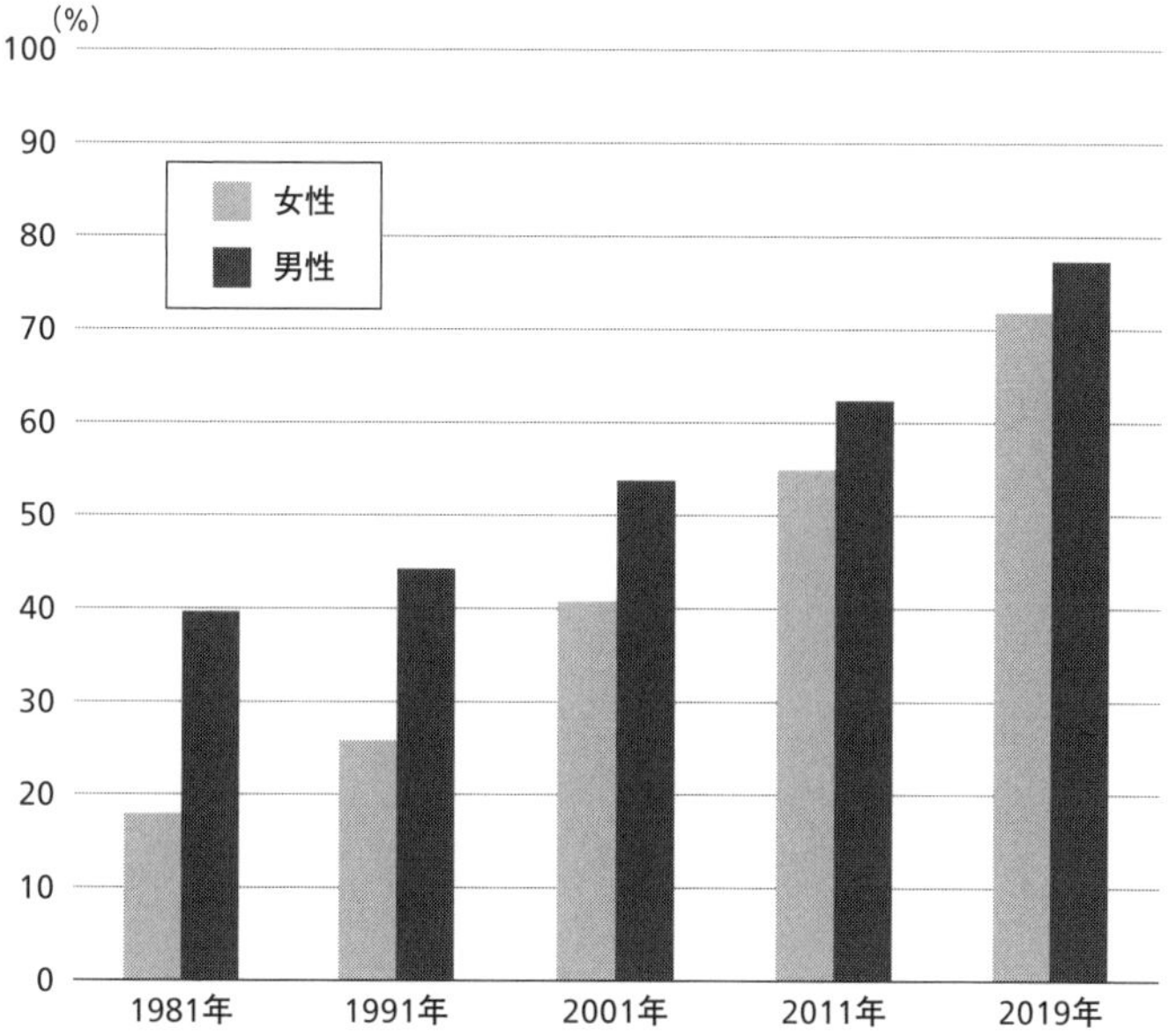

出典:世界銀行

バングラデシュでは1980年代初頭に基礎教育がほぼ義務教育になった。その結果、当時30%程度(男女平均)でしかなかった識字率が、現在では国民のほぼ4分の3にまで上がっている。もうひとつ成功したと言えるのは、識字率の男女格差が縮まったことである。1981年には男性が女性の2倍以上高かったが、その後の数十年で差はどんどん縮まってきた。

の就学率が20人に1人から5人に1人と4倍になった[8]。
学校で学びつづけることで、バングラデシュの若い女性たちは大きく変わりつつある。「教育がわたしを1人前にしてくれます」と弁護士を目指すサルマは力強く言う。「教育はこの社会を前に進める助けになるでしょう」。学校でさまざまな科目を学ぶアンジャナも同じように自己啓発の重要性を感じている。「学校に行けなくなったらと思うと悲しいです。そうなったらいい生活が送れません。大事なのは勉強して、自分で成長することです」。医学部を目指すルーパは社会に貢献したいと思っている。「医師になって、貧しい人たちや、助けを得られずにいる人たちに寄り添いたいんです」[9]
彼女たちが抱いているような思いこそ、人類が貧困と無知の連鎖から抜け出すのを助けてくれる最大の原動力と言っていいだろう。村を出ることなく毎日子育てと農作業に追われる無学の女性たちが、このような高い向上心を抱くことはまずありえない。バングラデシュ政府のある顧問はこう言っている。「今日の女性たちは母親の世代よりも教育水準が高く、安全な暮らしを送っていて、経済的にも豊かです。今のバングラデシュでは、女性は妻や家政婦としてだけではなく、農業従事者、国会議員、起業家などとしても受け入れられ、評価されています。そして国全体がその恩恵を受けているのです」[10]

代表的な国の高等教育就学率

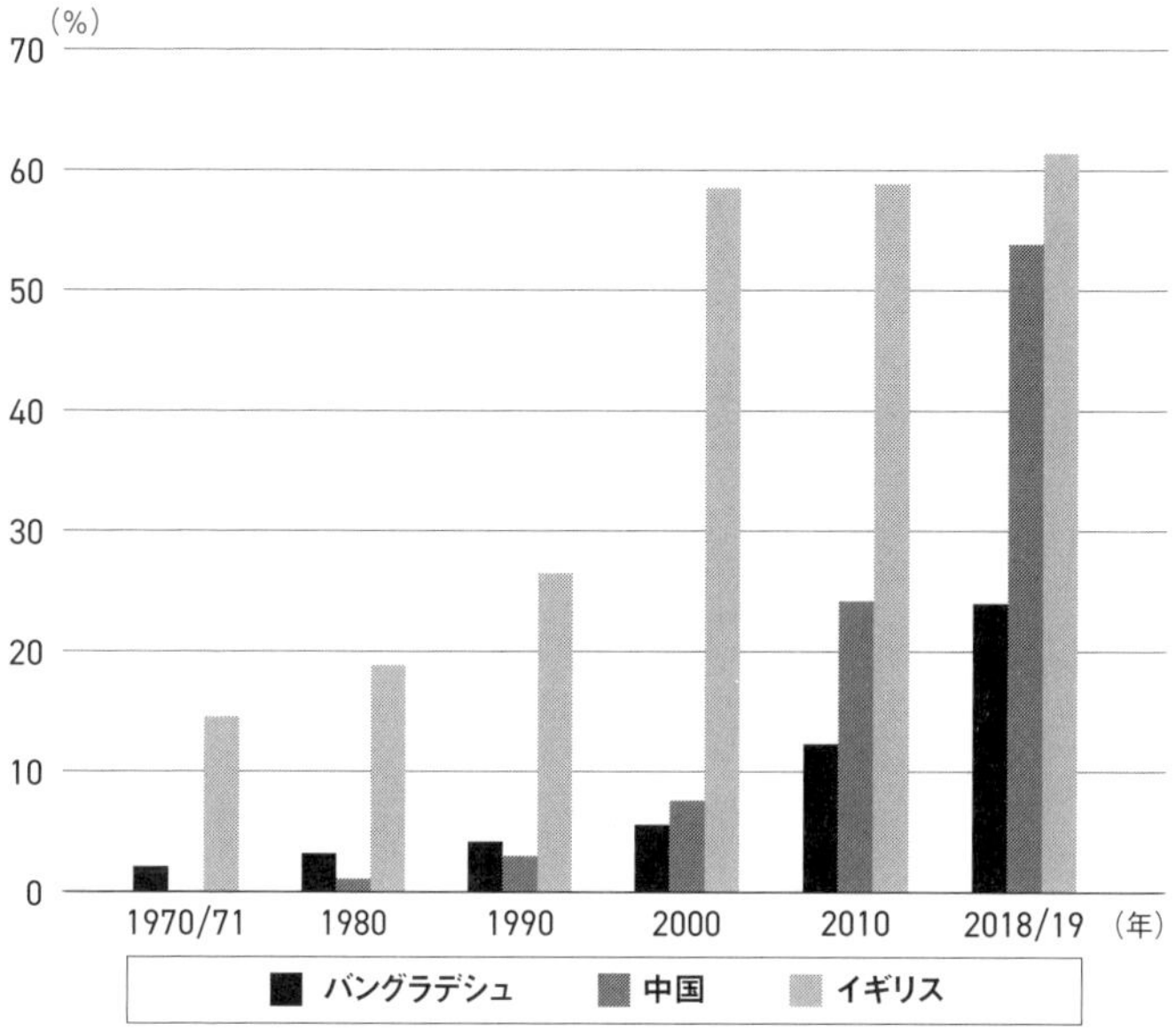

出典:世界銀行

高等教育就学率の上昇は世界的な現象であり、中国が躍進した分野でもある。毛沢東時代の文化大革命のあいだ、大学に進む人は中国にはほとんどいなかったが、今では国民の半数以上が進学する。〔この就学率は、中等教育終了後5年以内の年齢集団に占める、高等教育就学者の割合〕

教育はいかにして東アジアを変えたか

バングラデシュ当局が教育に優先的に力を入れたのは、東アジア諸国を見習ってのことだった。バングラデシュが独立したころ、韓国、台湾、シンガポールは驚くほどの速足で経済成長の道を歩んでいて、その成長の軸をなしていたのが教育だったからだ。

1940年代後半には、韓国は世界でもっとも貧しい国のひとつで、しかも1950年代はじめに戦争で壊滅的な打撃を受けた。ところがその後韓国は、1988年までの20年間に12回も2桁成長を遂げ[11]、20世紀末には世界でもっとも活発で成功している経済国のひとつになっていた。そしてこの成功は天然資源の開発などではなく、国民に対する集中的な教育投資によって達成されたものだったのだ。韓国が実施した教育分野の新たな取り組みには、誰もが利用できる無償教育、教員の給与の増額（韓国の教員は修士号取得者が3分の1近くを占める）などが含まれていた。その結果、大学の進学率が一気に上がり、1980年代なかばに30パーセントにすぎなかったものが現在では95パーセントを超えている[12]。OECD（経済協力開発機構）による生徒の学習到達度調査（PISA）ランキングでも、韓国は読解力、数学的リテラシー、科学的リテラシーの3分野すべてにおいて世界のトップ10に入っている。ちなみにアメリカもイギリスも、いずれの分野においてもトップ10に入っていない[13]。韓国の成功は経済にも人口統計データにもはっきりと表れている。経済では世界第10位の経済大国になり、人口統計データでは乳児死亡率が驚異的な低下を見せ、平均寿命は大幅に延長している[14]。

一部には、本当に教育が経済変革の牽引役になるのか、教育は繁栄の原因ではなく、結果にすぎないのではないかと疑問を呈する人もいるが、これに対する答えは明快だ。教育と発展は密接に関係していて、ともに進んでいくのである。豊かで、現代的で、複雑な仕事をこなす生産性の高い人材が多い国でありながら、国民の教育水準が低いということは考えられない。これが19世紀のイギリスなら、国民の大半が教育を受けていなくても工業化を進めることができたかもしれないが、高収入の仕事の知的要求水準が当時よりはるかに高い現在では不可能である。またイギリスにしても、生活水準が明らかに上がりはじめたのは、初等義務教育が導入されてから10年後の1880年代だったことを指摘しておくべきだろう。

さらに、個人間の比較データと国家間の比較データの両方を突き合わせてみれば、教育的達成と経済発展に強い相関があることはますますはっきりする。たとえばアメリカのある調査で、上級学位取得者は、高校卒業の資格をもたない人の5倍以上の収入と18倍以上の資産を手にしていることがわかっている[15]。教育を受けても、それが個人的に高収入の仕事に結びつくだけだとしたら、韓国のように社会全体が貧困から繁栄へ向かうことはないはずだ。実際には教育によって社会全体で高収入の仕事が増える可能性があり、実際にこれを実現している国があることが国家間の比較でわかっている。

教育は経済発展のための必要条件ではあるが、教育だけで足りるわけではない。国内に教育水準の高い人々がいても、経済的に成長できない場合もある。北アフリカや中東の多くの国では、多くの若者が大学を卒業しながら仕事に就けずにいる。そもそも大学の学位の質が十分ではない国もある。アラブ諸国のなかで飛び抜けて人口が多いエジプトの場合、教育制度の質が137か国中130位にランク付けされている[16]。そうなると、優秀な人材の多くは、国を出ることを考えざるをえなくなってしまう。

グローバル経済に参加せず、高学歴の人々に高賃金の仕事を提供できない国では、個人も国家もそれ以上何のために前進するのかわからなくなり、教育への投資が減少しがちだ。たとえばエジプトでは大卒者のほうが非大卒者よりも失業率が高いが、それは労働市場が大卒者の期待に応えられないからである(しかも彼らを輩出しているのは標準以下の大学なので、なおさら難しい)[17]。価値のない学位と叶えられることのない期待の創出は、社会不安を招く最大の要因のひとつであり、とくに若年人口が大きな割合を占める国ではその危険性が高くなる。2011年のエジプト革命も大卒者の不満が原因のひとつであり、当時彼らの半数近くが失業状態だった[18]。状況は近隣のレバノンでも同じで、毎年3万5000人が大学を卒業するのに、そのうちの5000人しか就職できない[19]。欧米諸国では、遅くとも1848年以来、教育を受けた人々に対して経済的ニーズと機会が少なすぎることが革命の原因のひとつと考えられてきた[20]。バングラデシュも、初等教育の進歩のおかげで経済が急成長を遂げつつあるのは確かだが、大卒者の就職という点ではやはり苦戦を強いられている[21]。

男女平等は教育から始まる

男女平等が実現するまでにはまだ長い道のりがあるが、進歩が著しいのは何といっても教育分野である。大学生の人数で言うと、多くの国で男性より女性のほうが多く、大きな差がついているところもある。アイスランドでは男性4人に対して女性7人が大学に進学しており、クウェートでは高等教育に占める女性の割合が男性の2倍以上になっている[22]。ただし状況は国により異なっていて、アイスランドの女性の進学率の高さはもっと広範囲で進んでいる女性解放の一環であり、ビジネスの場にも政治の場にも女性が進出している。一方クウェートは、高学歴の女性が増えつつあるにもかかわらず、ビジネスの場でも政治の場でも女性の進出機会が限られているため、このままでは不満が溜まることになりそうだ。今のところ、男女平等は教育から始まり、それがやがて政財界にいたるという順序しかないようだ。現に教育に力を入れたバングラデシュでは女性の首相が何人も誕生し、その在任期間を足すと建国以来の年月の半分以上になる。

読み書きができる女性は子供にも自分と同等以上の教育を受けさせようとする可能性が高いため、世代間の好循環が生まれる。教育によって自分を向上させたいという個々人の願望は、多産多死から少産少死への人口転換を介して、国の進歩を促す最強の力のひとつになる。もちろん教育は、主体性の向上と満ち足りた人生をもたらすものとして、それ自体も目的となりうる。

国際開発の観点から言えば、国を貧困から脱出させるには、女性の地位向上に集中的に取り組めばいいというのがすでに常識になっている。元世界銀行チーフエコノミストのローレンス・サマーズも、「女子教育への投資は、発展途上国が選択可能なもっとも利回りの高い投資と言えるだろう」と書いている。この投資は経済的利益を直接生むだけではなく、次世代の福祉というかたちで、また次世代の人口が増えすぎないようにするというかたちで、間接的に家庭にも利益をもたらす。女性が教育的に恵まれていない地域はまだ数多く残っているので、投資の余地は十分にある。貧しい社会では女性はしばしば社会の隅に追いやられているが、それでいながらじつに多くの仕事を担っているし、次世代の子供たちを育てているのも女性が多い。だからこそ、女性への投資は大きな成果を生むと考えられる[23]。アフリカでは、女性は土地の30パーセントしか所有していないが、食料の70パーセントを生産していると推定されている[24]。

教育はそれ自体にも価値があるが、経済的な利益も生んでくれる。教育を受けることで人の生産性は向上し、高付加価値の職業に就ける可能性が高まり、労働条件の整った公式経済に従事する機会も増える。教育があれば、貧しい自給自足の農業従事者は新しい農業技術を導入して収量を増やすことができるし、工場の仕事に就くこともできる。教育によって人は情報にアクセスできるようになり、しかもその情報を有効に活用できるようになり、さらに集団で新技術を導入する能力も上がる。教育と農業生産性のあいだにはグローバルな相関が見て取れるようで、ある研究は、1年多く教育を受けると生産高が3パーセント以上増加することを示唆している[25]。教育は農業従事者自身の生産性を高めるだけではなく、機械を扱ったり工場で働いたりするのに必要な基本的リテラシーを彼らに身につけさせる。1980年代以降の中国の経済的台頭は、まさにその効果を主たる原動力としていた。

どの先進国の経済も、女性たちがさまざまな素質と能力を要する仕事に就いていることによって成り立っている。病院も企業の役員室も議会も、女性がいなければ機能しない。そしてそのすべては、教育機会の拡大がなければ成し遂げられなかったのである。

教育が生み出す民主主義

教育によって得られる利益のうち、経済的利益が生産性と発展であるとすれば、政治的利益は民主主義だと一般に言われている。この主張に反論するのは簡単だ。インドは何十年も前から民主主義国家だが、初期のころには国民の大多数が非識字者だった。1947年の独立当時の識字率は5人に1人を切っていた。もちろん今では状況が変わり、4人に3人以上が読み書きができる[26]。だが非識字者が多かったときでも、インドの民主主義はどうにか維持されていた。

その逆に、国民の教育水準が高いにもかかわらず民主化されていない、あるいは部分的にしか民主化されていない国は今でも数多く存在する。旧ソ連圏には世界でももっとも教育水準の高い人々がいたし、中国も西洋の政治制度を採用しなかったにもかかわらず、教育は著しく進歩させることができた。つまり民主主義抜きでも高水準の教育を施すことは可能だ。

どういう因果関係なのかはさておき、教育と民主主義のあいだにはなんらかの関連性があるとかなり前から考えられてきた。19世紀にイギリスで参政権が拡大されたとき、上流階級の人々はこれで大衆に権力が移っていくのだと気づき、大衆がその力を責任を持って行使することを切に願った。1867年に都市の男性労働者に選挙権が与えられると、わずか3年後に初等義務教育が導入されたが、その際のスローガンが「大衆を教育しなければならない」だったのは偶然ではない。

民主主義と教育の相関関係については統計的に堅固な研究が行われており、実際に相関があると思われる。といっても確たる証拠は示されていないのだが、それもこの問題が厄介な論争を招かずにはすまないことを考えると、無理はないだろう[27]。大して意味のない学問上の議論ではないかと思う人がいるかもしれないが、そんなことはない。近代的で豊かで教育水準の高い社会を実現するには、民主的特徴を有する必要があるのかという問題であり、グローバル経済に参加できれば政治的意思決定には参加できなくてもいいという人々の集団を、国家と呼べるのかという問題でもある。人類の政治の未来にとって、これほど重要な問題があるだろうか。

教育への疑問

教育の価値については、ここまでのところ異論の余地がない。教育は個人の視野を広げるためにも、経済を発展させたり人口転換を進めたりする手段としても、明らかに望ましいものである。また教育の向上は平均寿命の延長とも無関係ではない。発展途上国では、読み書きができれば自分と家族の健康をよりよく管理できるようになるため、教育の向上によって平均寿命が延びる。先進国では、学士号取得者のほうがそうでない人よりも死亡率が低いという事実がすでに明らかになっている[28]。さらに、教育は民主主義が育ちうる状況を作り出すとも考えられる。

そのような状況は、人はたくさんいるが命がぞんざいに扱われ、ほとんどの人が政治プロセスに参加しない体制よりも好ましいはずである。また教育は開発を促進する。ある意味では教育そのものが開発である。1人あたりGDP、平均寿命とともに、教育は、国連が人々の幸福を測る指標である「人間開発指数」を算出するのに用いている3つの指数のひとつに入っている。

教育に懐疑的な人々は、教育が繁栄をもたらすのではなく、その逆ではないかと指摘する。教育によって人が豊かになるというより、豊かで余裕のある人が教育を受けているだけではないかと。それは違うと思われるが、ただしすべての教育がよいもので、金額に見合った価値がある(負担しているのが国か個人かは別として)とは言えない。

また、たとえ教育が行われていても、必ずしも市場の要求を満たすわけではない。少し前に述べたように、中東では教育が就職や収入に結びついておらず、中国南西部の農村地帯でも同じ問題が見られる。この地域の少数民族には義務教育を受ける権利があるのだが、研究者によると、こんな山村ではたとえ大学を出ても仕事などないと言って子供を学校に行かせず、野菜を売りにいかせる親がいるという。ある父親などは、学校を出て運よく工場で働けることになったとしても、それでは怠け癖がついて農作業に耐えられなくなるから困ると言ったそうだ[29]。この父親が状況を正確に把握できているのかどうかは別として、環境がまったく整っていなかったり、教育後に何の機会も与えられないとしたら、教育が有益だとは言えなくなってしまう。

一方で、教育への渇望は多くの人々を行動に駆り立てる力を持っていて、教育のためなら犠牲を払ってでも行動しようと思う人が少なくない。アメリカにやってきた移民の最初の数世代は、自分たちが得られなかった教育の機会を子供たちに与えるために身を粉《こ》にして働いた。彼らは教育を社会に立て掛けられたはしごと見て、自分たちは登れなかったが、将来世代は登れるようにしようと力を尽くしたのだ。これはアメリカだけのことではないし、移民に限ったことでもない。世界のどこであっても、子供たちは受けうる最高の教育を求めて学校に行っていて、なかには裸足の子供、空腹を我慢している子供もたくさんいる。マラウイで学校に通うナイレンダはこう言う。「朝は食べないけどそんなのは平気なんだ。だっていつか実業家になれるって信じてるし、そうしたらたくさん食べれるようになるから」[30]

教育に対するもうひとつの否定的な見方は、教育とは人間を近代の産業資本主義の生産単位にするためのものだという考えだ。SF作家で未来学者だったアルビン・トフラーは、「大衆教育は、産業主義が必要とする大人を生産するための精巧な機械だった。それには組織化、個別性の欠如が効果的な手段とされた」[31]と述べた。このような批判は工業化時代から脱工業化時代に移行してもなお教育につきまとい、今では次のように表現されている。単純作業化が進み、人はオートマタ(自動人形)として仕込まれ、いずれ技術の進歩によって不要になるまでその仕事が続くのだと[32]。

また、教育が持つ、達成しなければならない、順応しなければならないという側面は精神的プレッシャーの一因になり、誰もが耐えられるわけではない。韓国を見るとそれがよくわかる。韓国は教育を大きなバネとして、以前には考えられなかったほどの繁栄を遂げたが、成果主義の教育制度はこの国の若者たちを大きな不安に陥れた。誰もが一流大学を目指すことを求められ、競争率の高い入学試験を突破しようと必死になるからだ。ストレスを感じている生徒は86パーセントに上り、休みを取ると罪悪感を覚えるという生徒が75パーセント近くいて、夜は11時まで勉強するのが普通だという。ある生徒は、「友達がどうしているのか気になっちゃうんです。それで、友達ががんばっているのに自分がやってないとうしろめたくなって、もっと勉強しなくちゃと思うんです」と言っている[33]。韓国の自殺率はOECD加盟国のなかでもっとも高く、10代の自殺率は世界でもっとも高い[34]。

多くの発展途上国では、植民地政府が西洋式の教育を導入したため、ヨーロッパ人が作り上げた近代教育によって、自国の本来の知識のあり方が壊されたと非難する人もいる。だが発展途上国の指導者の多くはもっと現実的で、教育をむしろ西洋依存から脱するための最短の道だと考えている[35]。それに、近代教育と自国の文化・伝統をどう組み合わせるかはそれぞれの国次第である。その点で模範となるのは日本で、西洋の科学と教育をうまく取り入れながらも、古い伝統と独自性を保っている。これから世界のますます多くの地域で教育水準が上がっていけば、知識が西洋の領域というより、人類の共同事業と見なされるようになっていくことはほぼ間違いない。

教育の最悪の側面として指摘されるのは、頭を使わないオートマタを大量に生み出すばかりか、ナショナリズムや、大量虐殺につながりかねない敵対感情さえ育ててしまうという点である。わたしたちがしばしば思い起こすのは、戦間期のドイツ人は世界でもっとも教育水準が高かったにもかかわらず、ナチスを支持して民主的制度を捨て、戦争と大量殺戮へと突き進んだことだ。1994年のルワンダの大虐殺についても、学校でツチ族への反感を植えつける教育が行われたことも原因になったとして、教育の責任を問う声がしばしば上がっている[36]。ナショナリズムに関しても、教育は当初からそれを広めるうえで中心的な役割を果たしてきたし[37]、宗教も今日では家庭と同じくらい学校で広められている。

これらの批判は、公害、事故、銀行強盗（逃走に車が使われる）などについて自動車そのものが悪いと責めるようなものである。教育は悪用されうるが、善用されることのほうがはるかに多いと答えればいい。近代国民国家も産業経済も、言語やものの見方の標準化、国民の読み書き・計算の能力がなければ成立しえなかった。伝統的な国民国家が教育なしには発展できなかったように、グローバル化にも教育が必要で、それがなければ人々が自分を一国の国民であると同時に、世界市民でもあると認識できるようにはならない。教育批判に対しては、皆が無知のままのほうがよくなるとでもいうのかと切り返すのがいちばんだろう。

最近ではもっと興味深い指摘も出ている。ジャーナリストのデイヴィッド・グッドハートと経済学者のディートリック・ヴォルラスがそれぞれ別に指摘したもので、最先進諸国はすでに「教育のピーク」に達したかもしれないというのである。経済学的に言えば、人口の半分が大学に進学するようになった時点で、人的資本への投資利益率は低くなっているという[38]。実際、ほとんどの先進国で学位取得者の収入の優位性が低下してきている[39]。これについてグッドハートは、職場で何を評価し、何に報酬を与えるかを再検討するべきだと述べ、ヴォルラスのほうは、教育のこの状況こそが近年の経済成長鈍化の一因だと述べている。

先進国はどちらの指摘にも耳を傾けるべきだが、人類全体が教育のピークの問題に直面するのはまだ先の話である。アフリカ中部のチャドなどでは今もなお大多数の人々が——若い世代でさえ——非識字者であり、このような状況が続くかぎり、過剰教育は先進国の問題でしかない[40]。教育の道を歩みはじめたばかりという国は多く、またバングラデシュのように教育の進歩が目覚ましい国であっても、道のりはまだ長い。

韓国やバングラデシュの成功には注目するべきだが、逆に教育の進歩が見られない国々があることも事実であり、これは憂慮すべき問題である。前述のチャドはその例だが、ほかにもサハラ以南のアフリカの多くの国が類似の状況にある。またこの地域では識字率の男女差が世界のどこよりも大きい[41]。それでも高齢者の識字率が3分の1なのに対して若者は4分の3と、全体としてはいいほうに向かっているのだが、同時に人口爆発が起こっているために教育問題への対応が難しくなっている。たとえば西アフリカの小国、赤道ギニアでは、人口に占める非識字者の割合は低下しているものの、人口増加があまりにも急なので非識字者の人数は増えていて、1990年代なかばから現在までにほぼ3倍に膨らんでいる[42]。若年者人口が等比級数的に増えていくときに普通教育を施すのは容易なことではない。

知識の共有の大きな変化

「万人のための教育」という発想は世界に広く行きわたり、わたしたちはそれを当然のことだと思っている。しかしこのような考え方が出てきたのは比較的最近であり、歴史的には特殊なものであって、それだけに非常に大きな影響をもたらすと思われる。

欧米の大学生たちは、カリキュラムに名前が出てくるのは「死んだ白人男性」ばかりだと大学側に抗議の声を上げているが、たしかに一理ある。もし18世紀にアイザック・ニュートンと、あるいは20世紀にアルバート・アインシュタインと肩を並べるアフリカ人女性がいたとしたら、わたしたちはその女性について知っておくべきだ。大学の物理学科の推薦図書リストに白人男性以外の名前があまり見つからないのは、もちろん極右の人々が言うように男性が、あるいはヨーロッパ人が優れているからではないが、かといって大学のカリキュラムを組んでいる人々に偏見があるからでもない。

それよりも、わたしたちの文化が「死んだ白人男性」に偏っているのは、過去に教育の機会や知識を得ることができた人々、得られなかった人々の差が反映された結果だと考えるべきだろう。ニュートンやアインシュタインは、自分の考えを練り上げていくために大変な努力と苦労を重ねただろうが、少なくともそれができたという点で例外的な人物だったと言える。つい最近まで、そのような立場に身を置くことができたのは白人男性だけだった。人類の大多数は、歴史のほとんどの期間、もっとも初歩的な教育さえ受けることができなかったし、それを超える教育など贅沢以外の何ものでもなかった。

しかし今、大きな変化が起こりつつある。アルメニア大統領の言葉を借りるならばこういうことだ。「1000人に1人のニュートンが、1万人に1人のアインシュタインがいるとしたら、数億人のなかに優れた才能の持ち主がどれほどいることになるか想像してみてください」[43]。しかも現代の通信技術のおかげで、同分野あるいは異分野間の協力の可能性が以前とは比べものにならないほど広がっている。航空路線の普及で国際会議の開催も容易になり（少なくとも新型コロナウイルス感染症が蔓延するまでは）、電子メールからリモート会議までのさまざまな情報共有手段によって、強力で密度の濃いネットワーク作りが可能になった。多くの人が教育を受け、その人々がかつてないほど密に情報交換するとなれば、当然のことながら知識の蓄積も速くなる。

ふたつ例を挙げておこう。あるときわたしはナショナリズム研究の権威である友人とコンサートに行き、終わったあとで音楽と国家についての本を書いてみたらどうかと提案した。だが彼は、音楽は大好きだが、本が書けるほど学問的知識がないから無理だと言った。そこでわたしはある音楽学者と連絡を取って友人に紹介した。その音楽学者にはエドワード・エルガーについての著書があり、友人もわたしも読んだことがあったのだ。それでどうなったかというと、2人は見事に共著を上梓《じょうし》した。しかも直接顔を合わせたのは1、2回だけだそうだ。これがもう少し前の時代だったら2人の意見交換にはもっと時間がかかり、大変な作業になっていただろう。この共同作業は友人にとっては晩年の生きがいになったし、それまで顧みられなかった論点についての魅力的な研究を提供したという意味で、世界にとっても有益なものとなった[44]。

もうひとつの例は、改めて言うまでもないだろうが、世界を襲った新型コロナウイルス感染症に対する治療法やワクチンの開発である。パンデミックは本書執筆時点の2021年でまだ終息していないが、ウイルスの遺伝子解析からワクチン開発にいたる過程があれほど速かったのは、この分野に従事する人が大勢いて、しかもその人々が意見交換し、成果を共有できたからである。100年前だったら、たとえばケンブリッジの科学者が単独で仕事をし、ときおりドイツの同僚に手紙で意見を訊くが、その返事が来るのに何週間もかかるといった具合で、研究は遅々として進まなかっただろう。今日では世界中の何千人という人々が瞬時に交流できる。今回のパンデミックがかつての同規模のものより死者が少なく、混乱も少なくてすんでいるのは、多くの人が移動もせずに情報交換し、共同で作業できたからである。

明日の教養人

1960〜70年代には、多くの研究者が「やがて世界人口の増加に資源供給が追いつかなくなるだろう」と案じていた。当時世界人口は年率2パーセントで増加していたので、人類は自力で食料と飲料水を確保しつづけられるのかと不安視されたのも無理はない。だが現在の人口増加率はその半分で、しかも低下の一途をたどっていて、すでに人口そのものが減少に転じて頭を抱えている地域もあることから、今度は人口が減りすぎるのではないかと案じる声が上がっている。ほかの章でも触れたように、労働人口の規模とその年齢は、労働力の増減や消費人口の増減などを介して経済に重大な影響を及ぼすため、労働人口が減少すれば経済も低迷する恐れがある。しかしそこには逆の力もはたらいていて、今後世界全体で労働市場への新規参入者が減少する(すでに減少している国も少なくない)一方で、労働生産性は向上すると思われる。近年の中国の奇跡的な経済発展は、農業従事者を生産性の低い農地から生産性の高い工場に移動させることによってもたらされたものだった。今後より多くの人々が教育を受けるようになれば、そうした生産性の向上がさらに期待できる。

労働人口が減少するなか、世界の経済成長は労働力の質の向上にますます依存するようになるだろう。今後の経済成長と発展は、未熟練労働者の人数ではなく、現在手を使って働いている人々を頭を使って働く人々にどれくらい置き換えられるかにかかってくるだろう。その一方で、既存の多くの仕事がＡＩ（人口知能）に置き換えられることになるかもしれない。その際ＡＩに移行する可能性が高いのは、手先の器用さや共感力が求められる仕事ではなく、ホワイトカラーの仕事だろう。「ロボットの台頭」に不安を感じるべきなのは、ごみ収集作業員や高齢者の介護職員より、むしろ経理担当の事務職員である。ゴミを収集する、シーツを交換する、共感を持って人に接するといったスキルは、機械による再現がきわめて難しい。

最先進国では、高齢化によって医療福祉分野の働き手の需要が高まる一方で、国民の教育水準はすでにピークに達しているかもしれない。だが世界全体を見れば、教育の手が届いていないために潜在能力を発揮できていない人々がまだ何億人もいる。ただし、その人々が置かれた状況も今急速に改善されつつある。

第10章

人類は食料危機を乗り越えられるのか

375

エチオピアの穀物生産の過去25年間での増加率[1]

仮に、西暦1年以降に生まれた女性が全員無事に生き延びて妊娠可能年齢に達し、その後も無事に生き延びて平均4人の子供を産んだとしよう。また女性の出産年齢の平均が25歳だったとしよう。これらの仮定はそれほど無理なものではない。出産可能年齢のあいだずっと性生活を続けたとすれば、妊娠は4回を超えるだろうから、子供が4人という設定が多すぎることはないし、出産年齢の平均が25歳というのも前近代の社会においては若すぎることはない。どちらかというと控えめな仮定なのだが、それでもこの条件で計算すると人口は世代ごとに倍になり、1世紀ごとに4倍になる[2]。

西暦1年を起点として具体的な数字に置き換えてみると、当初世界人口は2億5000万人程度だったのが、西暦500年には250兆人以上（現在の3万倍以上）に膨れ上がっていた計算になる。そのまま続いたとしたら、21世紀初頭の現在では10桁ではなく33桁の数字になっていたところだ。もはや人口統計学者や社会科学者ではなく、宇宙物理学者や数学者が扱うような数字である。ある人口統計学者が言ったように、この設定で増加が続くとどこかの時点で人口拡大が光速より速くなり、やがて宇宙の原子の数より人間の数のほうが多いことになってしまう。

このような人口増加は考えるまでもなくばかげている。光速で膨張する人類ともなればもはや子孫を残す云々《うんぬん》の問題ではなくなるし、人間一人ひとりが膨大な数の原子でできているのに人口が原子の数を上回ることなどありえない。では何が限界なのかと訊かれても、実のところ人口がいつどのレベルで限界に達するかは簡単には答えられない。女性1人あたり無事に生き延びる子供が4人という前提は十分可能な範囲であり、ある世代の人口が前世代の倍になるというのも実際に何度もあったことだ。では前述の計算のどこが非現実的なのかというと、人口倍増のようなものが何世紀にもわたって続いたためしはないという点である。

人類史上これまでずっと、人類の人口増加は等比級数的にはほど遠く、戦争、パンデミックなどの要因によって増加率が抑えられてきた。なかでも最大のボトルネックは食料不足である。前述の計算のような膨大な人数を地球が養うことなどできるはずもなく、人類が地球を埋め尽くすことになるよりずっと前に、食料が尽きてしまう。そこでトマス・マルサスは、飢餓か戦争か大災害によって人口急増に歯止めがかかるか、さもなければ禁欲と間引きで人口を制御するかのどちらかしかなくなると説いた。

人口増加に関する前述の計算は控えめなものだったにもかかわらず、実際には人類は一貫して、しかも大幅にこの仮定を下回ってきた。人口が増えたと思っても、すぐに飢餓、虐殺といった災害や悲劇により減ってしまう。人口が減らないようにするには膨大な数の出産が必要だった。中国を舞台にしたパール・バックの小説『大地』のなかでは、主人公の父親がこう嘆いている。「俺がもうけた子、おまえの母さんが次から次へと産んだ子は20人くらいになるかもしれんがな、そのうち生きているのはおまえだけだ！　だから女は次から次へと産まにゃならんのだ」[3]

ところがマルサスから2世紀のあいだに、彼の基本前提のうちのふたつが覆った。これまでの章で述べたように、人間の生殖行動は抑制される方向に転じた。同時に、人間の食料生産能力が、マルサスが言ったように等差級数的にではなく、等比級数的に増大した。食料生産は人口増加の最大のボトルネックなので、この制約が取り除かれたことは、近代の人口動態を変化させる重要な原動力のひとつとなった。

マルサスの罠から脱出したエチオピア

エチオピアの首都アディスアベバから南へ160キロのところにある病院でのこと、ボントゥと名づけられた健康そうな乳児の体重測定が行われ、その順調な発育ぶりに保健師は笑顔を見せ、母親も誇らしげな笑みを浮かべている。こうした光景は先進国ではごく普通に見られるが、サハラ以南のアフリカでは長いあいだめったに見られなかった[4]。こうした大惨事の例に漏《も》れず、原因は1980年代なかばにエチオピアは飢饉に見舞われた。自然現象（この場合は干ばつ）、政府の機能不全（旧ソビエト・マルクス主義の影響を受けた農業政策）、政府の悪質な意図（反政府の民族グループを弱体化させようとした）の3つが重なったことにあった。その結果およそ100万人が死亡し、0歳児の平均余命は一気に6歳にまで縮まっていた[5]。欧米諸国はこの事態に大いに注目した。当時を知る人は、栄養失調でやせ細り、顔にたかるハエを追い払うことさえできない子供たちの写真を覚えているはずだ。そして欧米諸国のこの世代の人々は、エチオピアを経済政策の失敗と困窮《こんきゅう》の究極例と見なすようになった。

だが今日のエチオピアは様変わりしていて、その恩恵を受けているのがボントゥのような子供たちだ。1984年から今日までにエチオピアの人口は2倍以上に増えたが、同時に1歳の誕生日を迎えられずに死亡する乳児の割合は5パーセント未満へと激減した。これは1980年代の飢饉のときの4分の1であり、今世紀初頭と比べても半減している。エチオピアの1日の平均摂取カロリーは、1984年には1500キロカロリーだったが、2011年には2100キロカロリーと健康的な数字になっていた[6]。平均寿命も1980年代前半の44歳から64歳へと延び、妊産婦死亡率は同期間に3分の1になった。さらに成人の識字率は1990年代なかばから倍増し、人口の約4分の1から約半分にまで上がった[7]。

何がこのような変化を可能にしたかというと、最大の要因は農業政策からマルクス・レーニン主義の影響を取り除いたことである。ついで国際社会からの支援も重要な役割を果たした。たとえばボントゥの健診が行われていたのはカナダの援助で設立された病院だ。だがこれらに劣らず効果的だったのは、エチオピアの人々が自ら技術を学び、それを自国の状況に合わせて調整しながら活用したことにある。もっとも大きな効果が出たのは農業分野で、これによって生産量が伸びた。

エチオピアでは今なお多くの人々が不安定な生活を強いられている（直近の内戦再燃によっていっそう困難な状況になっている）。しかしながら過去30年間で人間のウェルビーイングは劇的に改善された。そのすべては、農業生産の向上なしには実現しえなかった。マルサスの想定に反して、エチオピアは人口増加率を抑えると同時に、食料生産を等比級数的に増やしてみせた。場所によってはわずか3年で収量が2倍以上になったところもある。ただし国全体では、1ヘクタールあたりの小麦の収量がまだアメリカの3分の1に届かず[8]、不作に見舞われるとすぐに困窮する人々が何百万人もいて、栄養失調に苦しむ人々もまだ残っている。2016年でもなお38パーセントほどの子供が発育不全だった。とはいえ2000年の58パーセントからわずか16年でここまで下がっている[9]。人口はまだ増加中とはいえ、エチオピアの栄養不足人口の割合は2000年の50パーセント台から現在の20パーセント前後へと激減している[10]。

たとえば人口が1世代で倍になり、食料生産は4倍になるとしたら、1人あたりの食料は倍になる。それほどの生産量増加となると長期的に続くはずはないのだが、じつはほかの国でここ数十年続いている例がある。インドのパンジャブ州では、小麦と油糧種子〔大豆、落花生など植物油の原料として利用される種子〕の生産量が年に5パーセント前後増大するというのが2005年まで45年間も続き、当初の9倍になった[11]。地球規模で見ても、20世紀後半に穀物生産量が3倍になっていて、今世紀に入ってからも18年間で50パーセント近く増加している[12]。

食料増産の制約のひとつは、言うまでもなく環境である。最悪の環境破壊は人口増加中の貧しい国で起こることが多い。エチオピアはかつて深い森林に覆われていたが、1990年代前半には森林面積が国土の3パーセントにまで縮小していた[13]。エチオピア政府は対応策を打ち出し、2019年には1日で3億5000万本の植樹を行ったと発表した。これについては本当かどうかあやしいと言う人もいるが[14]、大規模な森林再生計画が進められていること、エチオピアが過去の環境破壊の一部を修復しつつあることは確かである。

人口増加の最中に環境を改善するのは難しいが、エチオピアの場合は次のふたつの要因が味方になりそうだ。ひとつは木材から代替エネルギーへと転換が進んでいることで、後者にはナイル川上流の青ナイル川に建設されたダムによる水力発電も含まれる〔大エチオピア・ルネサンスダム。2022年に発電開始〕。もうひとつは前述のように人口増加率が下がってきていることだ。エチオピアの人口増加率は1990年代前半の3・7パーセントをピークに減少に転じ、現在は2・5パーセント強で、2030年代中に2パーセントを切ると予想されている。養うべき人口はまだしばらく増えるが、少なくとも等比級数的人口増加の終わりは見えてきている。国連の中位推計を見ても、エチオピアの人口は今世紀末に2億5000万人あたりで安定するのではないかと思われる（現在が1億人強なので、まだこれから相当増えるということではあるのだが）。エチオピアの合計特殊出生率は1980年代前半には7・5に近かったが、現在ではすでに4・5を切るところまで下がっている。アディスアベバだけに限れば、すでに1994年に人口置換水準を下回ったものと思われる[15]。

食料増産の制約には水不足もある。世界の多くの地域で水不足が農業の制約要因になっているが、なかでも中東は乾燥地帯で、しかも人口が増加しているため深刻である。だがこれについても海水淡水化という技術的解決法がある。淡水化のコストはここ数十年で劇的に低下し、すでにサウジアラビアの飲料水の半分は海水で賄われている[16]。それはそれで新たな環境問題が発生するものの、対策のための研究開発も進んでいる[17]。

世界を養うイノベーション

環境問題、資源枯渇、気候変動への不安が広がっているが、まずは地球にこれほど多くの人間があふれ、今後も予測どおりに増えた場合に、それでも全員が食べていけるようにするにはどうしたらいいのかを、少なくとも理論的に考えてみなければいけない[18]。人口が多すぎて無理だと言う人もいるだろうが、人口増加を良しとするか悪《あ》しきとするかはさておき、一部の地域ですでに人口減少が始まっていて、しかもそのような地域が広がりつつあるのも事実である。人口増加圧力が下がりはじめた今こそ、人類の生存を想像を超える規模で可能にしてきた数々の技術革新を、改めて評価するべきときではないだろうか。

19世紀初頭のトマス・マルサスと同様に、19世紀末の人々にも大規模な飢餓が待ち受けていると信じるに足る十分な根拠があった。食料生産が改善されていなかったわけではなく、19世紀には近代農業が新世界に広がり、そこからの輸送手段も開発された。穀物の収量も増えていたし、アメリカからヨーロッパへの牛肉と豚肉の輸出は１８５０年代前半から90年代後半までに14倍になっていた[19]。小麦の輸出も１８４０年代から急増し、おかげでイギリスの１８８０年のパンの値段は１８４０年の半分になっていた[20]。マルサスが『人口論』を発表してからの約1世紀でイギリスの人口は3倍以上に増え、何百万ものイギリス人が海外に移住した。農業技術の向上とヨーロッパ大陸以外から運ばれてきた食料がヨーロッパ中に行き渡り、イギリスだけではなくほかの国々の人口も増えはじめていた[21]。

だが世紀末が近づき、20世紀が明けるころになると、ヨーロッパの人口は食料生産の新技術・新手法が可能とする限界まで増えてしまったと考えられるようになった。とくにイギリスはヨーロッパ以外の地域から大量の食料を輸入していて、パンを作るための小麦も1850年まではまだ自給率が高かったのに1909年には80パーセントを輸入に頼るようになっていた[22]。食料生産の増加はもはやここまでで、生産に利用できる「ゴースト・エーカー」〔ヨーロッパの食料生産を支えるヨーロッパ外の農地〕もこれ以上は確保できないと思われた。マルサスの理論はまだ適用されていたものの、それは食料も人口もまだ増えるという前提でのことだった。もう新大陸が発見されることはないし、新たに「大平原《グレートプレーンズ》」〔ロッキー山脈の東の地域〕が開拓されることもなく、手に入るものはすでに手に入れてしまっていた。これ以上、天然肥料で生産量を増やすのは無理だった。現にその影響で肥料の原料となる中南米の硝石《しょうせき》が注目され、1879〜83年にかけてチリ、ペルー、ボリビアのあいだで硝石資源をめぐる戦争が起こり、5万5000人以上が死傷したほどである[23]。しかもその硝石でさえ、利益を上げるのが誰であろうが、埋蔵量から計算するとあと30年しかもたないと予測された。

当時、英国科学振興協会の会長だったウィリアム・クルックスは、こうした状況を見て、打開策をもたらすのは科学以外にないだろうと期待した。そして実際に突破口が開かれたのは、北海を隔てたドイツでのことだった。

第一次世界大戦が始まる数年前に、ドイツの化学者フリッツ・ハーバーが窒素固定法を確立し、その後カール・ボッシュが工業化に成功した（ハーバー・ボッシュ法）。これによって人工肥料の製造が可能になり、硝石その他の天然鉱床に頼らなくてもよくなった。1934年にハーバーが死去した際に、彼の賞賛者の1人はこう述べた。「ハーバーの名は歴史に刻まれるだろう。空気からパンを作り〔空気中の窒素から肥料となるアンモニアを作りだして食糧危機を回避したのでこう言われた〕、国家と全人類のために勝利を収めた男として」[24]。もっとあとのある研究者は、「ハーバー・ボッシュ法がなければ、世界の人口が1900年の16億人から今日の60億人にまで増加することはありえなかった」と述べ、この技術を「人口爆発の起爆剤」と呼んだ[25]。現在の推定では、世界人口の40パーセントがハーバー・ボッシュ法のおかげで生きていると考えられている[26]。つまりこの数十年に急増したアジアとアフリカの人口が生きることができたのは、ハーバーとボッシュの功績に負うところが大きい。それにもかかわらず、現代人のほとんどは2人の名前さえ知らない。

第二次世界大戦中には、ナチスが国民を養うためにハーバー・ボッシュ法を採用した。もっとも、他者から土地を奪うのではなく、技術革新で食料不足を解決するというのは、ナチスの基本政策に反するものだった[27]。ナチスはハーバーがユダヤ人であることと、その業績が暗示するものに疑念を抱いていたし〔毒ガス兵器開発に携わったことでドイツ国内でも印象を悪くしていた〕、そもそも農業に関してもっと有機的な手法を好んでいた[28]。ナチスが権力を握ったあと、ハーバーはイギリスに逃れた。第一次世界大戦中に毒ガス開発にかかわったという過去があったにもかかわらず、彼は滞在を許されたのだ。その後イギリス委任統治領パレスチナから誘いを受け、1934年にそこへ移動する途中で死去した。

ハーバーの功績は、農業生産向上を可能にした唯一の技術革新とまでは言えないが、世界が80億もの人口を養えるようになるには不可欠のものだった。ほかにも雑草・害虫・菌類対策の技術が格段に進歩し、収量増大に寄与した。重要な進展としてはもうひとつ、1930年代から60年代にかけての「緑の革命」も挙げられる。この技術革命の過程で矮性コムギやIR8イネなどの高収量品種が導入され、場所によっては数十年で収量が倍になったところもある。緑の革命の指導者として有名なのは、病気に強い農作物を開発したアメリカの農学者ノーマン・ボーローグである。

ハーバーと同じくボーローグもノーベル賞を受賞したが、彼の場合は平和への貢献が評価されてのことだった。その開発によって、人間の相互協力と創造性があれば生産性のボトルネックを克服できることを、そして歴史を個人・人種・階級間の終わることのない戦いだと決めつける必要はないことを証明したからである。アメリカへやってきたノルウェー系移民の子孫であるボーローグは、研究のほとんどをメキシコで行ったが、彼にもっとも大きな影響を与えたのはインドだった。アメリカでは、世界の飢餓に対してなんらかの科学的な答えを提供することは――それがアメリカで開発されたか、少なくともアメリカ人によって開発されたものであればなおさらのこと――政治的に有益だと考えられていた。グローバルサウスの大規模な飢餓と貧困を緩和できれば、農民層が怒りを募らせて革命を起こすような事態を避けられるからである。

ボーローグが開発した技術について、遺伝子の多様性を減少させるものであり、そのせいで土壌侵食が起こったと批判する人もいる。またボーローグ自身も自分の仕事の限界を認識していた[29]。しかしそのように批判する人々も、彼の発想が、その前のハーバーの発想と同じように、何十億という人命を救う役に立ったことを否定することはできない[30]。ボーローグが自ら言ったように、彼を批判する人々は「身をもって飢えを体験したことがない」ということなのかもしれない。「彼らはワシントンやブリュッセルの快適なオフィスにいながらにしてそうした批判を口にする。わたしが50年来そうしているように、彼らがたった1か月でも発展途上国の困窮のなかに身を置いたなら、トラクターと肥料と灌漑《かんがい》用水路が必要だと叫ぶだろうし、富裕国の着飾ったエリート気取りがそれを否定しようとするのを見て激怒するだろう」[31]

大量飢餓はもう起こらないのか

この2世紀で食料生産は飛躍的に増大した。19世紀のヨーロッパでは飢饉は少しも珍しいことではなかったし、20世紀に入ってもなお、イエメン、スーダン、ソマリアをはじめとする世界の多くの地域で、飢饉は普通に発生するものだった。インドでは1940年代でも飢饉によって壊滅的な被害が出ていて、1943年のベンガル飢饉では300万人以上が死亡した[32]。

飢餓はもともとは食料不足で発生するものだったが、徐々に戦争、政治的無能、陰謀がきっかけで発生する例のほうが多くなった。1930年代前半にウクライナで何百万もの人々が餓死したのは農業的要因によるものではない。政府が意図的にこの地域の農民人口を減らそうとしたか、農業集団化の独断的な計画と実施によって飢饉が発生したかのどちらかである[33]。1980年代のエチオピアの飢饉も、おおむね旧ソ連型農業の模倣と民族紛争が原因であり[34]、当時のイギリス共産党誌のタイトルを使ったジョーク「今日はマルクス主義、明日は飢饉」を思い出させる。

1960年代以降、飢饉による死亡はかなり減少した。ある試算によれば、1970年代の飢饉による年間死亡率は1960年代の5分の1以下で、2010〜16年の数字は1960年代の1パーセントにすぎなかった。もっと長い期間で比較すると、現在の飢饉による死亡率は、1870年代の約0・3パーセントにすぎない。世界人口の増加を考慮に入れた年率ではなく死亡の絶対数を見ると、1870年代には2000万人以上、1940年代には1800万人以上が飢饉で命を落としているが、2010〜16年は25万人だった[35]。

しかしマルサス主義者は、世界人口増加のあらゆる段階で、人類はまた新たな壁にぶつかって大量飢餓が発生するという警告を繰り返し発してきた。マルサス主義者に限らず、じつはそのような警告を発する人は昔からいて、2世紀の神学者テルトゥリアヌスもこう言っていた。「人類の繁殖力を示す決定的な証拠は、わたしたちがこの世界にとって重荷になりすぎていることである。自然の力はわたしたちを支えるのに十分とは言えず、もはやわたしたちに生活手段を提供してくれないので、物の不足が切実な問題となり、ますます多くの人が不満を募らせるようになっている。こうなると実際のところ、疫病や飢饉や戦争を国家のための解決策、人類の過剰な増殖を抑制するための手段と見なさざるをえなくなる」[36]

すでに述べたように、ハーバー・ボッシュ法開発以前の20世紀初頭にも、世界人口の増加率がピークに達した1960年代にも、同様の懸念が表明されていた。1968年のポール・エーリックの有名な著書『人口爆弾』の冒頭は読者を驚かせた。「全人類を養うための戦いは終わった。1970年代に世界は飢饉に見舞われ、何億もの人々が餓死することになるだろう」[37]。エーリックを弁護するならば、彼が騒ぎ立てたことが、人口増加幅の減少に寄与する諸政策につながったと言えるかもしれない。しかし彼はその後もずっと、自分が人間の革新性と食料増産能力を過小評価していたことを認めず、2018年の『人口爆弾』刊行50周年記念のインタビューでもこう断言している。「人口増加が、1人あたりの食料の過剰消費とともに、文明を崖っぷちに追い込んでいます」[38]

たしかに、エーリックの言うとおりになるという可能性がないわけではない。今度こそ危ないとする考え方にはふたつの問題が絡んでいる。ひとつは地球温暖化を含む環境問題であり、もうひとつは、ここまではなんとかやってこられたが、今後も人口増に見合った食料増産が可能かどうかわからないという問題である。環境問題については終章で触れるとして、ここではふたつ目の問題について考えてみよう。今後世界人口が100億や110億というレベルになったら、もはやアイデアも底を突き、さすがに養いきれなくなるのではないかという懸念である。

この懸念に根拠がないわけではない。世界銀行の2008年の『世界開発報告』は、発展途上国における小麦、トウモロコシ、米の収量の増加率が1980年代以降減少していると報じた。アメリカの環境問題研究家レスター・ブラウンも、2005年に、「収穫逓減《ていげん》があらゆる分野で始まっている」[39]と警告した。しかしながら世界の食料生産性を測定するのはきわめて難しい作業であり、最近の研究によれば、農業の「全要素生産性」(土地、労働、肥料などをすべて投入量として、生産量との比率を示す)はむしろ上昇していて、上昇幅も伸びている。ある推計によれば、上昇率は1980年代から90年代にかけて2倍になり、その後も上昇が続いているという[40]。なぜかというと、以前よりも少ない人数で食料を生産できるようになりつつあるからだ。たとえば中国では、農業部門に従事する労働人口の割合が、過去30年間で半分以上から5分の1以下へと減少している[41]。

生産性のデータ(収量にしろ利益率にしろ)よりも総生産量のデータのほうが確実ではないかという疑問もわくだろう。投入量と生産量の比率を出さなくても、生産量だけあればいいのだから。だが総生産量で見てもいい結果が出ていて、21世紀に入ってから生産量の伸びはわずかに加速し

主要穀物の生産量と人口
（1961年を100%とした指数／1961−2018年）

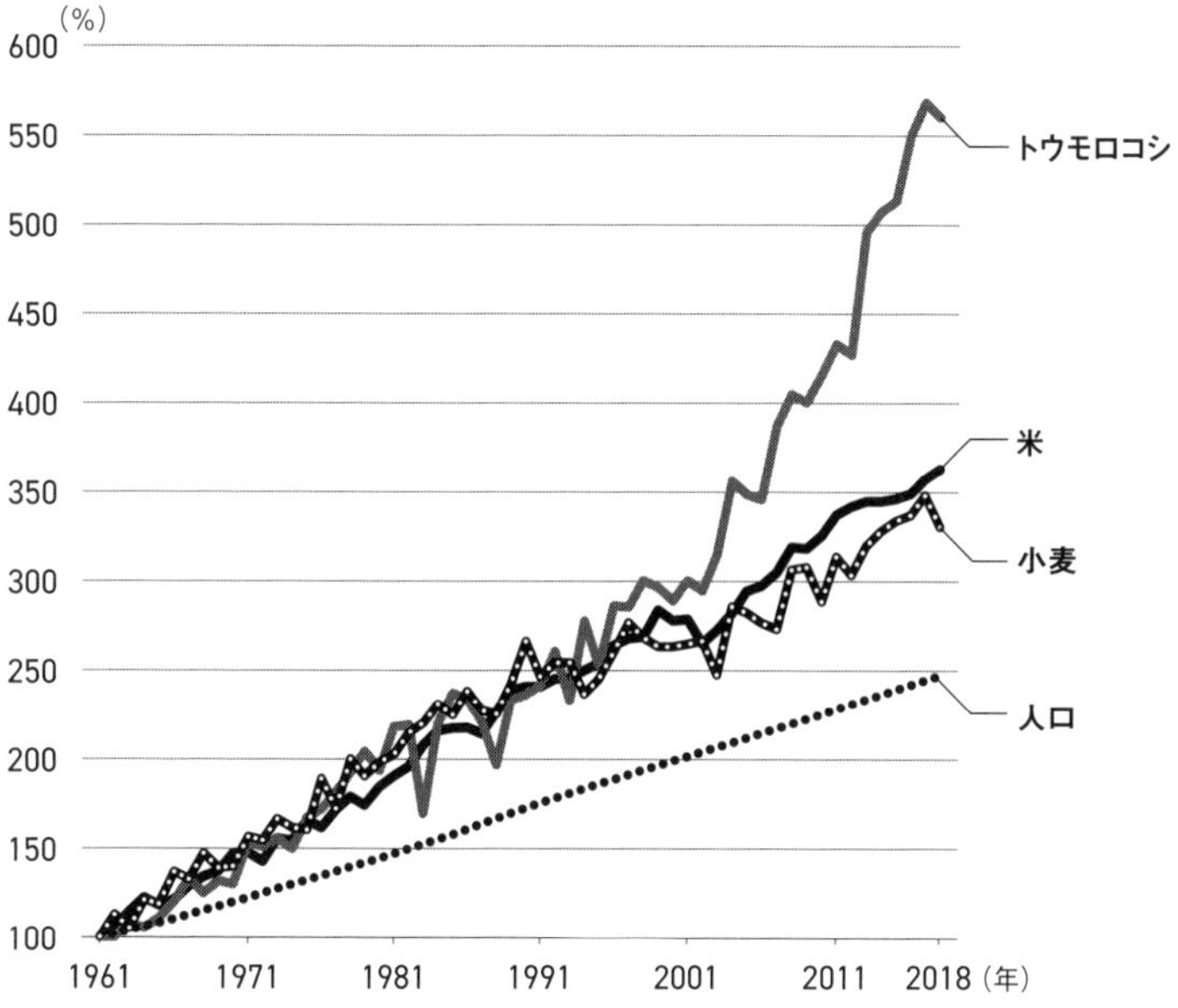

出典：FAO（国際連合食糧農業機関）、国連人口部

人口増加が比較的安定しているのに対して、食料生産量は急激に伸びている。小麦と米の生産量は1960年代はじめの3倍以上に達したが、人口のほうはおよそ2.5倍である。ここ数十年の主役はトウモロコシで、生産量が5倍以上になった。トウモロコシはおもに食肉用の家畜の飼料として利用されていて、これが1人あたり食肉消費量の過去半世紀での倍増の理由を説明している。

ている。しかもその間、人口増加率は減少していることを思い出していただきたい。だからこそ、栄養失調や飢饉に苦しむ人々の人数が減りつつある。先進国では生産量の伸びがわずかに鈍化しているが、そこではすでに食料が余っているのだから問題ない。食料が足りない地域では、先進国の鈍化を補って余りあるほどの加速が見られる[42]。どうやら世界の食料供給が増加しているだけではなく、先進国の余剰生産物に対する発展途上国の依存度も下がってきているようだ。さらに貿易協定のおかげで貧しい国々の輸出機会が拡大している。今後、輸送と保冷設備への投資が増えれば、農業廃棄物も減り、その分消費者の手に届く食料はいっそう増えるだろう。

気候変動の影響で一部の地域では生産性が下がるかもしれないが、逆に生産性が上がる地域もあるだろう。温暖化に備えて作物の耐熱性を高める技術も開発されつつある[43]。

楽観論を支えるもうひとつの材料は、世界の農業先進国と農業発展途上国のあいだにまだ大きな開きがあることだ。インドの穀物の収量はアメリカの半分にもならない。ヨルダンもイスラエルの半分以下で、キューバはブラジルの半分強である。アメリカのコーンベルト〔中西部のトウモロコシ生産地帯〕、イギリスのイーストアングリア〔東部の半島で、先進的な農業地帯〕、フランスのパリ盆地〔フランス中部から北部に広がる盆地で、大穀倉地帯〕のような生産性を実現できていないところには、それぞれ地域固有の問題があるに違いないが、それでも差を縮める余地はまだ残っているはずである。

主要穀物の1エーカー(約4047㎡)あたりの収量
(1961年を100%とした指数/1961−2018年)

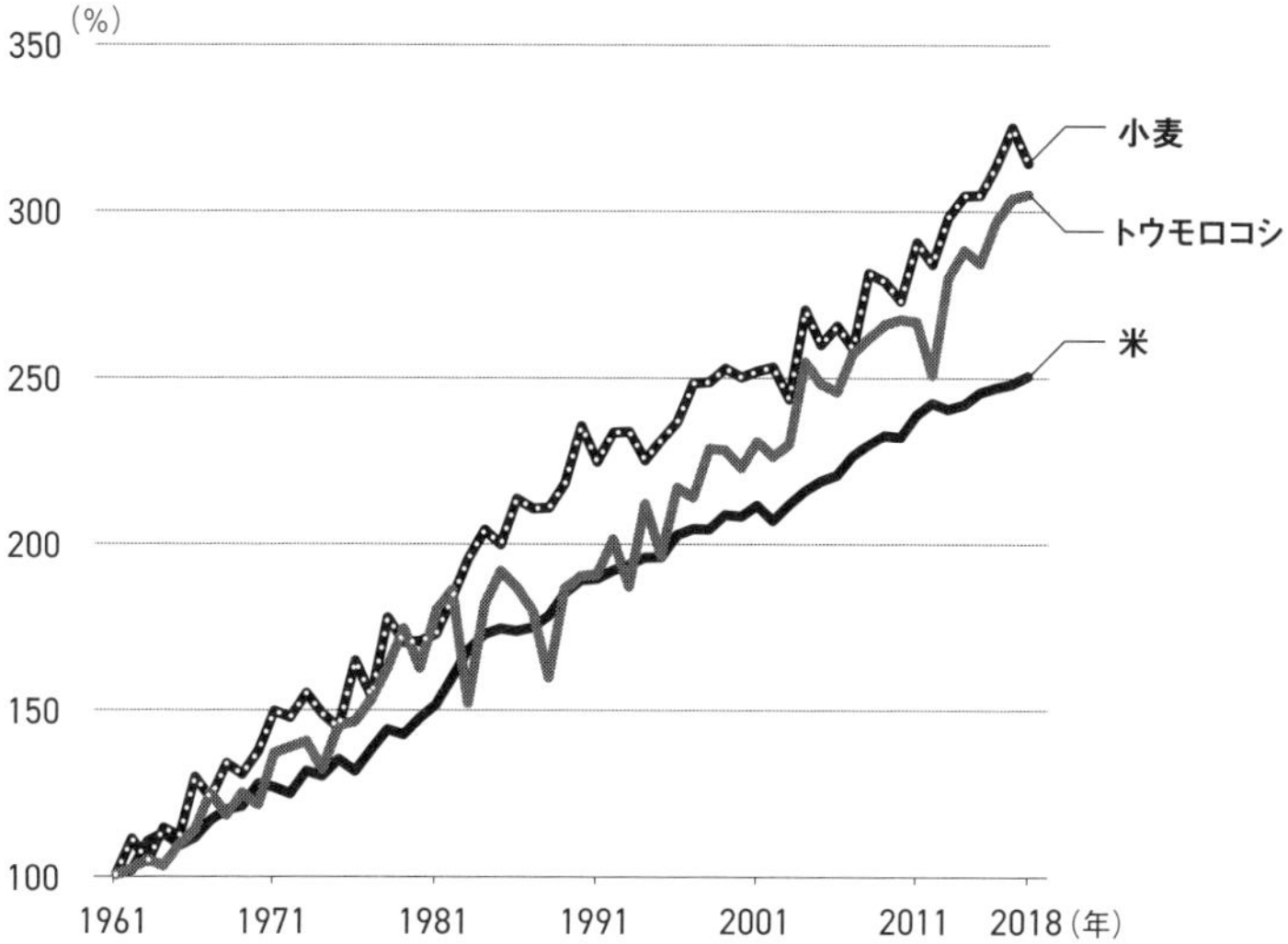

出典:FAO

集約農業は評判が悪いが、より少ない土地でより多くの食料を生産できれば、より多くの面積を自然に返すことができる。近年の収量の大幅な増加を見れば、これ以上広大な土地を農業にあてなくても世界を養っていけることがわかる。

人口増加率が下がってきていること、多くの国の人々が大食より小食を重視するようになってきていることから、今後も収量が増えつづければ、環境回復の真の機会が訪れるだろう。

80億人を養うために

世界人口の約半分が米を主食としている[44]。米のおよそ90パーセントはアジアで生産されていて、生産量第1位は中国であり、作付面積第1位はインドである。緑の革命によって新品種の導入と肥料の増投が同時に行われたことにより、20世紀の最後の40年間で米の収量は倍になった。1960年の先端技術がそれ以前の数千年間に蓄積された知識と経験の産物だったことを考えると、収量倍増は近代科学への賛辞にほかならない[45]。

ハーバー・ボッシュ法が収量改善の終点ではなかったように、緑の革命もそれで終わりにはならなかった。2000〜19年にかけて、世界の米の総生産量は4分の1以上増加し[46]、その間にアジアの人口増加率は年1パーセント程度まで下がった。今世紀に入ってから中国の低体重人口の割合が約16パーセントから約8パーセントに半減し、東アジア全体では15パーセントから5パーセントに下がったのも当然のことだ[47]。農業が始まって以来ずっと、人口の大部分が栄養不足状態に置かれていたこの地域にとって、これは相当の進歩である。

前章で、教育水準が上がるにつれてわたしたちが質的に向上してきたことを指摘した。教育がソフトウエアのアップグレードだとすれば、栄養状態をよくすることはハードウエアの改良と言えるわけで、どちらも大事である。この種の進歩によく見られることだが、両者は影響し合って好循環を生み出している。栄養状態のいい子供の脳は、半餓死状態の子供の脳より発達するし、きちんと食事をしている子供のほうが空腹の子供よりも授業に集中できる。同時に、よりよい教育を受けた農業従事者は生産性の高い仕事をし、家族を養うことができる。これについてはあとで説明を加える。

だが世の常として、全体としてはうまくいっていても部分的には陰が生じる。陰のひとつは、食料事情に関してどの地域でも東アジアのような顕著な改善が見られるわけではないということで、一部には悪化した地域がある。たとえばジンバブエは、最悪の政権運営のせいで、２０００年以降現在までに栄養不足人口が全人口の40パーセントから50パーセントへと上がった。農業条件に恵まれ、大きな可能性を持つ国がこのような結果になるとは、恥ずべき事態である。内戦で荒廃したイエメンでも栄養不足人口が急増している。最近のデータを見ると、世界全体の飢餓人口は増加に転じたと考えられ、そこへ新型コロナウイルス感染症の蔓延が重なって、それに起因する一時的な経済危機と貧困の増大が状況をさらに悪化させているようだ[48]〔その後の国連の発表で、おもに新型コロナウイルスの影響により、２０２０年に飢餓状況が悪化したことが明らかになっている〕。また人口の増加局面では、栄養不良の人々の割合が減少していても、人数としては増える可能性がある。

食料価格が上がると貧しい人々ほど大きな打撃を受けるので、２００７年のメキシコのトルティーヤ暴動、2013年のインドのタマネギ危機、2017年のエジプト政府によるパンの配給削減に対する大規模な抗議デモといった暴動につながることがある。消費者にとっては幸いなことに、FAO（国際連合食糧農業機関）の食料価格指数は2014年から低いまま推移していて、全般的に食料品の値ごろ感が増している。実質ベースで言うと、食料価格は世界人口が今の半分以下だった1960年代はじめとほぼ同水準にある〔FAOの報告によれば、2021年から食料価格が高騰し、2022年には食料価格指数が史上最高値を記録したが、2023年8月時点で名目・実質ともにピークから24パーセント下がり、落ち着きを取り戻しつつある〕[49]。

もうひとつの陰の部分は過食である。すでに2007年に、世界は太りすぎの人のほうが飢えている人より多いという状況になっていた[50]。一部の地域では「食べすぎ」が蔓延して、健康や寿命に深刻な影響が出ている。人類は欠乏に耐えるように進化してきたので、食べ物が手に入るときにはたらふく食べようとする。そのため食欲をうまくコントロールできない人が多く、なかでもアメリカはこの点で有名である。アメリカでは成人の3分の1以上が肥満であり、それが平均寿命の延び悩みにつながっていることは前に述べたとおりだ。サウジアラビアも同様の問題を抱えていて、両国とも過体重〔肥満と正常体重のあいだの状態。体重〔キロ〕を身長〔メートル〕の2乗で割ったBMIが25以上30未満の場合を指す〕の人口が多い。

都市化が進むにつれて人々の食生活も変化する――ときにはいいほうに。というのも現代の都市はだいたい食品の安全基準が農村地域より高く、包装・保管・保冷も行き届いているからだ。だが都市生活者は加工食品を多く食べるため、糖分や塩分が多くなり、肥満、糖尿病、高血圧になりやすい。

グローバル化は世界の農業生産高の向上に大いに貢献してきた。アメリカは19世紀からずっと主要な穀物輸出国で、今でも世界の多くの国がアメリカの余剰分を消費している。もちろん世界の食料貿易の対象はアメリカの輸出穀物だけではない。たとえばブラジルは大豆の生産高の4分の3を中国に輸出している。大豆はそこで家畜の飼料に使われ、中国のここ数十年の肉消費の急増を下支えしてきた。グローバル化によって食料自給率は低下する。これをコストと考える人もいるが、食料のみならずあらゆるものの自給率にこだわる北朝鮮のような例が、グローバル化を退ける手本になるとはとうてい思えない。北朝鮮の就学前の子供たちは、韓国の同年齢の子供たちより身長が13センチ低く、体重が7キロ軽いのだから[51]。

教育が農業生産性を高める

インドの穀物生産量は60年間で5倍に増えたが、同期間の人口の増加は3倍弱だった。わたしは2014年に、1980年代なかば以来久しぶりにインドを訪れたが、そのとき人々が以前よりもずっと健康的で、栄養状態もいいように見えたのは不思議でもなんでもなかったのだ。インドが過去60年間に何を経験してきたかは、次の3つの倍数表現でとらえることができる。人口が

「3倍弱」になり、穀物収量が「4倍」になり、穀物生産量が「5倍」になった。つまり一定の面積で養える人口が増えてきている。だがほかの多くの国に比べるとインドの前進の幅はまだ小さく、それは比較的小規模な農家が多くて収量も低いからである〔52〕。ということはインドにはまだまだ改善の余地があり、しかも人口のほうは増加率が着実に下がってくるのだから、見通しは明るい。次にインドを訪れるときには、飢餓人口ももっと減っているのではないだろうか。

データを集計して数字を出すのはすばらしいことだが、その数字がどのように達成されたかを知ることにも意味がある。収量増加には灌漑設備の改良・整備、品種改良、農機具の性能向上、肥料の利用機会の拡大など、さまざまな要素が貢献している。大事なのは、こうした要素をもっと少なく、効率的に利用して、持続性を高めることこそが進歩だということだ。その意味で、農業生産性を高めるのにもっとも効果的な要素のひとつが教育であることを忘れてはならない〔53〕。インドの稲作農家を対象にしたある調査により、最新技術が導入されているかどうかとはかかわりなく、教育年数と生産性のあいだに強い相関関係があることがわかっている〔54〕。

南インドのカルナータカ州の農夫チャンドラナは、両親から3エーカー〔約1万2140平方メートル〕の農場を受け継いだ。彼は大学には行かなかったが、基礎的な学校教育と農業研修を受けていた。そこで自分の知識を生かし、ミミズを使う堆肥《たいひ》作りを試してみたところ、落花生の1袋あたりの重量が近隣農家より5割増しになり、収量が地域トップになった。彼の収入は増え、一家の暮らしぶりは変わった。農場を訪ねた記者は、「小さい泥壁の家だったのが、今では改築されてセメントの壁で覆われています」と報じた[55]。その後は近隣農家の多くがチャンドラナに倣って収量を増やそうとしている。人類は有史以来ずっと貧困状態に置かれてきたが、そこから抜け出すのを助けてくれているのは、こうした知恵に基づいた成功譚《たん》なのだ。

ときには、新技術ではなく、すでにわたしたちが当たり前のように使っている技術が人々の暮らしを大きく変えることもある。たとえば携帯電話は農業従事者に教育手段を提供し、市場情報を提供し、マイクロインシュアランス〔発展途上国の低所得者層向けの小規模保険〕への加入を可能にすることで、農業の生産性向上に役立っている。2016年時点で、アフリカにはどうやら歯ブラシよりも多くの携帯電話が行きわたっていたようだ[56]。ケニア西部の農家を対象に、携帯電話のメールで有用な情報を提供しているアメリカのNPO（民間非営利組織）の運用責任者は、フィナンシャル・タイムズ紙の記者にこう語った。「農家の人々に、地域ごとの土壌、天候、市況に合った情報や提案を送信しているのですが、それが役に立って、収量も純利益も劇的に改善されました」[57]

ただし技術が提供されてもすぐに採用されるとは限らず、導入に時間がかかることもある。長いあいだ食料生産技術が思うように広まらなかったのは、教育の欠如や改革への抵抗が妨げになっていたからだ[58]。また農家の規模が小さすぎて、投資しただけの効果が得られない場合もある。インドでは農家の規模が縮小しつつあるため、この問題も深刻化している[59]。

食料生産の進歩がなければ世界の飢餓をなくすことはできない。しかし飢饉は、一般的には食料不足と関係するものの、常に食料の絶対的不足を伴うとは限らない[60]。生産量は十分なのに、それが飢えている人々の手に届かないために飢餓が解消されないという例が少なくないのだ。1840年代のアイルランドの飢饉、1930年代のウクライナの飢饉、1940年代のベンガルの飢饉のとき、これらの国はまだ穀物を輸出していた。国際的な食料援助についても、市場をゆがめ、地元生産者の意欲をそぐので、貧困国の消費者ではなく富裕国の生産者を助けることにしかならないという懸念がある。これらはマルサス的発想を超える問題で、世界は全員のために十分な食料を生産しなければならないが、それを必要な人々に届けられなければ意味がない。

未来の食料

食料生産の分野では、現行の取り組みを超える開発がいくつか進行中で、それらが大変革をもたらすかもしれない。たとえば水耕栽培は、特定の作物を土を使わずに、屋内の調節された環境で、LEDライトを含む無駄のない資源投入によって育てる技術である。ロンドン南郊外のクラッパム・コモンには、地下33メートルに水耕栽培施設――農場と呼ばれている――があり、毎年2万キログラムの葉野菜が育てられている。生産を地下に移せば、地上を別のことに使えるようになる。育てられた野菜はすべてロンドン市内で販売されるため、長距離輸送を必要とせず、新鮮そのものの状態で消費者に届く。共同設立者のスティーブン・ドリングによれば、「午後4時に収穫したものを翌日のランチに間に合うように提供しています」[61]という。ある著名なシェフも、「イギリス最大の都市の中心部でこれほど新鮮な食材を調達できるなんて、すばらしいですよ」と興奮気味に語った[62]。建物の屋上を利用した水耕栽培施設は広州からモントリオールまであちこちに出現しているし、ちょっとした水耕栽培キットならイケアでも売られている[63]。

ほかにも現在の生産方法、生産可能量、生産効率を変えられるような技術はたくさんあるが、いずれもまだ開発の初期段階にある。うまくいけば合成肥料や殺虫剤の使用、土壌養分の流出、土地の使用を減らして持続可能性を高められるかもしれない。広大な農地でやたらに資源を投入し、作物を甘やかして自然の気まぐれに対抗しようとする生産方法は、いずれ時代遅れと見なされるときが来るかもしれない。

ラボミート（実験室で作られた食肉、つまり培養肉）の大量生産が可能になるのはまだずっと先のことのように思えるが、コストは急速に下がってきている[64]。ラボミートのハンバーガーを作るのに、2013年には28万ドルかかったが、今後数年で10ドルまで下がる可能性もある[65]。肉のおいしさは誰もが認めるところだが、食料生産の観点からは非効率なので、環境にとっても倫理上も全面的に菜食に切り替えるのが望ましいと考える人もいる。しかし、今より環境にやさしく、動物にもやさしく、将来的にはより低いコストで肉にかぎりなく近いものを生産できるとしたら、そのほうが肉食を完全にやめてしまうよりいいのではないだろうか。ラボミートにシフトできれば、環境にとっても大いにプラスになる。食肉および動物性食品の生産を支えている家畜の放牧システムは、現在、地球の不凍土の面積の4分の1以上を使用し、膨大な量の資源を消費しているからだ[66]。また培養魚肉の開発も進んでいる。

等比級数的な人口増加がずっと続くとしたら、人類の技術革新がそれに対応できるかどうかを真剣に心配しなければならなかっただろう。たとえば世界人口が25年ごと〔1世代ごと〕に倍になり、それが何世紀も続くなら、人類の技術レベルがどうであれ、なんらかのマルサス的な壁に突きあたらざるをえない。しかしながら、今後さらに無駄を省くことで100億から110億人――予測されている世界人口のピーク――を養うことができるというなら、しかも多くの新技術の開発が進行中だというなら、今世紀が進むにつれて飢餓に陥る人は少なくなると信じていいだろう。遺伝子組み換え作物のような新技術に抵抗する人もいるだろうが、そんな贅沢は言っていられない。それに人類は、食料生産における遺伝子操作に今回はじめて直面するわけではない。狩猟採集から農耕社会への移行は、一種の遺伝子操作を――漸進的なものだったとはいえ――伴っていた。19世紀のアメリカの経済学者ヘンリー・ジョージはこう言っている。

動物と人間の違いはこういうことだ。アザラシも人間もサケを食べるが、アザラシがサケを1匹食べるとサケが1匹減るので、アザラシの頭数があるレベルを超えるとサケは減少してしまう。一方、人間はサケの産卵条件を整えるなどしてサケを増やすことができ、しかも自分たちが食べる以上に増やすことができるので、人間がいくら増えてもサケが足りなくなることはない[67]。

サケの養殖は環境に負荷をかけるが、それは対処可能である。イギリス首相だったウィンストン・チャーチル(1874〜1965年)は、養鶏について、50年後を予測する記事にこう書いていた。「鶏の胸肉や手羽先を食べるために鶏を丸ごと育てるといったばかげたことは、もうしなくなっているだろう。適切な培地でこれらの部位を別々に育てているだろうから」[68]

人口増加を最終的に阻むのは、食料不足でもなければ、その他のいかなる外的要因でもなく、人間自身が行う選択である。

終章

明日の人々

「明日の人々」はもうわたしたちの目の前にいる。寿命が延び、とくに若い人々の死が減っているので、全体数は急増している。だが彼らは多くの子供を持たないので、増加率は下がってきている。都市化が進み、高齢化が進み、教育水準は上がり、栄養状態もよくなっている。

これまでに述べてきたように、世界の状況は地域によってさまざまで、まだ人口動態の近代化の途上にある国もある。サハラ以南のアフリカの多くの国ではすでに乳児死亡率が大幅に低下し、平均寿命が延びているが、わたしたちはかなりの確信を持って、前者はもっと低下し、後者はもっと延びると言うことができる。また同時に出生率も、アフリカ全域で下がってくるだろう。

アフリカにとって、あるいはもっと東のアフガニスタンや東ティモールのような国々にとっての未来とは、さらなる人口増加と人口高齢化を経験しながら、世界のそれ以外の国々に追いつくことである。今、世界のはしごのいちばん下の段にいる人々が、よりよい食事を摂り、よりよい教育を受けられるようになるだろう。安定と繁栄と人口成熟の模範とされるデンマークへの道のりは長いとしても、世界でもっとも貧しい国々はもっとも足早にデンマークのほうへと進んでいる。一方、そのような進歩が続く可能性が高いとはいえ、なんらかの災厄に行く手を阻まれる可能性も残っている。災厄として考えられるのは、環境災害〔自然災害とは異なり、人間活動の結果による生態系の変化によって起こる災害〕、戦争、パンデミック、経済崩壊の4つである。それぞれについて少し考えてみよう。

本書は地球温暖化に関する本ではないが、未来について論じる以上、この問題を避けて通ることはできない。温室効果ガス排出量の増加、気温上昇、海面上昇によって穀物の不作や気候難民の発生が頻繁になれば、議論の前提が崩れてしまいかねない。そこまで絶望的な状況にはならなかったとしても、大気汚染や野生動物の減少、全般的な環境破壊が進む可能性はある。実際にそうなるかどうかは誰にもわからないし、今の状況は警鐘を鳴らす人々が言うほど悪くはないと考える科学者もいる[1]。現在のわたしたちの活動の多くは以前ほど温室効果ガスを排出していない。大事な人や同僚と音声通話やビデオ通話でつながれるので、移動の回数が減ってエネルギー消費を減らすことができているし、ＬＥＤ電球の消費電力はそれ以前の電球の何分の1でしかない。いずれ開発は環境保護と両立するようになり、環境を補うようにさえなるだろう。

世界人口の増加と教育水準の向上によって、あらゆる種類のイノベーションが創出されつつあり、それが地球を救うことになるだろう。太陽光発電や風力発電、あるいは二酸化炭素回収技術によって温室効果ガスの問題を解決できるかもしれないし、新しい食料生産システムによって気候変動に起因する農業問題を回避できるかもしれない。また一部の活動家が警告している人類の大量絶滅については、少なくとも地球温暖化が原因で起こることはないとはっきり言える。実際、自然災害による死者数は何十年も前から減ってきていて〔１９２０年代から急速に減少し、最近は低いレベルで下げ止まっている〕、この10年の平均で言うと全死者数の１０００分の1でしかない〔２０１０～２０年の平均。年ごとの変動が激しいが、１９９０年以降では高いときで１０００分の4、低いときで1万分の1〕[2]。何よりも、人々が豊かになれば、それだけ災害から身を守ることができるようになる。人口増加は環境を圧迫しつづけるだろうが、増加率はすでに年々下がってきているし、環境破壊はすでに回復へと反転しようとしている。

次に戦争だが、環境災害と同様に、戦争が未来の人口動態に大きな影響を与える可能性は低いと思われる。もちろん明日、第三次世界大戦が勃発し、人類に大打撃を与えるという可能性は常にある。だがデータはかなり明確な傾向を示していて、戦死者の割合は全体的に低下しつつあり、１９６０年代後半に比べると数分の1まで下がっている[3]〔２０２１年時点〕。シリア内戦の死者数が勃発から10年間で少なくとも50万人に達している事実は悲劇以外の何ものでもないが、この人数は内戦前のシリアの年間人口増加数よりも少ない[4]。人口動態の観点から注目されるのは、死者数の10倍ほどの人数がシリアを離れたことで[5]、これはシリアにとっては人口減少であり、逆から言えば百万人単位のシリア人がヨルダン、トルコ、レバノン、あるいはもっと遠い国々で暮らしていることを意味する。シリアのこの10年間の戦死者数は、過去の戦争、たとえば3年間の朝鮮戦争の戦死者数に比べてはるかに少ない[6]。もうひとつ、世界人口の高齢化を考えると戦争が増えることは考えにくいので、その逆を期待してもいいだろう。

続いてパンデミックだが、わたしは本書のほとんどの部分を、新型コロナウイルス感染症が大流行し、その対策としてロックダウンや隔離が行われているさなかに書いた。この感染症は経済を大混乱に陥れているし、先進国では都市離れが加速しているようだ。また超過死亡数〔例年の水準を上回る死亡者数〕は本稿執筆時点の2021年で1600万人を超えると推定されている[7]。1世紀前のスペイン風邪と比べると、当時の世界人口は現在の3分の1以下だったが、スペイン風邪による死者は4000万人近くに上った[8]。ちなみに現在の世界の年間総死亡数（あらゆる原因を含む）は5000万人を超えている。新型コロナウイルスの影響は高齢者に偏っているため、今回のパンデミックが平均寿命に及ぼす影響は限定的なものになりそうだ。同規模のパンデミックが100年に一度の割合で発生したとしても、世界人口に与える全体的影響はごくわずかなものだろう。もちろんほかの災厄と同じように、このパンデミックが最終的にもっとひどい結果を招くこともありうるし、同規模のものが100年を待たずに発生することもありうる。だがこれまでの歴史的経験から言えば、ひとつの疾病で世界人口が壊滅的な影響を受けることは考えにくい。

新型コロナウイルス感染症は死亡数よりも出生数に大きな影響を与えている可能性がある。ロックダウンのあいだカップルは家にいるしかなく、するべきこともある程度限られているのでセックスの回数が増えたかもしれない。発展途上国では通常の生活ができなくなり、避妊具や避妊薬も入手困難になったため、想定外の妊娠が急増するのではないかと国連は懸念している[9]。逆に、出生率を低下させる要因もいくつか考えられる。医療機関に行けなくなったり、結婚式の延期や、新しい出会いの機会の減少もあるだろう。さらに深刻な経済不安もある。子供を産むのはこうした状況が落ち着いてからにしようと思う人もいるだろう。これらの点を考慮したうえで、現時点では、パンデミックにより先進国では出生率が下がるが、発展途上国では出生率が上がると考えられている[10]。いずれにしても短期的な効果にとどまり、ある年の入学者数が急に減ったり増えたりするという程度の影響しか残らないだろう。

最後は経済崩壊である。深刻な経済崩壊は、ほかの災厄が引き金かどうかにかかわらず、人口転換の最終段階に差しかかっている貧しい国々に大きな被害をもたらす可能性がある。2008～09年にかけての世界金融危機の際にも、貧しい国ほど経済が深刻なダメージを受けるという傾向が見られた。しかしながら、発展途上国の多くが経済的損失を被ったにもかかわらず、金融危機後もこれらの国の乳児死亡率は下がりつづけ、平均寿命は延びつづけた。人口転換の力は強く、よほど大規模な経済危機が起こらないかぎり、その流れが逆転することはないようだ。

未来の人々

ここまでずっと、すでに明らかなもの、現実的なものに焦点を絞り、ラボミートより先の未来の話はしてこなかった。未来を形作ることになる傾向、すなわち出生率、死亡率、移民、民族構成などの変化は、現にわたしたちの目の前で起こりつつある明らかなものである。だが最後にここで、もっと長期的な可能性についても触れておこうと思う。

最近、世界の最先進国の一部で、平均寿命の短縮傾向の端緒になるかもしれない変化が見られるようになった。短縮そのものはまだ一時的なものしか見られないが、平均寿命の延長が鈍化しはじめているのは確かで、成績優秀だった国々でも変化が見られる。日本では、20世紀半ばには平均寿命が10年ごとに5、6年延びていたが、今世紀に入ってからは10年ごとに1年半から2年の延びにとどまっている。人間の寿命がなんらかの自然限界に達しつつあるのかもしれない。あるいは、すでにアングロ圏で問題になっている絶望病や肥満が、今後世界中に広がって寿命を縮める可能性もある[11]。現にロシアではかなり前からアルコール依存症、自殺、肥満が、人口規模に影響を与えうる重大な問題になっている[12]。

だが今後、科学の著しい進歩によって老化現象の理解が進み、まったく新しい展望が開ける可能性もある。なにも永遠の命を目指せと言うのではない。ほんの２００歳でも、平均寿命がそうなれば社会のありようは何もかもがらりと変わるだろう。いつどのように学ぶかも、働き方も、家族関係も、今のわたしたちには具体的に想像できないくらい、まったく違うものになるだろう。人間が今の2倍の年月を生きるようになったら、今当たり前だと思われている生活パターンも時代遅れと見なされるようになるかもしれない[13]。

人間の生殖行動に目を向けると、妊娠と性交の関係がすでに薄れてきている。避妊法の改善とともに、わたしたちは偶然の妊娠を選択可能なものに置き換えてきた。したがってすべての性交が妊娠につながるわけではないが、少なくともすべての妊娠は性交から生じていた。だがいまや、体外受精技術の開発によってそれが変わりつつある。将来的には、性交と妊娠の関係が完全に切り離される可能性もある。親は必ずしも2人ではなくなるかもしれない。たとえば遺伝的疾患を持つ親が子供を望むとき、自分の遺伝子をほかの1人、あるいは複数人の遺伝子で補うデザイナーベビーを選択できるようになるかもしれない。すでに2人以上の遺伝子を持つ子供が誕生した例がある[14]〔リー脳症と呼ばれる遺伝的な難病の治療として核移植が行われた特殊な例〕。未来の人々が皆それぞれに知的で、美しく、遺伝的疾患のない存在になりうるという考えは生命倫理上の大問題を提起するが、いったん技術的に可能になると、遺伝子選択を認めるべきだとする圧力は計り知れないものになるだろう。今日すでに、特定の疾患についての胚《はい》の選別や、胎児がその疾患を有しているとわかった場合の人工妊娠中絶が行われているという事実からも、それを推し量ることができる。

子供が2人以上の親を持つ可能性が出てくると、出生を1人の母親と1人の父親に帰属させるのが難しくなり、人口統計の基礎分類が崩れはじめる。すでに「性差流動性」という概念の登場によって、以前は明確だった分類が曖昧なものになりつつある。現在、トランスジェンダーの人々が世界人口に占める割合は多くても0・7パーセントとされている[15]。この現象はこのまごく一部にとどまるかもしれないが、今後拡大して、大多数の人々がジェンダーを選択し、しかも定期的に見直せるというところまで行くかもしれない。そのような世界では、女性1人あたりの合計特殊出生率や、平均寿命の男女差などは意味をなさなくなるだろう。

さらに先を考えると、意識をダウンロードしたり、新しい体にリロードしたりできるようになるかもしれないし、VR(仮想現実)の世界で生きることを選べるようになるかもしれない。汎用人工知能は人間を奴隷化するかもしれないし、逆に解放してくれるかもしれないし、あるいはその一部に人間を取り込んでしまうかもしれない。人類は地球外に居住地を建設するかもしれない。まるでSFだと思う人もいるだろうが、今のわたしたちが当たり前だと思っていることの多くは、数世紀前の人々にとってはSFか魔法だった。だがこの種の可能性について考えはじめると際限がなく、本書のテーマを超えてしまう[16]。人類の課題としては、寿命が200歳、デザイナーベビー、性転換の普及、意識のダウンロードといった問題以前に、今の段階で取り組むべきもっと具体的な問題がある。

犠牲となる選択はなにか

先進国が近代後の人口動態に向かうとき、各国はそれぞれに「トリレンマ」とでも呼ぶべき選択をしている。トリレンマとは二律背反ならぬ三律背反のことだが、ここでは3つの選択肢のうち2つを選び、もう1つを犠牲にするという意味で使わせていただきたい。3つの選択肢とは経済力、民族性、エゴイズムのことだ。「経済力」とは、わたしたちがいまや普通だと思っている好調な経済成長のことであり、「民族性」とは、ある特定の民族集団が、自分たちが祖国と見なす地域で優位を保つことであり、「エゴイズム」とは、狭義では、家族の形成より個人的計画を優先することである。

ただし「エゴイズム」については、もっと範囲の広い複雑なものを指して使っているので、省略表現だと思っていただきたい。というのも、子供を持つのを先延ばしし、結果的に1人も持たない、あるいは1人か2人しか持たないことになるのは（もちろん子供ができない場合を別にしての話だが）、個人的欲求もさることながら、仕事を取り巻くさまざまなプレッシャー、経済的制約、親の介護、その他のありとあらゆる社会的プレッシャーが原因であることが多いからだ[17]。いかなる選択も、それをするかしないかという単純な決断の結果ではない。女性は多くの場合、家族の世話を含む家事と職業の両立において男性以上の重荷を背負い、子供を産み育てることにおいても男性以上のプレッシャーにさらされる。また先進国であっても、経済的制約あるいはほかの制約によって子供を持つことができない人々は多く、多くの国でもっと子供が欲しいのに持てないという声が聞かれる[18]。したがってわたしがここで使う「エゴイズム」という言葉は、個人のエゴイズムというより社会のエゴイズムのことで、人々に子供を持たない、あるいは小さい家族しか持たないという選択をさせるさまざまなプレッシャーと社会的選好のすべてが凝縮されていると考えていただきたい。

このトリレンマを説明するのに最適な国として、日本、イギリス、イスラエルを取り上げる。いずれも3つの選択肢のうちのひとつを犠牲にして残りのふたつを享受している国である。まず日本は、経済力を犠牲にして、民族性とエゴイズムを維持している。すでに述べたように、日本は国を開いて大規模な移民を受け入れる準備ができていない。日本人の大多数は多文化主義を歓迎しておらず、これは民族性を選択しているからだ[19]。と同時にエゴイズムも選択しているので、子供を持つことに消極的な日本人は少なくない。子供を持ちたいと思っても、仕事と子育ての両立を思いとどまらせようとする文化、家事と介護のほとんどを女性に押しつけようとする文化に行く手を阻まれてしまう。このような状況では、多くの女性が結婚や子育てより自立を優先させるのはむしろ当然のことだろう。そして民族性とエゴイズムを選択することによって、日本は力強い経済成長を犠牲にし、世界にも例がないペースで政府債務を積み上げてきた。生産年齢人口の減少と、それに続く総人口の減少が経済成長の重い足かせとなっていて、どのような経済介入をもってしても修復の見込みがない。

もっとも、移民が経済に有利にはたらくかどうかについては、短期的観点からも1人あたり国民総所得の観点からも多くの議論がなされている[20]。ポイントは、移民を受け入れても、すでに国内にいる労働者の所得が上がるわけではないということ、しかしながら移民によって人口を増やさないかぎり、経済は成長しないということの2点になるだろう。1国内に、移民による勝ち組と負け組が生まれる可能性もある。イギリスには900万人（人口の約13パーセント）の外国生まれの人々がいるので、1人あたり国民総所得は上がっていないとしても、国全体の経済規模は間違いなく大きくなっている。労働者数の減少は経済の足を引っ張り、増加は経済を押し上げる。出生率が低下しはじめてから何年かすれば、労働市場に加わる現地生まれの若者は減ってくるのだから、移民による労働供給がなければ、当然のことながら労働力不足が顕在化する。

国民一人ひとりがもっとも重視するのは自分の所得かもしれないが、子供を通わせる学校の教師が足りないとか、年老いた親の介護を任せられる看護師や介護士が足りないといった事態になれば、労働力不足を実感せざるをえないだろう。政府がもっとも重視するのは自国の経済規模、

GDP成長率、税収、そして経済を円滑に回し、各種サービスを提供しつづけるために必要な労働力の確保である。

この点でイギリスは日本とは異なる道を歩んでいる。イギリス人も子供を持つことにあまり積極的ではなく、合計特殊出生率は50年ほど前から人口置換水準を下回っている。大幅な生産性向上も期待できないなか、景気拡大を可能にする着実な労働力増加など望むべくもない。そこでイギリスは不足分を補うために大量の移民を受け入れてきた。

そのおかげでイギリスは経済の活力を少しは維持できているし、日本よりも病院、学校、オフィスの人員確保がうまくいっているが、一方で国内の民族構成は変化してきている。イギリス生まれの白人は、1990年代には人口の90パーセント以上を占めていたが、2011年にはかろうじて80パーセントで、今後数十年でさらに下がると思われる。一部には、民族構成の急激な変化は妥協ではなく、むしろプラスになると考える人もいる。だがほとんどの社会では、長く多数派だった人々が自分たちの故郷と考える場所で少数派になるという選択には反対の声が上がる。また少数派は多数派にうまく同化するかもしれないが、そうなると彼らの出生率も多数派同様に下がってしまうので、長期的にはまた人が足りなくなり、人口問題は未解決のままとなる。

ある国民や民族が存続しつづける保証はどこにもない。メディア人〔古代イラン人〕や西ゴート族がいなくなったように、将来イタリア人〔合計特殊出生率が日本よりも低い〕も日本人もいなくなるかもしれない。国連はこの両国が今後80年で人口の3分の1以上を失うと予測している。

日本のように経済成長を犠牲にして、民族の連続性と社会のエゴイズムを（それこそが子供を持とうとする気持ちを削いでいるにもかかわらず）優先させている国はほかにもある。またイギリスのように、経済成長のために民族構成の急激な変化を受け入れているものの、依然として家族の形成が最優先にはなっていないという国もたくさんある。これに対して、民族性も経済力も維持しながら、多産文化に助けられて出生率が上昇し、1人の女性が平均3人の子供を産んでいるという例は、イスラエル以外にはない。イスラエルと同等はもちろん、それに近い状態の国さえ、先進国のなかには見られない。イスラエルはユダヤ人の移民によって建設されたが、今日では高い出生率によってユダヤ人の優位性が確保されている。イスラエル国内で比べると、現在ユダヤ人女性の出生率はアラブ人女性よりわずかに高い[21]（一方、ガザ地区のパレスチナ人の出生率は、以前より大幅に下がったとはいえ、今もなおイスラエル人より高い）。イスラエル人は子供を持たない人生を選ぶエゴイズムを捨てることによって、経済力と民族の連続性を保っている。

ここでもやはり「エゴイズム」には、個々人の子供を持とうとする気持ちを削ぐような社会のエゴイズムが含まれている。イスラエルの場合はそのような社会的エゴイズムを捨て、むしろその逆の社会的プレッシャーを国民にかけている。イスラエルの人々は子供を持つためなら少々の妥協は致し方ないと思っているが、それだけではなく、大家族を大いに支援してくれる社会的プレッシャーに応えて子供を増やしているのである。政策や各種サービスはもちろん（イスラエルでは女性支援、母親支援がかなり積極的に行われていて、キャリアと家庭を両立させる女性が多い）、子供を持たないとうしろめたさを感じるようなやんわりとした雰囲気作りにまでおよぶ社会的プレッシャーである。

イスラエルは建国以来、敵対的な隣国に囲まれてきたし、宗教人口も多いので、特殊なケースかもしれない。だがアイスランド人やイタリア人が同じように子だくさんであって悪い理由はどこにもない。いまやこれは経済ではなく文化の問題であり、生物学ではなく優先順位の問題なのだから。近代後の人口動態の核心はそこにある。イスラエルは、近代国家が高い教育水準と長寿を実現しながら、同時に子供中心の、出産を奨励する文化を維持できることを示している。

この書き方では出産奨励の呼びかけのように読めてしまうかもしれない。たしかに親になったことは、わたしの経験のなかでももっとも充実したすばらしいものだった。だがわたしがこの本を書いた目的は子供を持ちなさいと説得することではなく、個人や国にどのような人口動態の選択肢があるのかを結果とともに示すことである。

国が経済発展の初期段階にあり、当然の流れとして国民の多くが小家族を望むようになっているときに、政府が国民の家族計画を手助けできることは、すでに十分に証明されている。その段階では小家族化が大きな流れなので、政府は手助けするだけで十分で、１９７０年代にインドが実施した非道な強制不妊政策や、中国の強制的な一人っ子政策はそもそも必要のないものだった。

その逆に出生率を上げようとするのは、政府にとってははるかに難しい。税制上の優遇措置や社会福祉上の支援は少しは助けになるかもしれないし、女性が仕事と子育てを両立できるようにする法律や保育無償化なども同様だが、それ以上の効果は期待できない。なぜなら近代後の世界においては、個々人および各家族が何を好み、どう行動するかがものを言うからだ。

左派のなかには、出産奨励はどんなものでもすべて拒否し、人々の個人的目標の追求を邪魔するような圧力もすべてはねつける人がいる。そういう人々には、個人主義でひたすら現世的な社会が、このまま低出生率が続くなかで生き残ることができるのかどうかを考えてもらわなければならない。富裕国は、当面は移民を引き寄せることができる。だが移民が彼ら自身の伝統的な価値観を捨てなければ、富裕国の世俗的・進歩的価値観の弱体化につながるだろうし、かといって移民が移住先の国民に同化すれば、出生率も同化して下がり、長期的には少子化問題の助けにならなくなる。一方、右派の人々は、自分が属する民族・国家集団の母国における優位性が下がりつつあると嘆いている。この人々には、自分たちが自分たちの選択によって子供を増やすことができていないときに、ほかの民族に「取って代わられた」と文句を言う正当性があるのかどうかを考えてもらわなければならない。「明日の人々」の運命を左右するのは、「今日の人々」の選択以外の何ものでもないのである。

謝辞

本書の執筆にあたって、終始変わらぬ励ましと、数多くの貴重な意見をくれたエリック・カウフマン教授に感謝する。わたしのために多くの時間を割き、数々の助言をくれたダニー・ドーリング教授にも感謝する。原稿にコメントをくれたデイヴィッド・グッドハートと、旧友のロバート・マーシャル、イアン・プライス、マイケル・ウィーガーにも大いに助けられた。マーティン・ヴァン・デル・ワイヤーからは経済学関連の箇所にコメントをもらい、とても助かった。リチャード・エルマンは何度も人口動態についての刺激的な議論の相手をしてくれた。本書で披露したわたしの考えの一部は、ニック・ロウロックと何年にもわたって交わしてきた議論から着想を得たものである。またロジャー・グッドマン教授と同僚の先生方のおかげで、オックスフォード大学セント・アントニーズ・カレッジに特別な環境を得られたことに感謝している。

原稿についてはミシェル・ローゼン＝オーベルマンとニコラス・ハンフリーが力を貸してくれた。またニコラス・ブレイクが細心の注意を払ってくれたおかげで本として完成させることができきた。トビー・マンディのことはどうたたえたらいいのかわからないほどだ。彼はエージェント以上の存在であり、わたしは執筆のあらゆる段階で彼の知性と好奇心とプロ意識に助けられた。

そしてこの仕事を完成させることができたのは、妻のクレア、子供たちと義理の子供たち（ソーニャとジョエル、ジュリエットとサミュエルとアダム）、この本を捧げた母のイングリッド・モーランドの愛と支えのおかげである。

訳者あとがき

「ヨーロッパ諸国の存続を揺るがしかねない危機は、気候変動ではなく、人口減少です」

本書の著者ポール・モーランドは、イギリスのテレグラフ紙オンライン版のインタビューでこう述べた。気候変動問題を軽んじてのことではなく、ひとえに少子化問題についてイギリス国民を啓発するための発言である。

危機といっても、モーランドは人類の絶滅を危惧しているわけではない。人口変動には時差も地域差もある。また現在のように子供の人数を個人が（あるいは間接的に社会が）選択できる状況においては、全人類がいっせいに同じ選択をするはずもなく、少子化で人類がいなくなることは考えにくい。だが国や社会の単位では、少子化による崩壊もありうるとモーランドは考えている。欧米でそのような話題が出るとき、人々の念頭に真っ先に浮かぶ国のひとつが日本である。

イギリスにとっても少子化問題は他人事ではない。同国は移民を受け入れることで労働力不足を補ってきたが、長期的には出生率を少しなりとも上げなければならない。著者が本書『人口は未来を語る――「10の数字」で知る経済、少子化、環境問題』（原題 *TOMORROW'S PEOPLE: The Future of Humanity in Ten Numbers*）の紹介もかねて、メディアや講演で積極的に人口のことを語っているのは、イギリスのために少子化問題に真正面から取り組もうとしているからだ。

ポール・モーランドはロンドン在住の人口学者で、ロンドン大学やオックスフォード大学で研究を続けながら（現在はロンドン大学バークベック校アソシエイト・リサーチ・フェロー）人口問題に関する著書を執筆し、多くの新聞・雑誌に寄稿している。また長年ビジネスコンサルタントとして、銀行や保険会社など、世界各地の金融サービス会社をサポートしてきた経験をもち、その過程で実際に目にした世界の実情が本書にも活かされている。イギリスとドイツの市民権を有し、フランス語も堪能で、フランス領ピレネーに滞在する時間も長い。

前著『人口で語る世界史』（渡会圭子訳、文藝春秋）で、モーランドは人口という切り口から世界の過去200年の歴史を振り返り、人口動態が大きな力であって、歴史を動かす一因ともなってきたことを明らかにした。また未来については、「増加するグリーン」「増加するグレー」「減少するホワイト」の3色でまとめられることになるだろうと示唆した。3色はそれぞれに、環境回復の可能性、高齢化・超高齢化、民族的変化を意味する。

続いて本書『人口は未来を語る』では、人口動態を出生率、高齢化、都市化など10の側面に切り分け、それぞれについて仕組み、現状、未来予測を語っている。前著で示唆した3色についてもさらに掘り下げながら、明日の世界を考えるための重要な手がかりを提示している。なかでもモーランドが力説しているのは、今後の人口動態においては、文化的・社会的な側面がカギになるだろうという点である。現在の少子化問題の核心もそこにある。

わたしたち人間は、複雑な確率、ゆっくりした変化（結果が出るのに時間がかかるもの）、指数関数的な変化、数や規模が大きいものなどを直感的に理解するのが苦手だが、人口動態はこれらすべてに当てはまるので、かなりの難物である。たとえば、「低出生率の長期化という人口減少力には〝複利効果〟がある」（本書第7章より）が、この〝複利効果〟という点が直感的理解を難しくしている。だとすれば、専門家以外にとっては数字を用いた説明には限界がありそうだ。そこでモーランドは数字とストーリーを組み合わせることにした。本書には数字が多く出てくるが、数字が主役ではない。主役はストーリーであって、数字はそれを支える脇役にすぎない。ストーリーがあることで数字の意味も理解しやすくなり、その数字がこれからどの方向に、どのような幅で、どのようなタイムスパンで動いていくかについても概略がつかめるようになる。

本書で著者は、10の象徴的な数字を通して人口動態のストーリーを語っている。重要なのは、著者がインタビューやTEDトークで強調しているように、これらの数字が互いに密接に関連していて、全体で一つのシステムのように動くという点である。このシステムは、大雑把にいえば、「多産多死→多産少死→少産少死」という、いわゆる「人口転換」の道をたどってきた。ところが近年、多くの国で、少産少死からそのまま出生率の低下が止まらなくなり、人口減少へ向かうという、「第二の人口転換」が起こっている。この第二の人口転換について著者は、「経済ではなく文化の問題」になりつつあると述べている。もはや物質的条件では説明できず、文化、価値観、個人の選択の問題になっていて、それだけに予測が難しく、対応も難しい。

アフリカ以外のほとんどの地域・国々では、すでに第二の人口転換が起こっている。なかでもとりわけ少子化問題が深刻化している国々を見ると、個人の価値観と、それを取り巻く社会集団の価値観のあいだに変化速度のずれがあり、その状態が長期化しているという共通点が見られるようだ。たとえば婚外出生を認めたがらない国や、女性の結婚・出産とキャリアがトレードオフになっている国などである。婚外出生について逆の例を挙げると、ハンガリーでは出生率が緩やかに上がりはじめたが、上昇分のほぼ半分を婚外出生が占めているという。またトレードオフの問題については、「この国には母親としても働き手としても満たされずにいる女性が大勢いる」と日本の例が挙げられている。著者が今後の人口動態について、文化的・社会的な側面がカギになると考えているのは、こうした現象を踏まえてのことである。

文化の問題となると対応が難しいが、実際、多くの国が少子化対策に予算を投じているものの、これまでのところ思うような成果が上がっていない。著者によれば、政府の介入によって合計特殊出生率が上がった例はあるが、一時的なものでしかなかったり、副作用を伴ったり、テンポ効果にすぎなかったり、狙いとは異なる事象の結果だったりするなど、慎重に見極める必要があるという。一般論としていえば、人口動態の大きな流れに逆らうような政策からは、良い結果は得られない。大事なのは、人々が本当に（表面的にではなく）望んでいるものが何なのかを見極めることなのだろう。

だがたとえ一時的な効果しかない対策、あるいはほんのわずかしか合計特殊出生率が上がらない対策だとしても、時間稼ぎとしては有効だと考えられる。なぜなら前述の〝複利効果〟により、人口が減るときは、状況によっては一世代、二世代で重大な影響が出て、社会が機能しなくなる恐れがあるからだ。特に合計特殊出生率が低い状態が長期化している場合には、たとえわずかでも数字を上げることが重要だと著者は述べている。ただしそれはあくまでも時間稼ぎであって、長期的には別の解決方法を見つけなければならない。労働力不足や高齢化を含む広義の少子化対策についても同様で、欧米諸国のように移民受け入れで対応する国もあれば、日本のように科学技術で補おうとする国もあるが、それだけで解決するわけではなく（たとえば合計特殊出生率が1・3前後の場合、科学の進歩より人口減のスピードのほうが速いので、それだけでは間に合わない）、ほかの方法を取り入れるとともに、もっと根本的な方法も模索しなければならない。

しかし根本的な対処法などあるのだろうか？　この難問に対してモーランドは、「個人の自由な選択と多産奨励主義が両立するような文化を作る」しかないだろうと述べている。これまでの多産奨励主義は、多かれ少なかれ過去の価値観の押しつけによるものだったが、これからの多産奨励主義は押しつけであってはならないし、押しつけではうまくいかない（逆からいえば、最悪の少子化対策は時代に逆行する多産奨励主義の強要である）。個々人が多様な選択肢から自由意志によって選択し、その結果として社会全体の平均出生率が今よりも高くなるような状況を生み出さなければならない。著者はこの難題に挑戦するべく、自ら試行錯誤している。もしかしたらモーランドのような人口学者がテレビやラジオでこの問題を提起するという活動そのものが、イギリスにとっては問題解決への第一歩になるかもしれない（以上3段落の内容は、インターネット配信によるイギリスでの多数のインタビューから、著者の発言を抽出して訳者がまとめたものである）。

なお、人口減少については少子化に目が向きがちだが、人の流出も一因になる。経済が長く低迷しながらなんの変革ももたらされない社会や、古い価値観や偏見ゆえに閉塞感が強い社会からは、遅かれ早かれ人が出て行くことになる。

今後、長期的に世界がどのように変わっていくかについては、気候変動、パンデミック、AI（人工知能）、地政学など、さまざまな視点から考えなければならないが、なかでも人口動態が重要な視点になることは間違いない。気候変動にしても、気候難民や森林破壊の問題について、アフリカの人口急増や各国の移民問題・政策を無視して語ることはできない。また冒頭で述べたように、少子化問題は当面、国や社会単位の危機であり、各国の個別の取り組みで乗り切るしかない。だとすれば、専門家や政策立案者だけではなく、各国の国民がどこまで理解しているかによって結果は大きく変わるだろう。さまざまな意味で、人口動態の現状把握と妥当な予測は重要な道しるべとなりそうだ。あらゆる面で大変動が予測される21世紀を歩んでいくために、本書は最善のガイドブックのひとつとなるだろう。

本書の訳出に当たっては、ＮＨＫ出版の編集部と校正者の皆さまに大いに助けていただいた。この場をお借りして心より御礼申し上げる。

２０２３年12月

articles/202473#1 (2020年9月29日閲覧).
［12］ Brainerd, Elizabeth and Cutler, David M., 'Autopsy of an Empire: Understanding Mortality in Russia and the Former Soviet Union', *Journal of Economic Perspectives*, 19 (1), 2005, pp. 107−30.
［13］ この主題の包括的レビューには以下がある。Steele, Andrew, *Ageless: The New Science of Getting Older Without Getting Old*, Bloomsbury, 2020.（アンドリュー・スティール『Ageless――「老いない」科学の最前線』依田卓巳・草次真希子・田中的訳、ニューズピックス、2022年）
［14］ *New Scientist*, 27 September 2016: https://www.newscientist.com/article/2107219-exclusive-worlds-first-baby-born-with-new-3-parent-technique/(2020年9月29日閲覧).
［15］ Collin, Lindsay, Reisner, Sari L., Tangpricha, Vin and Goodman, Michael, 'Prevalence of Transgender Depends on the "Case" Definition: A Systematic Review', *Journal of Sexual Medicine*, 13 (4), 2016, pp. 613−26.
［16］ これについては次の2冊を参照。Kurzweil, Ray, *The Singularity is Near: When Humans Transcend Biology*, Viking, 2005（レイ・カーツワイル『ポスト・ヒューマン誕生――コンピュータが人類の知性を超えるとき』井上健監訳、NHK出版、2007年）; Tegmark, Max, *Life 3.0: Being Human in the Age of Artificial Intelligence*, London, Allen Lane, 2017.（マックス・テグマーク『LIFE3.0――人工知能時代に人間であるということ』水谷淳訳、紀伊國屋書店、2019年）
［17］ 詳細な議論は、Mic, 25 May 2020: https://www.mic.com/p/11-brutally-honest-reasons-millenials-dont-want-kids-19629045 (2020年10月26日閲覧)を参照。
［18］ OECD, 17 December 2016: https://www.oecd.org/els/family/SF_2_2-Ideal-actual-number-children.pdf (2020年10月26日閲覧).
［19］ Morita, Liang, 'Some Manifestations of Japanese Exclusionism', 13 August 2015: https://journals.sagepub.com/doi/full/10.1177/2158244015600036 (2020年9月27日閲覧).
［20］ アメリカから見た議論については、Borjas, George J., 'Lessons from Immigration Economics', *The Independent Review*, 22 (3), 2018, pp. 329−40を参照。
［21］ Haaretz, 31 December 2019: https://www.haaretz.com/israel-news/.premium-in-first-for-israel-jewish-fertility-rate-surpasses-that-of-arabs-1.8343039 (2020年9月27日閲覧).

＊URLは2022年11月の原書刊行時のものです。

Depressions, and of Increase of Want with Increase of Wealth −The Remedy, D. Appleton and Company, 1879.(ヘンリー・ジョージ『進歩と貧困』山嵜義三郎訳、日本経済評論社、1991年)
[68] Churchill, Winston S., *Thoughts and Adventures*, Macmillan, 1942, p. 234.(ウィンストン・チャーチル『わが思想・わが冒険』中野忠夫訳、新潮社、1956年)

終章 明日の人々

[1] たとえば以下がある。Shellengberger, Michael, *Apocalypse Never: Why Environmental Alarmism Hurts Us All*, Harper, 2020.(マイケル・シェレンバーガー『地球温暖化で人類は絶滅しない——環境危機を警告する人たちが見過ごしていること』藤倉良・安達一郎・桂井太郎訳、化学同人、2022年)。以下も参照。Lomborg, Bjorn, *False Alarm: How Climate Change Panic Costs Us Trillions, Hurts the Poor, and Fails to Fix the Planet*, Basic Books, 2020.
[2] Our World in Data: https://ourworldindata.org/natural-disasters#:~:text=Natural%20disasters%20kill%20on%20average,from%200.01%25%20 to%200.4%25. (2020年9月24日閲覧).
[3] Our World in Data: https://ourworldindata.org/war-and-peace (2021年10月26日閲覧).
[4] Al Jazeera, 24 September 2021, https://www.aljazeera.com/news/2021/9/24/at-least-350000-people-killed-in-syria-war-new-un-count (2021年10月26日閲覧).
[5] ODP: https://data2.unhcr.org/en/situations/syria#_ga=2.91817306.1525884202.1600957949−632148859.1600957949 (2020年9月24日閲覧).
[6] *New York Times*, 1 January 2018: https://www.nytimes.com/2018/01/01/world/asia/korean-war-history.html (2020年9月24日閲覧).
[7] *The Economist*, 16 October 2021, p. 21.
[8] Barro, Robert J., Ursula, Jose F. and Weng, Joanna, 'The Coronavirus and the Great Influenza Epidemic: Lessons from "the Spanish" Flu for the Coronavirus' Potential Effects on Mortality and Economic Activity', *American Enterprise Institute*, 16 March 2020, p. 2.
[9] *The Times*, 1 October 2020, p. 10.
[10] *Guardian*, 7 October 2020: https://www.theguardian.com/world/2020/oct/07/singapore-to-offer-baby-bonus-as-people-put-plans-on-hold-in-covid-crisis?CMP=Share_iOSApp_Other (2020年10月8日閲覧); *The Times*, 24 October 2020, p. 13; *The Economist*, 31 October 2020, pp. 61−2.
[11] Medical News Today, 24 September 2010: https://www.medicalnewstoday.com/

Korea', *Journal of Biosocial Science*, 41 (1), 2009, pp. 51–5.
[52] *Hindustan Times*, 1 August 2017: https://www.hindustantimes.com/india-news/agricultural-output-rose-five-fold-in-60-years-but-farming-sector-is-in-distress/story-cu3zGEbBAb5yB9l2LoJAvN.html (2020年9月17日閲覧).
[53] Dorling, Danny and Gietel-Basten, Stuart, *Why Demography Matters*, Polity, 2017, p. 66.
[54] Paltasingh, Kirtti Ranjan and Goyari, Phanindra, 'Impact of Farmer Education on Farm Productivity Under Varying Technologies: Case of Paddy Growers in India', *Agricultural and Food Economics*, 6 (1), 2018, pp. 1–19.
[55] Vikaspedia: https://vikaspedia.in/agriculture/best-practices/agri-based-enterprises/case-studies-agri-enterprises (2020年9月17日閲覧).
[56] Farm Radio International, 28 June 2016: https://farmradio.org/mobile-phones-transforming-african-agriculture/(2020年10月1日閲覧).
[57] *Financial Times*, 15 October 2018: https://www.ft.com/content/3316885c-b07d-11e8-87e0-d84e0d934341 (2020年10月1日閲覧).
[58] Blum, Jerome, 'Michael Confino's "Systèmes Agraires et Progrès Agricole" ', *The Journal of Modern History*, 43 (3), 1971, pp. 495–8.
[59] Business Standard, 2 October 2018: https://www.business-standard.com/article/economy-policy/indian-farm-size-shrank-further-by-6-in-5-years-to-2015-16-census-shows-118100101057_1.html#:~:text=The%20average%20size%20of%20the,census%20released%20on%20Monday%20showed (2020年10月1日閲覧).
[60] Bourne (前掲書), pp. 42–52.
[61] *Wired*, 13 April 2017: https://www.wired.co.uk/article/underground-hydroponic-farm (2020年9月18日閲覧).
[62] Growing Underground: http://growing-underground.com/(2020年9月18日閲覧).
[63] Food Processing Technology, 16 August 2017: https://www.foodprocessing-technology.com/features/featurehydroponics-the-future-of-farming-5901289/#:~:text=Hydroponics%20has%20the%20potential%20to,places%20where%20space%20is%20scarce (2020年9月16日閲覧).
[64] BBC Science Focus, 23 May 2019: https://www.sciencefocus.com/future-technology/the-artificial-meat-factory-the-science-of-your-synthetic-supper/(2020年9月18日閲覧).
[65] VegNews, 14 July 2019: https://vegnews.com/2019/7/price-of-lab-grown-meat-to-plummet-from-280000-to-10-per-patty-by-2021 (2020年9月18日閲覧).
[66] Conway, Gordon, *One Billion Hungry: Can We Feed the World?*, Cornell University Press, 2012, pp. 180–1.
[67] George, Henry, *Progress and Poverty: An Inquiry into the Cause of Industrial*

[36] Mogie, Michael, 'Malthus and Darwin: World Views Apart', *Evolution*, 50 (5), 1996, pp. 2086–8.
[37] Ehrlich, Paul R., *The Population Bomb*, Ballantyne Books, 1968, p. 11.(ポール・R. エーリック『人口爆弾』宮川毅訳、河出書房新社、1974年)
[38] I News Day, 24 March 2018: https://inewsday.com/world/doomsday-biologist-warns-of-collapse-of-civilization-in-near-future.html (2021年10月25日閲覧)
[39] Brown, Lester R., *Outgrowing the Earth: The Food Security Challenge in an Age of Falling Water Tables and Rising Temperatures*, Earthscan, 2005, p. 188.(レスター・ブラウン『フード・セキュリティー――だれが世界を養うのか』福岡克也監訳、ワールドウォッチジャパン、2005年)
[40] Fuglie, Keith Owen, 'Is Agricultural Productivity Slowing?', *Global Food Security*, 17, 2018, pp. 73–83.
[41] Our World In Data: https://ourworldindata.org/employment-in-agriculture (2020年10月6日閲覧).
[42] 同上。
[43] *Science*, 21 April 2020: https://www.sciencemag.org/news/2020/04/rice-genetically-engineered-resist-heat-waves-can-also-produce-20-more-grain (2020年10月13日閲覧).
[44] BBC: https://www.bbc.co.uk/worldservice/specials/119_wag_climate/page10.shtml#:~:text=Well%2C%20it%27s%20cultivated%20on%20six,%2C%20environmental%2C%20political%20and%20cultural (2020年9月17日閲覧).
[45] Ricepedia: http://ricepedia.org/rice-as-a-crop/rice-productivity (2020年9月17日閲覧).
[46] FAO: http://www.fao.org/faostat/en/#data/QCL. このサイトで以下を選択してデータを抽出する。REGIONS: world total, ELEMENTS: production quantity, ITEMS: crops primary, rice paddy, YEARS: 2000 and 2019. (2020年9月17日閲覧).
[47] Our World in Data: https://ourworldindata.org/hunger-and-undernourishment (2020年9月17日閲覧).
[48] World Economic Forum 23 July 2020: https://www.weforum.org/agenda/2020/07/global-hunger-rising-food-agriculture-organization-report/(2020年10月1日閲覧).
[49] FAO: http://www.fao.org/worldfoodsituation/foodpricesindex/en/(2020年10月1日閲覧).
[50] Patel, Raj, *Stuffed and Starved: Markets, Power and the Hidden Battle for the World Food System*, Portobello, 2007, p. 1.(ラジ・パテル『肥満と飢餓――世界フード・ビジネスの不幸のシステム』佐久間智子訳、作品社、2010年)
[51] Schwekendiek, Daniel, 'Height and Weight Differences between North and South

［20］ Collingham, Lizzie, *The Hungry Empire: How Britain's Quest for Food Shaped the Modern World*, The Bodley Head, 2017, pp. 220, 222.（リジー・コリンガム『大英帝国は大食らい――イギリスとその帝国による植民地経営は、いかにして世界各地の食事をつくりあげたか』松本裕訳、河出書房新社、2019年）

［21］ 詳細については以下を参照。Morland, Paul, *The Human Tide*, pp. 69–99.（ポール・モーランド『人口で語る世界史』［前掲書］）

［22］ Otter, Chris, *Diet for a Large Planet: Industrial Britain, Food Systems and World Ecology* (Chicago and London, University of Chicago Press, 2020), pp. 48, 50.

［23］ New World Encyclopedia: https://www.newworldencyclopedia.org/entry/War_of_the_Pacific (2020年9月21日閲覧).

［24］ Charles, Daniel, *Between Genius and Genocide: The Tragedy of Fritz Haber, Father of Chemical Warfare,* Jonathan Cape, 2005, p. 73.

［25］ Smil, Vaclav, 'Detonator of the Population Explosion', *Nature*, 400, 29 July 1999, p. 415.

［26］ Smil, Vaclav, *Growth: From Microorganisms to Megacities*, p.390.（バーツラフ・シュミル『グロース「成長」大全』〈上下〉［前掲書］）。

［27］ Snyder, Timothy, *Black Earth: The Holocaust as History and Warning*, The Bodley Head, 2015, p. 10.（ティモシー・スナイダー『ブラックアース――ホロコーストの歴史と警告』〈上下〉池田年穂訳、慶應義塾大学出版会、2016年）

［28］ 詳細については以下を参照。Staudenmaier, Peter, 'Organic Farming in Nazi Germany: The Politics of Biodynamic Agriculture 1933–1945', *Environmental History*, 18 (2), 2013, pp. 383–411.

［29］ Bourne（前掲書）, p. 74.

［30］ *Guardian*, 1 April 2014: https://www.theguardian.com/global-development/poverty-matters/2014/apr/01/norman-borlaug-humanitarian-hero-menace-society (2020年9月16日閲覧).

［31］ Mackinac Center, 15 December 2009: https://www.mackinac.org/11516#:~:text=Gregg%20Easterbrook%20quotes%20Borlaug%20saying,suites%20in%20Washington%20or%20Brussels. (2020年10月6日閲覧).

［32］ Sinha, Manish, 'The Bengal Famine of 1943 and the American Insensitiveness to Food Aid', *Proceedings of the Indian History Congress*, 70, 2009–10, p. 887.

［33］ Hiroaki, Kuromiya, 'The Soviet Famine of 1932–1933 Reconsidered', *Europe-Asia Studies*, 60 (4), 2008, pp. 663–75.

［34］ Messing, Simon D., 'Review: Politics as a Factor in the 1984–1985 Ethiopian Famine', *Africa Today*, 35 (3/4), 1988, p. 100.

［35］ Our World in Data, 7 December 2017: https://ourworldindata.org/famines (2020年9月18日閲覧).

［3］ Buck, Pearl S., *The Good Earth*, Washington Square Press, 2004, p. 37.（パール・バック『大地』〈1-4〉小野寺健訳、岩波書店、1997年）
［4］ *Huffpost*, 6 September 2017: https://www.huffingtonpost.ca/development-unplugged/how-women-in-ethiopia-empower-communities-through-nutrition_a_23197349/(2018年6月7日閲覧).
［5］ Kidane, Asmeron, 'Mortality Estimates of the 1984–85 Ethiopian Famine', *Scandinavian Journal of Social Medicine*, 18 (4), 1990, pp. 281–6.
［6］ *Guardian*, 22 October 2014: https://www.theguardian.com/world/2014/oct/22/-sp-ethiopia-30-years-famine-human-rights (2020年9月22日閲覧).
［7］ Knoema: https://knoema.com/atlas/Ethiopia/topics/Education/Literacy/Adult-literacy-rate (2019年2月5日閲覧).
［8］ World Bank: https://data.worldbank.org/indicator/ag.yld.crel.kg (2019年8月27日閲覧).
［9］ Global Nutrition Report: https://globalnutritionreport.org/resources/nutrition-profiles/africa/eastern-africa/ethiopia/(2020年9月16日閲覧).
［10］ 同上。
［11］ Bourne, Joel K. Jr., *The End of Plenty: The Race to Feed a Crowded World*, Scribe, 2015, p. 79.
［12］ Earth Policy Institute, 17 January 2013, http://www.earth-policy.org/indicators/C54 (2020年9月16日閲覧); World Bank: https://data.worldbank.org/indicator/AG.PRD.CREL.MT (2021年10月26日閲覧).
［13］ Anadolu Agency, 21 March 2016: https://www.aa.com.tr/en/todays-headlines/ethiopia-struggling-to-cope-with-deforestation/541174 (2020年9月17日閲覧).
［14］ BBC, 11 August 2019: https://www.bbc.co.uk/news/world-africa-49266983 (2020年9月17日閲覧).
［15］ Lindstrom, David P. and Woubalem, Zewdu, 'The Demographic Components of Fertility Decline in Addis Ababa, Ethiopia: A Decomposition Analysis', *Genus*, 59 (3/4), 2003, p. 149.
［16］ UNEP: https://www.unenvironment.org/news-and-stories/story/towards-sustainable-desalination (2020年10月1日閲覧); Advisian: https://www.advisian.com/en-gb/global-perspectives/the-cost-of-desalination# (2020年10月1日閲覧).
［17］ Kumar, Amit et al., 'Direct Electrosynthesis of Sodium Hydroxide and Hydrochloric Acid from Brine Streams', *Nature Catalysis*, (2), 2019, pp. 106–13.
［18］ *Nature*, 28 July 2010: https://www.nature.com/articles/466531a (2020年9月21日閲覧).
［19］ Woodruff, William, *America's Impact on the World: A Study of the Role of the United States in the World Economy, 1750–1970*, Macmillan, 1975, p. 38.

26/86-percent-of-South-Korean-students-suffer-from-schoolwork-stress/8191440611783/#:~:text=The%20study%20habits%20among%20South,early%2C%20according%20to%20the%20survey.&text=But%20the%20system%20is%20taking,if%20they%20 take%20a%20break. (2020年7月15日閲覧).

[34] Berkeley Political Review, 31 October 2017: https://bpr.berkeley.edu/2017/10/31/the-scourge-of-south-korea-stress-and-suicide-in-korean-society/(2020年7月15日閲覧).

[35] McCowan and Unterhalter (前掲書) p. 17. Unterhalter, Elaine, 'Education and International Development: A History of the Field'.

[36] McCowan and Unterhalter (前掲書) p. 103. Garnett Russell, Susan and Bajaj, Monisha, 'Schools, Citizens and the Nation−State'.

[37] たとえば以下がある。Gellner, Ernest, *Nations and Nationalism*, Cornell University Press, 1983.(アーネスト・ゲルナー『民族とナショナリズム』加藤節監訳、岩波書店、2000年)

[38] Goodhart, David, *Head, Hand, Heart: The Struggle for Dignity and Status in the 21 st- Century*, Penguin, 2020.(デイヴィッド・グッドハート『頭 手 心——偏った能力主義への挑戦と必要不可欠な仕事の未来』外村次郎訳、実業之日本社、2022年); Vollrath, Dietrich(前掲書), pp. 26−34.

[39] HESA, 22 October 2019: https://www.hesa.ac.uk/news/22-10-2019/return-to-degree-research (2020年10月8日閲覧).

[40] UNESCO: http://uis.unesco.org/country/TD (2020年7月14日閲覧).

[41] UNESCO Fact Sheet 45, Literacy Rates Continue to Rise from One Generation to the Next, September 2017, pp. 7, 9.

[42] UNESCO: http://uis.unesco.org/en/country/gq (2020年7月15日閲覧).

[43] *Financial Times*, 14 June 2018: https://www.ft.com/content/d110fbba-8b69-11e9-a1c1-51bf8f989972 (2020年5月25日閲覧).

[44] この本のことである。Riley, Matthew and Smith, Anthony D., *Nation and Classical Music:* From Handel to Copland, The Boydell Press, 2016.

第10章　人類は食料危機を乗り越えられるのか

[1] World Bank, data for 1993 to 2018: https://data.worldbank.org/indicator/AG.PRD.CREL.MT?locations=ET (2021年10月26日閲覧).

[2] これらに加えて、死亡率と年齢構成が変わらないことも前提としている。このふたつが前提どおりにいかないとしても、人口増加率はそれほど変わらないので、議論そのものに与える影響は小さい。また西暦1年をスタート地点としたことに特別な意味はなく、理論的にはもっと前でも、もっとあとでもかまわない。

年10月19日閲覧).
［22］ *Independent*, 22 November 2015: https://www.independent.co.uk/news/education/education-news/the-19-countries-with-the-highest-ratio-of-women-to-men-in-higher-education-a6743976.html (2020年12月20日閲覧).
［23］ Brooking Instituion, 21 March 2014: https://www.brookings.edu/blog/education-plus-development/2014/03/21/women-in-development/(2020年5月25日閲覧); Ugbomeh, George M. M., 'Empowering Women in Agricultural Education for Sustainable Rural Development', *Community Development Journal*, 36 (4), 2001, pp. 289−302.
［24］ Alliance for Science, 9 December 2019: https://allianceforscience.cornell.edu/blog/2019/12/new-initiative-aims-to-empower-africas-female-farmers/(2020年7月15日閲覧).
［25］ Reimers, Malte and Klasen, Stephan, 'Revisiting the Role of Education for Agricultural Productivity', *American Journal of Agricultural Economics*, 95 (1), pp. 131−52, 2013.
［26］ Government of India − Ministry of Statistics and Programme Implementation, Chapter3 Literacy and Education http://www.mospi.gov.in/sites/default/files/reports_and_publication/statistical_publication/social_statistics/Chapter_3.pdf, p. 4 (2020年7月15日閲覧).
［27］ Glaeser, Edward L., Ponzetto, Giacomo and Shleifer, Andrei, Why Does Democracy Need Education?, NBER Working Paper 12128: https://www.nber.org/papers/w12128.pdf (2020年7月15日閲覧); Acemoglu, Daron, Johnson, Simon, Robinson, James A. and Yared, Pierre 2005, 'From Education to Democracy?', *American Economic Review*, 95 (2)pp. 44−49: https://pubs.aeaweb.org/doi/pdf/10.1257/000282805774669916 (2020年7月15日閲覧).
［28］ Case, Anne and Deaton, Angus, *Deaths of Despair and the Future of Capitalism*, Princeton University Press, 2020, pp. 57, 59, 66.(アン・ケース、アンガス・ディートン『絶望死のアメリカ——資本主義がめざすべきもの』松本裕訳、みすず書房、2021年)
［29］ Harber, Clive, *Education and International Development: Theory, Practice and Issues*, Symposium Books, 2014, p. 31.
［30］ Global Citizen, 9 June 2017: https://www.globalcitizen.org/en/content/rihanna-learned-challenges-facing-students-in-mala/(2020年10月19日閲覧).
［31］ Harber (前掲書), p. 72.
［32］ McCowan, Tristan and Unterhalter, Elaine, eds, *Education and International Development: An Introduction*, Bloomsbury, 2015, p. 248の Allais, Stephanie Matseleng, 'Livelihoods and Skills'.
［33］ UPI, 26 August 2015: https://www.upi.com/Top_News/World-News/2015/08/

htm (2020年7月14日閲覧). 実際はキッシンジャーではなく、下級官僚の1人が口にしたようだ。
[6] Banglapedia: http://en.banglapedia.org/index.php?title=Literacy (2019年10月27日閲覧).
[7] Education Scenario in Bangladesh: Gender Perspective http://bbs.portal.gov.bd/sites/default/files/files/bbs.portal.gov.bd/page/4c7eb0f0_e780_4686_b546_b4fa0a8889a5/BDcountry%20project_final%20draft_010317.pdf (2020年8月23日閲覧).
[8] Our World in Data, 8 June 2018: https://ourworldindata.org/how-is-literacy-measured (2020年7月16日閲覧).
[9] World Concern, 19 December 2017: https://humanitarian.worldconcern.org/2017/12/19/girls-education-bangladesh/(2020年5月22日) 閲覧.
[10] The Diplomat, 5 December 2017: https://thediplomat.com/2017/12/bangladesh-empowers-women/(2020年5月22日閲覧)
[11] Smil, Vaclav, *Growth: From Microorganisms to Megacities*, p.305. (バーツラフ・シュミル『グロース「成長」大全』〈上下〉［前掲書］)。
[12] World Bank: https://data.worldbank.org/indicator/SE.TER.ENRR?locations=KR (2020年10月27日閲覧).
[13] Facts Maps: https://factsmaps.com/pisa-2018-worldwide-ranking-average-score-of-mathematics-science-reading/(2020年7月14日閲覧).
[14] World Bank: https://data.worldbank.org/indicator/NY.GDP.MKTP.CD?most_recent_value_desc=true (2020年7月14日閲覧).
[15] Economic Research, Federal Reserve Bank of St. Louis, January 2017: https://research.stlouisfed.org/publications/page1-econ/2017/01/03/education-income-and-wealth/(2021年10月25日閲覧).
[16] Schwab, Klaus, and Sala-i-Martín, Xavier, The Global Competitiveness Report 2017–2018, World Economic Forum, 2017, p. 110.(世界経済フォーラム「2017-2018世界競争力レポート」)
[17] Loveluck, Louisa, Education in Egypt: Key Challenges, Chatham House, March 2012.
[18] Ghafar, Adel Abdel, Educated but Unemployed: The Challenge Facing Egypt's Youth, Washington and Doha, Brookings, 2016.
[19] *The Economist*, 18 July 2020, p. 37.
[20] Turchin, Peter, 'Political Instability May Be a Contributor in the Coming Decade', *Nature*, 463, 2010, p. 608; *The Economist*, 24 October 2020, p. 76.
[21] *Daily Star*, 11 October 2019: https://www.thedailystar.net/backpage/world-bank-latest-report-one-in-three-graduates-unemployed-in-bangladesh-1812070 (2020

［34］ ONS: https://www.ons.gov.uk/peoplepopulationandcommunity/populationandmigration/internationalmigration/bulletins/migrationstatisticsquarterlyreport/november2019 (2020年9月25日閲覧).
［35］ France 24, 21 April 2017: https://www.france24.com/en/20170420-france-presidential-history-looking-back-jean-marie-le-pen-thunderclap-election-shocker (2020年9月7日閲覧); France 24: https://graphics.france24.com/results-second-round-french-presidential-election-2017/(2020年9月7日閲覧).
［36］ Morland, Paul, *Demographic Engineering*（前掲書）, pp.53−83.
［37］ 同上、p. 57.
［38］ Thatcher, Margaret, *The Downing Street Years*, Harper Collins, 1993, p. 385（マーガレット・サッチャー『サッチャー回顧録――ダイニング街の日々』〈上下〉石塚雅彦訳、日本経済新聞出版社、1993年）; Irish Central, 30 June 2013: https://www.irishcentral.com/news/margaret-thatcher-admitted-to-irish-roots-a-great-great-irish-grandmother-at-1982-dinne-213737941-237760641 (2020年5月15日閲覧).
［39］ Pew Research Center, 18 August 2019: https://www.pewresearch.org/fact-tank/2019/08/08/hispanic-women-no-longer-account-for-the-majority-of-immigrant-births-in-the-u-s/(2020年9月8日閲覧).
［40］ Pew Research Center, 17 October 2017: https://www.pewforum.org/2019/10/17/in-u-s-decline-of-christianity-continues-at-rapid-pace/(2020年9月8日閲覧).
［41］ Pew Research Center, 20 December 2017: https://www.pewresearch.org/hispanic/2017/12/20/hispanic-identity-fades-across-generations-as-immigrant-connections-fall-away/(2021年6月14日閲覧).

第9章　教育の向上は国家の発展をうながす

［1］ Countryeconomy.com: https://countryeconomy.com/demography/literacy-rate/bangladesh (2019年8月23日閲覧).
［2］ Smil, Vaclav, *Growth: From Microorganisms to Megacities*, p.429.（バーツラフ・シュミル『グロース「成長」大全』〈上下〉［前掲書］）。
［3］ Our World in Data, 8 June 2018: https://ourworldindata.org/how-is-literacy-measured (2020年7月16日閲覧).
［4］ Ranjan, Amit, 'Bangladesh Liberation War of 1971: Narratives, Impacts and the Actors', *India Quarterly*, 72 (2), 2016, p. 135; ランジャンが指摘しているように、300万人という数字にはさまざまな見方があり、実際はこれよりかなり少ないと考える人が多い。
［5］ Forum, March 2008: https://archive.thedailystar.net/forum/2008/march/basket.

ofbirthandnationality/2017 (2020年5月6日閲覧).
[20] *The Times*, 9 May 2019: https://www.thetimes.co.uk/article/up-to-75-of-babies-are-born-to-migrant-mothers-in-parts-of-uk-j2xv9r858 (2020年5月5日閲覧).
[21] The 2011 Census: A Profile of Brent: https://www.whatdotheyknow.com/request/520769/response/1251473/attach/11/Equalities%20Assement%20Document%208.pdf?cookie_passthrough=1 (2020年9月25日閲覧).
[22] DW, 4 October 2016: https://www.dw.com/en/record-rise-in-babies-with-foreign-mothers-in-germany/a-35952212 (2020年5月5日閲覧).
[23] Coleman, David, 'Projections of the Ethnic Minority Population of the United Kingdom 2006–2056', *Population and Development Review*, 36 (3) 2010, pp. 456, 462.
[24] Pew Research Center, 29 November 2017: http://www.pewforum.org/2017/11/29/europes-growing-muslim-population/(2018年12月17日閲覧).
[25] Les Observateurs.ch, 28 September 2015: https://lesobservateurs.ch/2015/09/28/charles-de-gaulle-colombey-les-deux-mosquees/(2018年12月17日閲覧).
[26] *New York Times*, 7 March 2019: https://www.nytimes.com/2019/03/07/us/us-birthrate-hispanics-latinos.html (2020年5月3日閲覧).
[27] Dubuc, Sylvie, 'Immigration to the UK from High Fertility – Countries: Intergenerational Adaptation and Fertility Convergence', *Population and Development Review*, 38 (2), p. 358.
[28] The Migration Observatory, 20 January2020: https://migrationobservatory.ox.ac.uk/resources/briefings/uk-public-opinion-toward-immigration-overall-attitudes-and-level-of-concern/(2020年5月7日閲覧).
[29] British Social Attitudes: https://www.bsa.natcen.ac.uk/latest-report/british-social-attitudes-31/immigration/introduction.aspx (2020年9月25日閲覧).
[30] BBC, 28 April 2015: https://www.bbc.co.uk/news/election-2015-32490861 (2020年5月7日閲覧).
[31] Kaufmann, Eric, *Whiteshift: Populism, Immigration and the Future of White Majorities*, Allen Lane, 2018, pp. 201–4.(エリック・カウフマン『WHITESHIFT——白人がマイノリティになる日』臼井美子訳、亜紀書房、2023年)
[32] Dorling, Danny, *Slowdown: The End of the Great Acceleration and Why It's Good for the Planet, the Economy, and Our Lives*, Yale University Press, 2020, pp. 153–4.(ダニー・ドーリング『Slowdown 減速する素晴らしき世界』遠藤真美訳、東洋経済新報社、2022年)
[33] *Guardian*, 24 May 2019: https://www.theguardian.com/uk-news/2019/may/24/uk-government-misses-net-migration-target-for-37th-time-in-a-row (2020年9月25日閲覧).

Problems, Harper and Brothers, 1928, p. 13.
[3] Kaufmann, Eric P., *The Rise and Fall of Anglo-America*, Cambridge, Mass., Harvard University Press, 2004.
[4] Morland, Paul, *Demographic Engineering* (前掲書), pp. 149–51.
[5] Lepore, Jill, *These Truths: A History of the United States*, W.W. Norton, 2018, p. 468.
[6] Public Policy Institute of California: https://www.ppic.org/publication/californias-population/(2019年8月27日閲覧).
[7] Public Policy Institute of California: https://www.ppic.org/publication/californias-population/(2020年5月1日閲覧).
[8] Kidsdata (前掲資料).
[9] US Census Bureau: https://www.census.gov/quickfacts/TX (2020年9月8日閲覧).
[10] Texas Demographic Center 14 September 2017: https://demographics.texas.gov/Resources/Presentations/OSD/2017/2017_09_14_DepartmentofSavingsandMortgageLending.pdf (2020年9月8日閲覧).
[11] Brookings Institution, 14 March 2018: https://www.brookings.edu/blog/the-avenue/2018/03/14/the-us-will-become-minority-white-in-2045-census-projects/(2020年5月1閲覧).
[12] *New York Times*, 8 June 2019: https://www.nytimes.com/2019/06/08/us/politics/migrants-drown-rio-grande.html (2020年5月4日閲覧).
[13] CBS, 26 June 2019: https://www.cbsnews.com/news/tragic-photo-migrant-father-oscar-alberto-martinez-ramirez-toddler-who-died-trying-to-cross-the-rio-grande/(2019年5月4日閲覧).
[14] Eschbach, Karl, Hagan, Jacqueline, Rodriguez, Nestor, Hernández-Léon, Rubén and Bailey, Stanley, 'Death at the Border', *International Migration Review*, 33 (2), 1999, pp. 430–54.
[15] Darwin, Charles, *The Descent of Man, and Selection in Relation to Sex*, p. 193. (チャールズ・ダーウィン『人間の由来』〈上下〉[前掲書])
[16] *Guardian*, 2 September 2015: https://www.theguardian.com/world/2015/sep/02/shocking-image-of-drowned-syrian-boy-shows-tragic-plight-of-refugees (2020年5月5日閲覧).
[17] *Sunday Times*, 22 August 2021, p. 25.
[18] Pew Research Center, 1 August 2016: https://www.pewresearch.org/global/2016/08/02/number-of-refugees-to-europe-surges-to-record-1-3-million-in-2015/pgm_2016-08-02_europe-asylum-01/(2020年5月5日閲覧).
[19] ONS: https://www.ons.gov.uk/peoplepopulationandcommunity/populationandmigration/internationalmigration/bulletins/ukpopulationbycountry

[26] BBC, 31 October 2019: https://www.bbc.com/worklife/article/20191023-what-will-japan-do-with-all-of-its-empty-ghost-homes (2020年4月21日閲覧).

[27] BrickUnderground, 24 August 2015: https://www.brickunderground.com/blog/2015/08/japanese_suburbs_are_the_polar_opposites_of_ (2021年10月24日閲覧).

[28] A Vision of Britain Through Time: https://www.visionofbritain.org.uk/unit/10217647/cube/AGESEX_85UP (2020年4月22日閲覧).

[29] Stoke on Trent Live, 16 January 2020: https://www.stokesentinel.co.uk/news/stoke-on-trent-news/stoke-trent-pubs-decline-numbers-3744849 (2020年4月22日閲覧).

[30] A Vision of Britain Through Time: https://www.visionofbritain.org.uk/unit/10217647/cube/TOT_POP (2020年10月8日閲覧).

[31] *Financial Times*, 25 August 2019: https://www.ft.com/content/c88b4c54-b925-11e9-96bd-8e884d3ea203 (2020年4月22日閲覧).

[32] Bricker, Darrell and Ibbitson, John, *Empty Planet: The Shock of Global Population Decline*, 2019, p. 172. (ダリル・ブリッカー、ジョン・イビットソン『2050年世界人口大減少』[前掲書]).

[33] Morland, Paul, *The Human Tide*, p. 89. (ポール・モーランド『人口で語る世界史』[前掲書]); *Pittsburgh Post-Gazette*, 24 March 2019: https://www.post-gazette.com/opinion/Op-Ed/2019/03/24/The-eternal-fear-of-race-suicide/stories/201903240066 (2020年4月26日閲覧).

[34] Sabin, Paul, *The Bet: Paul Ehrlich, Julian Simon, and Our Gamble over Earth's Future*, Yale University Press, 2013, p. 22.

[35] NBS (Nigeria), 2017 Demographic Statistics Bulletin, May 2018, p. 10.

[36] Bricker, Darrell and Ibbitson, John, *Empty Planet*, p.68. (ダリル・ブリッカー、ジョン・イビットソン『2050年世界人口大減少』[前掲書])。

[37] たとえば以下がある。Webb, Stephen, *If the Universe is Teeming with Aliens, Where is Everybody? Fifty Solutions to the Fermi Paradox and the Problem of Extraterrestrial Life*, Copernicus Books, 2002.

[38] *Financial Times*, 9 June 2019: https://www.ft.com/content/05baa6ae-86dd-11e9-a028-86cea8523dc2 (2019年9月2日閲覧).

第8章　民族構成が映し出す未来

[1] Kidsdata: https://www.kidsdata.org/topic/36/school-enrollment-race/table#fmt (2021年9月2日閲覧).

[2] Lewis, Edward R., *America – Nation or Confusion? A Study of Our Immigration*

uploads/2019/06/CommonHomeBulgariaEN.pdf p.7 (2019年4月17日閲覧).
［11］ *Guardian*, 7 May 2019(前掲記事).
［12］ *Financial Times*, 15 October 2020(前掲記事).
［13］ Lee, Harry F. and Zhang, David D., 'A Tale of Two Population Crises in Recent Chinese History', *Climatic Change*, 2013, 116, pp. 285–308; Liebmann, Matthew J., Farella, Joshua, Roos, Christopher I., Stack, Adam, Martini, Sarah and Swetnam, Thomas W., 'Native American Depopulation, Reforestation and Fire Regimes in South west United States, 1492–1900CE', *PNAS*, 113 (6), 2016, pp. 696–704.
［14］ Georgieva-Stankova, N., Yarkova, Y. and Mutafov, E., 'Can Depopulated Villages Benefit from the Social and Economic Incorporation of Ethnic and Immigrant Communities? A Survey for Bulgaria', *Trakia Journal of Sciences*, 16 (2), 2018, p. 140.
［15］ Mladenov, Cavdar and Ilieva, Margarita, 'The Depopulation of the Bulgarian Villages', *Bulletin of Geography: Socio Economic Series*, 17, 2012, p. 100.
［16］ BBC News, 17 September 2017: https://www.bbc.co.uk/news/world-europe-41109572 (2019年8月27日閲覧).
［17］ Balkan Insight, 26 February 2020: https://balkaninsight.com/2020/02/26/where-did-everyone-go-the-sad-slow-emptying-of-bulgarias-vidin/(2020年4月27日閲覧).
［18］ NBC News, 14 May 2019, https://www.nbcnews.com/news/world/russia-s-dying-villages-inspire-rising-star-art-world-n994436 (2021年10月24日閲覧).
［19］ Radio Free Europe/Radio Liberty, 10 December 2018: https://www.rferl.org/a/russia-shelepovo-dying-village/29648412.html (2020年4月20日閲覧).
［20］ Russia Matters, 13 September 2019: https://www.russiamatters.org/blog/russian-population-decline-spotlight-again (2020年4月20日閲覧).
［21］ 2020年4月21日に英国王立防衛安全保障研究所（RUSI）のリサーチ・フェロー、エミリー・フェリスに話を聞いた。以下も参照。SCMP, 8 July 2017: https://www.scmp.com/week-asia/geopolitics/article/2100228/chinese-russian-far-east-geopolitical-time-bomb (2020年4月21日閲覧).
［22］ *SCMP*, 19 April 2018: https://www.scmp.com/news/china/society/article/2142363/rural-exodus-leaves-shrinking-chinese-village-full-ageing-poor (2020年4月21日閲覧).
［23］ National Bureau of Statistics of China, 11 May 2021: http://www.stats.gov.cn/english/PressRelease/202105/t20210510_1817185.html (2021年9月9日閲覧).
［24］ *The Economist*, 1 May 2021, pp. 48–9.
［25］ *Guardian*, 13 June 2016: https://www.theguardian.com/world/2016/jun/13/warning-four-killed-bear-attacks-akita-japan (2018年12月17日閲覧).

月24日閲覧).

[51] Continuous Mortality Investigation Briefing Note CMI_2018: https://www.actuaries.org.uk/system/files/field/document/CMI%20WP119%20v01%20 2019-03-07%20-%20CMI%20Mortality%20Projections%20Model%20 CMI_2018%20Briefing%20Note.pdf; Financial Times, 1 March 2018: https://www.ft.com/content/dc7337a4-1c91-11e8-aaca-4574d7dabfb6 (2020年4月14日閲覧).

[52] Cavendish, Camilla, *Extra Time: 10 Lessons for an Ageing World*, HarperCollins, 2019, p. 24.

[53] Dorling, Danny and Gietel-Basten, Stuart, *Why Demography Matters*, Polity, 2017, p. 49.

第7章　世界は人口減少を食い止められるのか

[1] Making the History of 1989, item #310: http://chnm.gmu.edu/1989/items/show/319 (2018年12月17日閲覧).

[2] Öktem, Kerem, 'The Nation's Imprint: Demographic Engineering and the Change of Toponymes in Republican Turkey', *European Journal of Turkish Studies*, 7, 2008, 各所。

[3] Morland, Paul, *The Human Tide*, p. 188.（ポール・モーランド『人口で語る世界史』[前掲書]）

[4] それでもブルガリアの女性はほかの国々と比べると比較的早く子供を産んでいて、平均初産年齢は26歳前後である。

[5] Euractiv, 26 December 2019: https://www.euractiv.com/section/economy-jobs/news/alarming-low-birth-rates-shut-down-schools-in-greece/(2020年4月17日閲覧).

[6] *Financial Times*, 15 October 2020: https://www.ft.com/content/5dafc7e1-d233-48c4-bd6b-90a2ed45a6e7 (2020年10月16日閲覧).

[7] DW, 25 November 2018: https://www.dw.com/en/germanys-lonely-dead/a-46429694 (2019年8月27日閲覧).

[8] Politico, 14 July 2016, https://www.politico.eu/article/germany-set-immigration-record-in-2015/(2021年10月25日閲覧).

[9] *Guardian*, 7 May 2019: https://www.theguardian.com/cities/2019/may/07/reversing-the-brain-drain-how-plovdiv-lures-young-bulgarians-home (2020年4月17日閲覧).

[10] Caritas Bulgaria, *The Bulgarian Migration Paradox: Migration and Development in Bulgaria*, 2019: https://www.caritas.eu/wordpress/wp-content/

［37］ アメリカの例については以下を参照。*Washington Post*, 11 February 2019: https://www.washingtonpost.com/news/monkey-cage/wp/2019/02/11/yes-young-people-voted-at-higher-rates-in-2018-but-so-did-every-age-group/(2020年9月25日閲覧).
［38］ Pew Research Center, 9 August 2018: https://www.people-press.org/2018/08/09/an-examination-of-the-2016-electorate-based-on-validated-voters/(2020年4月5日閲覧).
［39］ *Guardian*, 5 November 2020: https://www.theguardian.com/us-news/2020/nov/05/us-election-demographics-race-gender-age-biden-trump (2020年12月14日閲覧).
［40］ *Independent*, 11 May 2017: https://www.independent.co.uk/news/nearly-half-young-french-voters-marine-le-pen-emmanuel-macron-french-election-2017-a7723291.html (2020年4月12日閲覧).
［41］ This Retirement Life, 28 February 2020: https://thisretirementlife.com/2020/02/28/retiring-to-costa-rica/ (2020年10月16日閲覧).
［42］ *The Economist*, 4 April 2020, p. 45.
［43］ *Financial Times*, 13 December 2019: https://www.ft.com/content/b909e162-11f6-44f3-8eab-ebc48d8c6976 (2020年4月13日閲覧).
［44］ UN DESA, 25 February 2019: https://www.un.org/en/development/desa/population/events/pdf/expert/29/session3/EGM_25Feb2019_S3_VipanPrachuabmoh.pdf (2020年4月13日閲覧).
［45］ *Bangkok Post*, 11 December 2018: https://www.bangkokpost.com/life/social-and-lifestyle/1591554/how-the-old-stay-young (2018年12月11日閲覧).
［46］ *Wall Street Journal*, p. B4, 14 January 2019: https://assets.website-files.com/5b036b7ed0a90fe56e35e376/5c771db8776d024333636dcc_elder-care-in-japan-propels-innovation.pdf (2020年4月15日閲覧).
［47］ *Independent*, 9 April 2018: https://www.independent.co.uk/arts-entertainment/photography/japan-robot-elderly-care-ageing-population-exercises-movement-a8295706.html (2020年4月14日閲覧).
［48］ 同上。
［49］ Health Equity in England: The Marmot Review 10 Years On: Institute of Health Equity, pp. 15–18: https://www.health.org.uk/sites/default/files/upload/publications/2020/Health%20Equity%20in%20England_The%20Marmot%20Review%2010%20Years%20On_full%20report.pdf (2020年4月14日閲覧).
［50］ ONS: https://www.ons.gov.uk/peoplepopulationandcommunity/birthsdeathsandmarriages/lifeexpectancies/articles/ethnicdifferencesinlifeexpectancyandmortalityfromselectedcausesinenglandandwales/2011to2014 (2021年10

[23] A Measured View of Healthcare: https://measuredview.wordpress.com/2014/10/07/15/(2020年4月3日閲覧).

[24] World Health Organization 2019, p. 6: https://www.who.int/health_financing/documents/health-expenditure-report-2019.pdf?ua=1 (2019年4月14日閲覧).

[25] *Forbes*, 6 March 2020: https://www.forbes.com/sites/stephenpope/2020/03/06/migrating-european-youth-threatens-europes-pension-program/(2020年4月3日閲覧).

[26] *The Gerontologist*, 54 (1), February 2014: https://academic.oup.com/gerontologist/article/54/1/5/561938 (2020年4月3日閲覧).

[27] 賦課方式年金はポンジ・スキームなのかという問題だが、たしかに表面的にはそう見えるかもしれない。ここでも現代貨幣理論（MMT）の支持者たちの意見が参考になりそうだ。彼らは、国が必要な資源やサービスを、インフレや穴埋めできない貿易赤字なしに作り出せているのであれば、ポンジ・スキームではないと主張する。この議論は経済学者におまかせしたい。

[28] *New York Times*, 11 January 2020: https://www.nytimes.com/2020/01/11/world/europe/france-pension-protests.html (2020年4月3日閲覧).

[29] Goodhart, Charles and Pradhan, Manoj, *The Great Demographic Reversal*, pp.49–50.（チャールズ・グッドハート、マノジ・プラダン『人口大逆転』［前掲書］）。

[30] Eurostat: https://ec.europa.eu/eurostat/statistics-explained/index.php?title=Ageing_Europe_-_statistics_on_working_and_moving_into_retirement (2021年10月24日閲覧).

[31] Rest Less, 27 May 2019: https://restless.co.uk/press/the-number-of-over-70s-still-working-has-more-than-doubled-in-a-decade/(2020年4月12日閲覧).

[32] *Washington Post*, 30 March 2020: https://www.washingtonpost.com/business/2020/03/30/retail-workers-their-60s-70s-80s-say-theyre-worried-about-their-health-need-money/(2020年9月1日閲覧).

[33] British Election Study, 12 February 2018: https://www.britishelectionstudy.com/bes-impact/youthquake-a-reply-to-our-critics/#.XpLlI25FyUm (2020年4月12日閲覧).

[34] *Nature*, 28 August 2020: https://www.nature.com/articles/d41586-020-02483-2 (2020年10月19日閲覧).

[35] *Guardian*, 27 October 2019: https://www.theguardian.com/commentisfree/2019/oct/27/age-rather-than-class-now-determines-how-britain-votes (2020年4月5日閲覧).

[36] Lord Ashcroft Polls, 15 March 2019: https://lordashcroftpolls.com/2019/03/a-reminder-of-how-britain-voted-in-the-eu-referendum-and-why/(2020年4月12日閲覧).

報社、2016年)
［10］ CNA, 24 April 2019: https://www.channelnewsasia.com/news/commentary/japan-ageing-population-old-harassing-young-working-age-11471252 (2020年4月14日閲覧).
［11］ *Financial Times*, 23 April 2019: https://www.ft.com/content/b1369286-60f4-11e9-a27a-fdd51850994c (2020年4月14日閲覧).
［12］ 景気低迷を低出生率や人口増加減速と関連づける文献が増えているが、その例としては以下を参照。Jones, Charles I., *The End of Economic Growth? Unintended Consequences of a Declining Population,* National Bureau of Economic Research, 2020.
［13］ World Economic Forum, 12 February 2019: https://www.weforum.org/agenda/2019/02/japan-s-workforce-will-shrink-20-by-2040/(2020年3月31日閲覧).
［14］ Macrotrends: https://www.macrotrends.net/2593/nikkei-225-index-historical-chart-data (2020年3月31日閲覧).
［15］ World Bank: https://data.worldbank.org/indicator/NY.GDP.MKTP.KD.ZG?locations=JP (2020年3月31日閲覧).
［16］ Macrotrends: https://www.macrotrends.net/countries/JPN/japan/inflation-rate-cpi (2020年3月31日閲覧).
［17］ ONS: https://www.ons.gov.uk/employmentandlabourmarket/peopleinwork/employmentandemployeetypes/timeseries/bbfw/lms (2021年10月24日閲覧).
［18］ Vollrath, Dietrich, *Fully Grown: Why a Stagnant Economy is a Sign of Success,* University of Chicago Press, 2020, p. 63.
［19］ *Financial Times*, 17 October 2020: https://www.ft.com/content/8b2fbf82-8cbe-487e-af63-b3b006f9672d (2020年10月18日閲覧).
［20］ たとえば以下を参照。Kelton, Stephanie, *The Deficit Myth: Modern Monetary Theory and the Birth of the People's Economy,* Public Affairs, 2020.(ステファニー・ケルトン『財政赤字の神話——MMTと国民のための経済の誕生』土方奈美訳、早川書房、2020年)。同書は現代貨幣理論(MMT)を徹底解説し、その正当性を示しているが、この理論が人口動態の変化によって過去とは異なる意味で求められるようになっている点には触れていない。
［21］ 世代別の富の分布については以下を参照。*Washington Post,* 3 December 2019; https://www.washingtonpost.com/business/2019/12/03/precariousness-modern-young-adulthood-one-chart/(2020年12月14日閲覧).
［22］ Goodhart, Charles and Pradhan, Manoj, *The Great Demographic Reversal: Ageing Societies, Waning Inequality and an Inflation Revival,* Palgrave Macmillan, 2020.(チャールズ・グッドハート、マノジ・プラダン『人口大逆転——高齢化、インフレの再来、不平等の縮小』澁谷浩訳、日本経済新聞出版、2022年)

the-boroughs-with-the-highest-and-lowest-murder-rates-in-london-a3869671.html (2019年1月29日閲覧); CBRE London Living 2016: https://www.cbreresidential.com/uk/sites/uk-residential/files/CBRE0352%20%20Borough%20by%20Borough%202016.pdf (2019年1月29日閲覧).

[34] E.g. Kahn, Samuel, 'Reconsidering the Donohue–Levitt Hypothesis', *American Catholic Philosophical Quarterly*, 90(4), 2016, pp. 583–620.

[35] Griffith, Gwyn and Norris, Gareth, 'Explaining the Crime Drop: Contributions to Declining Crime Rates from Youth Cohorts since 2005', *Crime, Law and Social Change*, 73, 2019, pp. 25–53.

[36] Dyson, Tim and Wilson, Ben, 'Democracy and the Demographic Transition', LSE Research Online, 2016: http://eprints.lse.ac.uk/66620/1/Wilson_Democracy%20and%20the%20demographic%20transition.pdf (2020年9月25日閲覧).

第6章　最先端の超高齢化社会は世界の未来

[1] 百寿者の人数はおそらくアメリカのほうがやや多いのだが、人口は日本の2.5倍である。中国はほぼ同じだが、人口は10倍以上である。

[2] *Washington Pos*t, 27 July 2018: https://www.washingtonpost.com/news/worldviews/wp/2018/07/27/after-a-life-filled-with-sushi-and-calligraphy-worlds-oldest-person-dies-at-117/(2020年4月3日閲覧).

[3] *Guinness World Records*, 21 January 2019: https://www.guinnessworldrecords.com/news/2019/1/worlds-oldest-man-masazo-nonaka-dies-at-his-home-in-japan-aged-113-556396/(2019年8月27日閲覧).

[4] *Jewish Chronicle*, 3 April 2020, p. 41.

[5] *Prospect*, May 2020, p. 8.

[6] Research Gates, December 2018: The Secret of Longevity: https://www.researchgate.net/publication/329773795_Jeanne_Calment_the_secret_of_longevity (2020年4月7日閲覧).

[7] *National Geographic*, 6 April 2017: https://www.nationalgeographic.com/books/features/5-blue-zones-where-the-worlds-healthiest-people-live/(2020年4月7日閲覧).

[8] 平均余命の詳しい説明は以下を参照。Morland, Paul, *The Human Tide*, pp. 283–5.（ポール・モーランド『人口で語る世界史』［前掲書］）

[9] Gratton, Lynda and Scott, Andrew, *The 100-Year Life: Living and Working in an Age of Longevity*, Bloomsbury Business, 2017, p. 26.（リンダ・グラットン、アンドリュー・スコット『LIFE SHIFT――100年時代の人生戦略』池村千秋訳、東洋経済新

Age, Gender, and Time of Day Using a New Exposure Methodology', *Journal of Safety Research*, 66, 2018, pp. 131–40.

[17] Mulderig, M. Chloe, 'An Uncertain Future: Youth Frustration and the Arab Spring', *Boston University The Pardee Papers*, 16, 2013, pp. 15, 23および各所。

[18] *Guardian*, 19 March 2014: https://www.theguardian.com/world/2014/mar/19/growing-youth-population-fuel-political-unrest-middle-east-south-america (2020年3月8日閲覧).

[19] UN Population Division, https://population.un.org/wpp/Download/Standard/Population/(2021年10月24日閲覧)を参照。

[20] *Pacific Standard*, 14 June 2017: https://psmag.com/social-justice/pax-americana-geriatrica-4416 (2021年10月24日閲覧).

[21] Morland, Paul, *Demographic Engineering: Population Strategies in Ethnic Conflict*, Ashgate, 2014.

[22] 同上、各所。

[23] Ceterchi, Ioan, Zlatescu, Victor, Copil, Dan, and Anca, Peter, *Law and Population Growth in Romania*, Legislative Council of the Socialist Republic of Romania, 1974.

[24] Gatrell, Peter, *The Unsettling of Europe: The Great Migration, 1945 to the Present*, Allen Lane, 2019.

[25] King, Leslie, 'Demographic Trends, Pronatalism and Nationalist Ideologies', *Ethnic and Racial Studies*, 25 (3), 2002, pp. 367–89.

[26] Morland, Paul, *Demographic Engineering* (前掲書), pp. 99–109.

[27] 同上、pp. 93–8.

[28] *Guardian*, 7 March 2018: https://www.theguardian.com/media/2018/mar/07/nme-ceases-print-edition-weekly-music-magazine (2019年3月25日閲覧); 2018 Cruise Industry Overview: https://www.f-cca.com/downloads/2018-Cruise-Industry-Overview-and-Statistics.pdf (2020年3月25日閲覧).

[29] BBC News, 15 March 2019: https://www.bbc.co.uk/news/uk-england-london-35126667 (2020年3月13日閲覧).

[30] *Guardian*, 25 June 2018: https://www.theguardian.com/film/2018/jun/25/hatton-garden-job-v-king-of-thieves-trailers-michael-caine (2020年3月13日閲覧).

[31] *The Standard*, 5 February 2019, https://www.standard.co.uk/news/crime/half-of-london-knife-crime-carried-out-by-teenagers-and-children-as-young-as-ten-police-figures-reveal-a4056596.html (2021年10月24日閲覧).

[32] World Atlas: https://www.worldatlas.com/articles/murder-rates-by-country.html (2019年8月23日閲覧).

[33] *The Standard*, 23 June 2018: https://www.standard.co.uk/news/crime/revealed-

lang=en (2019年8月23日閲覧).
[5] Statista: https://www.statista.com/statistics/275398/median-age-of-the-population-in-spain/(2019年8月23日閲覧). この資料によればスペインの1950年の年齢中央値は27.5であり、全般的傾向から考えて、1930年代には25未満だっただろうと考えられる。
[6] 国連のデータによれば、2020年の年齢中央値が2015年より下がったのはドイツだけだった。だがこれはおそらく、2015年にドイツに大量に流入した若い移民がその年のデータにカウントされていなかったためと思われる。また新型コロナウイルス感染症では高齢者に多くの死者が出ていることから、一時的とはいえ、より広い地域で年齢中央値が下がる可能性がある。
[7] たとえば以下がある。Cincotta, Richard P., 'Demographic Security Comes of Age', *ECSP Report*, 10, 2004, pp. 24–9; Urdal, Henrik, 'A Clash of Generations? Youth Bulges and Political Violence', *International Studies Quarterly*, 50, 2006, pp. 607–29; Leuprecht, Christian, 'The Demography of Interethnic Violence', paper presented to the American Political Science Association, 2007. 以下も参照。Guinnane, Timothy, 'The Human Tide: A Review Essay', *Journal of Economic Literature* 59 (4), 2021, p. 1330.
[8] Leahy, Elizabeth et al., *The Shape of Things to Come: Why Age Structure Matters to a Safer, More Equitable World*, Population Action International, 2007.
[9] Staveteig, Sarah, 'The Young and Restless: Population Age Structure and Civil War', in *Population and Conflict, Exploring the Links*, Environmental Change and Security Program Report 11, 2005, pp. 12–19; Fearon, James D. and Laitin, David D., 'Sons of the Soil, Migrants and Civil War', *World Development*, 39 (2), 2011, pp. 199–211.
[10] Staveteig (前掲論文).
[11] Statista: https://www.statista.com/statistics/454349/population-by-age-group-germany/(2020年10月2日閲覧).
[12] BBC, 10 August 2015: https://www.bbc.co.uk/news/newsbeat-33713015 (2020年12月14日閲覧).
[13] *Independent*, 18 February 2016: https://www.independent.co.uk/news/science/why-areteenagers-so-moody-a6874856.html (2020年3月6日閲覧).
[14] Johnson, Sara B., Blum, Robert W. and Giedd, Jay N., 'Adolescent Maturity and the Brain: The Promise and Pitfalls of Neuroscience Research in Adolescent Health Policy', *Journal of Adolescent Health*, 45 (3), 2009, pp. 216–21.
[15] Brake: http://www.brake.org.uk/news/15-facts-a-resources/facts/488-young-drivers-the-hard-facts (2020年3月8日閲覧).
[16] Regev, Shirley, Rolison, Jonathan J. and Moutari, Salissou, 'Crash Risk by Driver

[33] *Italy Magazine*, 12 April 2008: https://www.italymagazine.com/italy/science/less-sex-italian-couples-drop-male-sex-drive-blamed (2019年4月9日閲覧).
[34] *Time*, 26 October 2018: http://time.com/5297145/is-sex-dead/(2019年4月9日閲覧).
[35] Kornrich, Sabino, Brines, Julie and Leupp, Katrina, 'Egalitarianism, Housework and Sexual Frequency in Marriage', *American Sociological Review*, 78 (1), 2012, pp. 26–50.
[36] 同上。
[37] Martine, George: 'Brazil's Fertility Decline 1965–95: A Fresh Look at Key Factors', pp. 169– 07 in Martine, George, Das Gupta, Monica and Chen, Lincoln C., eds, *Reproductive Change in India and Brazil*, Oxford University Press, 1998.
[38] Briley, Daniel A., Tropf, Felix C. and Mills, Melinda C., 'What Explains the Heritability of Completed Fertility? Evidence from Two Large Twin Studies', *Behaviour Genetics*, 47(1), 2017, pp. 36– 51; *Guardian*, 3 June 2015: https://www.theguardian.com/science/2015/jun/03/genetics-plays-role-in-deciding-at-what-age-women-have-first-child-says-study (2020年10月2日閲覧).
[39] Rosling, Hans, TED Talks: https://www.ted.com/talks/hans_rosling_religions_and_babies/transcript (2018年12月21日閲覧).
[40] UN Population Division 2017 Revisions (出生中位推計).(国連人口部の「世界人口推計、2017年改訂版」)
[41] Statistics Times, 12 September 2015: http://statisticstimes.com/economy/china-vs-india-gdp.php (2019年4月10日閲覧).
[42] Nippon.com, 25 April 2019, https://www.nippon.com/en/japan-data/h00438/japan-judged-low-on-happiness-despite-longevity.html (2021年10月22日閲覧).
[43] Bricker, Darrell and Ibbitson, John, *Empty Planet*. ダリル・ブリッカー、ジョン・イビットソン『2050年世界人口大減少』(前掲書)、各所。

第5章　高齢化社会と暴力との意外な関係

[1] Statistical Institute of Catalonia: https://www.idescat.cat/pub/?id=aec&n=285&lang=en (2020年10月27日閲覧). 年齢中央値についてはこの資料の第1章を参照。
[2] *Guardian*, 14 November 2019: https://www.theguardian.com/world/2019/nov/14/second-death-in-hong-kong-protests-as-xi-demands-end-to-violence (2020年8月24日閲覧).
[3] BBC, 23 December 2017: https://www.bbc.com/news/world-asia-china-42465516 (2020年8月25日閲覧).
[4] Statistical Institute of Catalonia: https://www.idescat.cat/pub/?id=aec&n=285&

[19] *Financial Times*, 24 August 2020: https://www.ft.com/content/c1bd20d6-f019-40ba-9ee7-b23e6150bf6c (2020年8月24日閲覧).

[20] Population Reference Bureau: https://interactives.prb.org/2021-wpds/asia/#east-asia (2021年9月3日閲覧).

[21] 以下のURLを参照した。合計特殊出生率 − US Government: https://www.cdc.gov/nchs/data/nvsr/nvsr68/nvsr68_01-508.pdf, 宗教性 − Pew Research Center, 29 February 2016: https://www.pewresearch.org/fact-tank/2016/02/29/how-religious-is-your-state/?state=alabama, 投票率 − *New York Times* : https://www.nytimes.com/elections/2016/results/president, 所得 − Statista: https://www.statista.com/statistics/248063/per-capita-us-real-gross-domestic-product-gdp-by-state/(2019年4月5日閲覧).

[22] Deseret News, 26 December 2019: https://www.deseret.com/indepth/2019/12/26/21020015/demographic-transition-fertility-rate-slowing-births-us-motherhood (2020年8月21日閲覧).

[23] Medium, 8 February 2018: https://medium.com/migration-issues/how-long-until-were-all-amish-268e3d0de87#:~:text., (2020年10月2日閲覧).

[24] *Financial Times*, 7 April 2019: https://www.ft.com/content/dae642aa-5601-11e9-a3db-1fe89bedc16e (2019年4月9日閲覧).

[25] Schellekens, Jona and Anson, Jon, eds, *Israel's Destiny: Fertility and Mortality in a Divided Society*, Transaction Publishers, 2007.

[26] Mercatornet, 19 February 2019: https://www.mercatornet.com/israel-is-having-far-more-babies-than-any-other-developed-country/24064/(2020年8月21日閲覧), Smith, Tomw., *Jewish Distinctiveness in America, a Statistical Portrait*, 2005, p. 73: https://www.jewishdatabank.org/databank/search-results/study/617 (2020年1月31日閲覧).

[27] Kaa, D. J.の前掲論文を参照。

[28] World Population Review https://worldpopulationreview.com/us-cities/kiryas-joel-ny-population (2021年10月22日閲覧).

[29] 同上、各所。

[30] *New York Jewish Week*, 17 August 2016: https://jewishweek.timesofisrael.com/orthodox-dropouts-still-tethered-to-faith/(2020年3月23日閲覧).

[31] *Guardian*, 27 February 2019: https://www.theguardian.com/environment/shortcuts/2019/feb/27/is-alexandria-ocasio-cortez-right-to-ask-if-the-climate-means-we-should-have-fewer-children (2020年3月6日閲覧).

[32] *Forbes*, 7 April 2019, https://www.forbes.com/sites/ericmack/2019/04/07/a-quarter-of-japanese-adults-under-40-are-virgins-and-the-number-is-increasing/?sh=56099a6b7e4d (2022年10月22日閲覧).

Meta-Regression Analysis', *Human Reproduction Update*, 23 (6), 2017, pp. 646–59.

［4］ NHS: https://www.nhs.uk/conditions/infertility/#:~:text=Infertility%20is%20when%20a%20couple,couples%20may%20have%20difficulty%20conceiving. (2020年10月2日閲覧）.

［5］ Government of Singapore https://www.singstat.gov.sg/modules/infographics/total-fertility-rate (2021年10月22日閲覧). Mothership, 21 April 2018: https://mothership.sg/2018/04/singapore-total-fertility-rate-official/(2018年12月13日閲覧).

［6］ Morland, Paul, *The Human Tide*, pp. 90, 93.（ポール・モーランド『人口で語る世界史』［前掲書］）

［7］ Yap, Mui Teng, 'Fertility and Population Policy: the Singapore Experience', *Journal of Population and Social Security Population*, (1) Suppl., 2003, p. 646.

［8］ 同上、p. 651.

［9］ 同上、p. 652.

［10］ *Straits Times*, 28 September 2018: https://www.straitstimes.com/singapore/spores-fertility-rate-down-as-number-of-singles-goes-up (2019年3月29日閲覧).

［11］ *Straits Times*, 26 September 2016: https://www.straitstimes.com/singapore/fewer-sporean-babies-born-out-of-wedlock (2019年3月29日閲覧), Yale Global Online: https://yaleglobal.yale.edu/content/out-wedlock-births-rise-worldwide (2019年3月29日閲覧).

［12］ French, Marilyn, *The Women's Room*, André Deutsch, 1978, p. 47.（マリリン・フレンチ『背く女――女の生き方を変える本』〈上下〉松岡和子訳、パシフィカ、1979年）

［13］ Bongaarts, John and Sobotka, Tomáš, 'A Demographic Explanation for the Recent Rise in European Fertility', *Population and Development Review*, 38 (1), 2012, pp. 83–120; Austrian Academy of Sciences 2008: https://www.oeaw.ac.at/en/vid/data/demographic-data-sheets/european-demographic-data-sheet-2008/tempo-effect-and-adjusted-tfr/(2019年4月10日閲覧).

［14］ Morland, Paul, UnHerd, 17 October 2019: https://unherd.com/2019/10/has-hungary-conceived-a-baby-boom/(2019年10月16日閲覧).

［15］ Morland, Paul, *The Human Tide*, pp. 166–73.（ポール・モーランド『人口で語る世界史』［前掲書］）

［16］ Lieven, Dominic, *Towards the Flame: Empire, War and the End of Tsarist Russia*, Allen Lane, 2015, p. 60.

［17］ *Financial Times*, 12 March 2019: https://www.ft.com/content/f34bb0b0-2f8b-11e9-8744-e7016697f225 (2019年4月3日閲覧).

［18］ UN Population Division: Data is for 2010–2015 period.

locals (2020年2月14日閲覧).
[32] Smith, P. D., *City: A Guidebook for the Urban Age*, Bloomsbury Press, 2011, p. 312.(P・D・スミス『都市の誕生——古代から現代までの世界の都市文化を読む』中島由華訳、河出書房新社、2013年)
[33] World Bank: https://data.worldbank.org/indicator/SP.RUR.TOTL.ZS?locations=ZG (2020年2月2日閲覧).
[34] World Population Review: https://worldpopulationreview.com/world-cities/lagos-population/(2020年3月22日閲覧).
[35] McDougall, Robert and Kristiansen, Paul and Rader, Romina, 'Small Scale Agriculture Results in High Yields but Requires Judicious Management of Inputs to Achieve Sustainability', PNAS, 116 (1), 2019, pp. 129–34.
[36] City Monitor, 18 June 2015: https://citymonitor.ai/government/granting-planning-permission-massively-increases-land-values-shouldnt-state-get-share-1154 (2021年7月20日閲覧).
[37] i24NEWS, 27 July 2019: https://www.i24news.tv/en/news/international/europe/1564227612-uk-s-johnson-vote-to-leave-eu-not-just-against-brussels-but-against-london-too (2020年9月10日閲覧).
[38] Davis, 前掲論文、in LeGates (前掲書)、p. 5.
[39] Smith, 前掲書、p. 312.
[40] *Financial Times*, 23 March 2020: https://www.ft.com/content/1df725c0-6adb-11ea-800d-da70cff6e4d3 (2020年3月23日閲覧).
[41] Davis, 前掲論文、in LeGates (前掲書)、p. 5.
[42] ONS: https://www.ons.gov.uk/peoplepopulationandcommunity/birthsdeathsandmarriages/lifeexpectancies/bulletins/lifeexpectancyatbirthandatage65bylocalareasinenglandandwales/2015-11-04#regional-life-expectancy-at-birth (2020年2月14日閲覧).
[43] TNN, 22 February 2017: https://timesofindia.indiatimes.com/city/kolkata/bengal-fertility-rate-lowest-in-country/articleshow/57283418.cms (2019年8月21日閲覧).

第4章　出生率が低い社会の共通点

[1] Five Stars and a Moon, 8 January 2016 http://www.fivestarsandamoon.com/2016/01/why-you-shouldnt-have-kids-in-singapore/(2019年1月29日閲覧).
[2] Bricker, Darrell and Ibbitson, John, *Empty Planet*.(ダリル・ブリッカー、ジョン・イビットソン『2050年世界人口大減少』[前掲書])
[3] Levin, Hagai et al., 'Temporal Trends in Sperm Count: A Systematic Review and

Geographer, 25, 1992, p. 136.

[16] Marsden, Peter and West, Barbara, 'Population Change in Roman London', *Britannia*, 23, 1992, pp. 133–40.

[17] Davis, Kingsley, 'The Urbanization of the Human Population', in LeGates, Richard T. and Stout, Frederic, eds., *The City Reader*, Routledge, 2016, p. 481.

[18] Morland, Paul, *The Human Tide*.（ポール・モーランド『人口で語る世界史』[前掲書]）

[19] このような考察も都市をどこまで正確に定義できるかにかかっている。そのためには集合都市の最小規模や、その境界を決めなければならない。

[20] *Financial Times*, 24 March 2020: https://www.ft.com/content/1df725c0-6adb-11ea-800d-da70cff6e4d3 (2020年3月24日閲覧).

[21] *Guardian*, 23 March 2009: https://www.theguardian.com/environment/2009/mar/23/city-dwellers-smaller-carbon-footprints (2020年2月16日閲覧).

[22] Live Science, 19 April 2011: https://www.livescience.com/13772-city-slicker-country-bumpkin-smaller-carbon-footprint.html (2020年2月16日閲覧).

[23] U.S. Energy Information Administration https://www.eia.gov/environment/emissions/state/analysis/(2021年10月21日閲覧).

[24] Brand, Stewart, *Whole Earth Discipline: An Ecopragmatist Manifesto*, Atlantic Books, 2010, p. 67. スチュアート・ブランド『地球の論点――現実的な環境主義者のマニフェスト』（仙名紀訳、英治出版、2011年）に引用されているピーター・カルソープの記述より。

[25] 同上、p. 68.

[26] Smil, Vaclav, *Growth: From Microorganisms to Megacities*, Cambridge, Mass. and London, The MIT Press, 2019, p. 343.（バーツラフ・シュミル『グロース「成長」大全――微生物から巨大都市まで』〈上下〉田中嘉成監修、三輪ヒナタ訳、ニュートンプレス、2022年）

[27] Pyrenean Way: http://www.pyreneanway.com/2014/06/rewilding-and-the-pyrenees/?lang=en; The Connexion: https://www.connexionfrance.com/French-news/Camera-captures-rare-brown-Pyrenees-bear (2020年2月14日閲覧).

[28] Flyn, Cal, *Islands of Abandonment: Life in the Post-Human Language*, William Collins, 2021, pp. 53, 59.

[29] *Wired*, 14 February 2018: https://www.wired.co.uk/article/tfl-finances-transport-for-london-deficit-passenger-numbers (2020年2月14日閲覧).

[30] Greater London Authority: https://data.london.gov.uk/dataset/population-change-1939-2015 (2020年2月2日閲覧).

[31] Bloomberg, 26 January 2020: https://www.bloomberg.com/opinion/articles/2020-01-26/superstar-cities-london-new-york-amsterdam-are-losing-

［2］ Researchgate: https://www.researchgate.net/figure/Worlds-largest-cities-megacities-in-the-world-1900-2015_tbl1_226618338 (2019年8月21日閲覧).
［3］ *Guardian,* 20 March 2017: https://www.theguardian.com/cities/2017/mar/20/china-100-cities-populations-bigger-liverpool (2019年8月21日閲覧).
［4］ World Population Review: https://worldpopulationreview.com/countries/cities/india (2020年8月19日閲覧).
［5］ Luxembourg: https://luxembourg.public.lu/en/society-and-culture/population/demographics.html (2020年8月19日閲覧).
［6］ Childe, V. Gordon, 'The Urban Revolution', *The Town Planning Review,* 21 (1) 1950, pp. 3−17.
［7］ China Today, 2 November 2018 http://www.chinatoday.com.cn/ctenglish/2018/tourism/201811/t20181102_800146032.html (2021年10月21日閲覧).
［8］ Slate, 31 October 2013: https://slate.com/news-and-politics/2013/10/nanchang-china-a-city-the-size-of-chicago-that-youve-never-heard-of.html (2019年8月21日閲覧); Macrotrends: https://www.macrotrends.net/cities/20622/nanchang/population (2019年8月21日閲覧).
［9］ UN: https://population.un.org/wup/Archive/Files/studies/United%20Nations%20(1977)%20-%20Orders%20of%20magnitude%20of%20the%20world%27s%20urban%20population%20in%20history.PDF; World Bank: https://data.worldbank.org/indicator/sp.urb.totl.in.zs; UN:https://www.un.org/development/desa/en/news/population/2018-revision-of-world-urbanization-prospects.html (2019年8月21日閲覧).
［10］ Knoema: https://knoema.com/atlas/China/Urban-population (2020年8月19日閲覧).
［11］ Statista: https://www.statista.com/statistics/289158/telephone-presence-in-households-in-the-uk/(2020年2月14日閲覧).
［12］ Crosby, Alfred W., *The Measure of Reality: Quantification and Western Society,* 1250−1600, Cambridge University Press, 1996, p. 129.（アルフレッド・W.クロスビー『数量化革命――ヨーロッパ覇権をもたらした世界観の誕生』小沢千重子訳、紀伊國屋書店、2003年）
［13］ Evans, Richard J., *The Pursuit of Power: Europe 1815−1914,* Allen Lane, 2016, p. 8.（リチャード・J・エヴァンズ『力の追求――ヨーロッパ史1815−1914』〈上下〉井出匠・大内宏一・小原淳・前川陽祐・南祐三訳、白水社、2018年）
［14］ Shan, Weijian, *Out of the Gobi: My Story of China and America,* Hoboken, Wiley, 2019, p. 135.（ウェイジャン・シャン『ゴビ砂漠からの脱出――私の中国/アメリカ物語』米山徹幸訳、金融財政事情研究会、2021年）
［15］ Twine, Kevin, 'The City in Decline: Rome in Late Antiquity', *Middle States*

the Global Burden of Disease Study', *The Lancet*, 14 July 2020.
[25] Kaufman, Carol E., 'Contraceptive Use in South Africa under Apartheid', *Demography,* 35 (4), November 1998, pp. 421–34.
[26] All Africa, 21 November 2019: https://allafrica.com/stories/201911270852.html (2019年12月6日閲覧).
[27] New Security Beat, 11 May 2015: https://www.newsecuritybeat.org/2015/05/whats-west-central-africas-youthful-demographics-high-desired-family-size/ (2019年12月6日閲覧).
[28] Devex, 21 November 2019: https://www.devex.com/news/innovative-approaches-to-improving-contraceptive-access-in-kenya-96048 (2019年12月16日閲覧).
[29] Knoema: https://knoema.com/atlas/Nigeria/topics/Education/Literacy/Adult-femaleilliteracy (2020年1月26日閲覧).
[30] Livi-Bacci, Massimo, *The Population of Europe* (前掲書), p. 165.
[31] One, 28 November 2018: https://www.one.org/international/blog/aids-facts-epidemic/?gclid=EAIaIQobChMI_7Orgt2c5wIVQrTtCh2-DA9yEAAYASAAEgLC7_D_BwE (2020年1月24日閲覧).
[32] Center for Disease Control and Prevention: 2014–2016 Ebola Outbreak in West Africa: https://www.cdc.gov/vhf/ebola/history/2014-2016-outbreak/index.html (2019年12月15日閲覧).
[33] World Bank: https://data.worldbank.org/indicator/NY.GDP.PCAP.PP.CD (2020年3月20日閲覧).
[34] *Financial Times,* 22 November 2019: https://www.ft.com/content/69f907ce-e127-11e9-b8e0-026e07cbe5b4 (2019年12月15日閲覧).
[35] ヨーロッパの戦争が本当に資源をめぐるものだったかどうかについては議論の余地がある。第一次世界大戦についてのレーニンの帝国主義論の見方はそうだったが、この主張のほとんどは疑問視されている。とはいえ、植民地をめぐる英独の対立にしろ、バルカン半島をめぐるロシアとオーストリアの対立にしろ、領土欲は多くの場合、単なる国威や自己強化や権力だけではなく、採掘可能で課税可能な資源とも関係していた。たとえばアルザス・ロレーヌ地方をめぐる独仏対立が激化したのは、鉄鉱床があったからである。

第3章　急速な都市化がもたらしたもの

[1] United Nations, The World's Cities in 2018: https://www.un.org/en/events/citiesday/assets/pdf/the_worlds_cities_in_2018_data_booklet.pdf (2020年10月23日閲覧). この数字は香港を含むが、台湾の諸都市は含まない。

隷——もう一つのブラック・ディアスポラ』設樂國廣監訳、明石書店、2007年)
[9] Elton, J. Frederic, *Travels and Researches among the Lakes and Mountains of Eastern and Central Africa*, John Murray, 1879, p. 23.
[10] Deutscher, Guy, *Through the Language Glass: How Words Colour Your World*, William Heinemann, 2010, p. 164.
[11] Darwin, Charles, *The Descent of Man, and Selection in Relation to Sex*, D. Appleton and Company, 1871, p. 193.(チャールズ・ダーウィン『人間の由来』〈上下〉長谷川眞理子訳、講談社、2016年)
[12] Horsman, Reginald, *Race and Manifest Destiny: The Origins of American Racial Anglo-Saxonism*, Harvard University Press, 1981, pp. 243–4.
[13] *Washington Spectator*, 2 November 2019: https://washingtonspectator.org/italy-and-beyond/(2019年12月1日閲覧).
[14] BBC News, 14 November 2019: https://www.bbc.co.uk/news/stories-50391297 (2019年12月1日閲覧).
[15] Smith, Stephen, *The Scramble for Europe: Young Africa on its Way to the Old Continent*, Polity, 2019, p. 159.
[16] Collier, Paul, *Exodus: Immigration and Multiculturalism in the 21st Century*, Penguin, London, 2014, pp. 41–3.(ポール・コリアー『エクソダス——移民は世界をどう変えつつあるか』松本裕訳、みすず書房、2019年)
[17] Reuters, 16 August 2020, https://www.reuters.com/article/us-italy-migrants-minister-idUSKCN25B0SO (2021年10月22日閲覧).
[18] *Mail & Guardian*, http://atavist.mg.co.za/ghana-must-go-the-ugly-history-of-africas-most-famous-bag (2019年1月24日閲覧).
[19] All Africa, 28 February 2018: https://allafrica.com/stories/201803010011.html (2018年1月24日閲覧).
[20] Migration Data Portal https://www.migrationdataportal.org/regional-data-overview/southern-africa (2021年10月21日閲覧).
[21] Brookings, 7 June 2018: https://www.brookings.edu/blog/africa-in-focus/2018/06/07/figures-of-the-week-internal-migration-in-africa/(2019年1月24日閲覧).
[22] Quartz, 28 March 2019: https://qz.com/africa/1582771/african-migrants-more-likely-to-move-in-africa-not-us-europe/(2019年1月24日閲覧).
[23] Fukuyama, Francis, *Political Order and Political Decay*, Profile Books, 2015, pp. 25–7.(フランシス・フクヤマ『政治の衰退——フランス革命から民主主義の未来へ』〈上下〉会田弘継訳、講談社、2018年)
[24] Vollset, Stein Emil et al., 'Fertility, Mortality, Migration and Population Scenarios for 195 Countries and Territories from 2017 to 2100: A Forecasting Analysis for

[41] 妊産婦10万人あたり26人以上とするデータもあるが、それには妊娠中の死亡も含まれている。Harvard Health Publishing: https://www.health.harvard.edu/blog/a-soaring-maternal-mortality-rate-what-does-it-mean-for-you-2018101614914 (2020年9月9日閲覧).

[42] CNN, 20 February 2018: https://edition.cnn.com/2018/02/20/opinions/protect-mother-pregnancy-williams-opinion/index.html (2020年8月17日閲覧); Independent, 9 December 2019, https://www.independent.co.uk/life-style/women/beyonce-miscarriage-pregnancy-loss-life-lessons-blue-ivy-jay-z-elle-uk-a9239121.html (2021年10月21日閲覧).

[43] *New York Times*, 7 May 2019: https://www.nytimes.com/2019/05/07/health/pregnancy-deaths-.html (2019年12月13日閲覧).

[44] Centers for Disease Control and Prevention: https://www.cdc.gov/vitalsigns/maternal-deaths/index.html (2019年12月13日閲覧).

第2章　人口爆発後の「人口ボーナス」はあるか

[1] 国連の中位推計は、アフリカ全体についてはこれよりやや多く、サハラ以南のアフリカについてはやや少ない。とくに記載のないかぎり、この章で言及するアフリカのデータはサハラ以南のアフリカのものである。

[2] *Financial Times*, 17 November 2016: https://www.ft.com/content/8411d970-7b44-11e6-ae24-f193b105145e (2019年8月21日閲覧).

[3] 同上。

[4] *Africa Times*, 27 November 2019: https://africatimes.com/2019/11/27/iom-climate-change-a-clear-driver-of-african-migration/(2019年11月29日閲覧).

[5] *Climate Home News*, 16 May 2019: https://www.climatechangenews.com/2019/05/16/lake-chad-not-shrinking-climate-fuelling-terror-groups-report/ (2019年11月29日閲覧); BBC 27 September 2018: https://www.bbc.co.uk/news/world-africa-45599262 (2019年11月29日閲覧). *Guardian*, 22 October 2019: https://www.theguardian.com/global-development/2019/oct/22/lake-chad-shrinking-story-masks-serious-failures-of-governance (2019年1月24日閲覧).

[6] このような数字は刻々と動いているので、正確と言えるかどうかは執筆後すぐに読まれるかどうかによる。国連の中位推計では、ニジェールの人口は今世紀なかばまでに現在のイギリスと同程度になるとされている。

[7] Euronews, 31 October 2019: https://www.euronews.com/2019/10/31/being-a-malnourished-child-in-niger-two-stories (2019年11月29日閲覧).

[8] Segal, Ronald, *Islam's Black Slaves: The History of Africa's Other Black Diaspora*, Atlantic Books, 2001, pp. 56–7.(ロナルド・シーガル『イスラームの黒人奴

/pakistan-where-conspiracy-theories-can-cost-childs-life (2020年7月7日閲覧).
[29] *Daily Telegraph*, 29 April 2019: https://www.telegraph.co.uk/global-health/science-and-disease/pakistan-polio-vaccinations-halted-killings-amid-panic-sterilization/(2020年7月27日閲覧).
[30] Ntedna, Peter Austin Morten et al. 'Factors Associated with Infant Mortality in Malawi', *Journal of Experimental and Clinical Medicine*, 6 (4), August 2014, pp. 125–9.
[31] Full Fact: https://fullfact.org/health/how-many-people-die-fires/(2020年12月13日閲覧).
[32] ウィメン・アンド・チルドレン・ファーストCEO、Michael Rosatoへのインタビュー(2019年12月12日、ロンドン)。
[33] 同上。
[34] *Guardian*, 19 September 2019: https://www.theguardian.com/global-development/2019/sep/19/number-women-dying-childbirth-off-track (2019年1月22日閲覧).
[35] Al Jazeera, 14 March 2016: https://www.aljazeera.com/indepth/features/2016/03/sri-lanka-beats-india-maternal-mortality-ratios-160308105127735.html (2019年2月4日閲覧).
[36] World Bank: https://data.worldbank.org/indicator/SH.STA.MMRT?locations=LK (2020年7月27日閲覧).
[37] 1990年から2013年までのデータによる。この間に半減以上した地域には北アフリカと東アジアも含まれている。Trends in Maternal Mortality 1990-2013 WHO et al, p. 25: http://apps.who.int/iris/bitstream/handle/10665/112682/9789241507226_eng.pdf;jsessionid=C8C8E09C1B10F77323BE5B0C992A4250?sequence=2 (2021年10月21日閲覧).
[38] Audrey, Prost et al., 'Women's Groups Practicing Participatory Learning and Action to Improve Maternal and New Born Health in Low-Resource Settings: A Systematic Review and Meta-Analysis', *The Lancet*, 18 May, 2013, 381, (9879) pp. 1736–46.
[39] UNICEF: https://data.unicef.org/topic/maternal-health/maternal-mortality/(2020年7月27日閲覧); *Guardian*, 30 January 2017: https://www.theguardian.com/global-development/2017/jan/30/maternal-death-rates-in-afghanistan-may-be-worse-than-previously-thought#img-1 (2019年10月12日閲覧). ただし世界銀行のようにもっと低い数字を出している機関もある。World Bank: https://data.worldbank.org/indicator/SH.STA.MMRT?locations=AF (2021年7月19日閲覧).
[40] *Journal of the Royal Society of Medicine*, November 2006: https://www.ncbi.nlm.nih.gov/pmc/articles/PMC1633559/(2019年2月4日閲覧); World Bank(前掲資料).

Population Decline, Crown, 2019, p. 68.(ダリル・ブリッカー、ジョン・イビットソン『2050年世界人口大減少』倉田幸信訳、文藝春秋、2020年)
[15] UPI, 16 July 2020: https://www.upi.com/Health_News/2020/07/16/US-infant-mortality-rate-hits-all-time-low-CDC-reports/8081594905861/(2020年7月27日閲覧).
[16] Center for Disease Control and Prevention: https://www.cdc.gov/reproductivehealth/maternalinfanthealth/infantmortality.htm (2020年7月27日閲覧).
[17] U.S. Department of Health and Human Services: https://minorityhealth.hhs.gov/omh/browse.aspx?lvl=4&lvlid=68 (2020年7月27日閲覧).
[18] WCPO Cincinnati: https://www.wcpo.com/news/transportation-development/move-up-cincinnati/cradle-cincinnati-2018-infant-mortality-rate-improves-but-remains-far-higher-for-black-babies (2020年7月27日閲覧).
[19] Center for Diseases Control and Prevention: https://www.cdc.gov/nchs/pressroom/sosmap/infant_mortality_rates/infant_mortality.htm (2020年7月27日閲覧).
[20] *The New Indian Express:* http://www.newindianexpress.com/world/2019/feb/04/maldives-indian-coast-guard-successfully-evacuates-critically-ill-infant-1934136 (2019年8月21日閲覧).
[21] ONS: https://www.ons.gov.uk/peoplepopulationandcommunity/birthsdeathsandmarriages/deaths/bulletins/childhoodinfantandperinatalmortalityinenglandandwales/2018 (2020年7月27日閲覧).
[22] *Guardian*, 19 April 2019: https://www.theguardian.com/society/2019/apr/19/newborn-baby-deaths-may-be-on-rise-among-poorest-in-england (2020年1月24日閲覧).
[23] ONS: https://www.ons.gov.uk/peoplepopulationandcommunity/birthsdeathsandmarriages/deaths/bulletins/childhoodinfantandperinatalmortalityinenglandandwales/2019 (2021年7月19日閲覧).
[24] *Guardian*, 6 December 2019: https://www.theguardian.com/lifeandstyle/2019/dec/06/record-number-of-over-45s-giving-birth-in-england (2020年11月23日閲覧).
[25] UNICEF: https://data.unicef.org/resources/levels-and-trends-in-child-mortality/ (2020年7月27日閲覧).
[26] Cato Institute, 3 April 2019: https://www.cato.org/publications/commentary/human-progress-saved-baby-will-save-many-more (2020年7月27日閲覧).
[27] 同上。
[28] Agence France Press, 10 February 2014: https://www.pri.org/stories/2014-02-10

Mortality in Ethiopia: A Systematic Review and Meta-analysis', *PLOS One*, 14 (7) 2019.

[6] Case, Anne and Deaton, Angus, *Deaths of Despair and the Future of Capitalism*, Princeton University Press, 2020, pp. 57, 59, 66, 75–7.(アン・ケース、アンガス・ディートン『絶望死のアメリカ——資本主義がめざすべきもの』松本裕訳、みすず書房、2021年)

[7] *Peruvian Times*, 30 December 2013: https://www.peruviantimes.com/30/perus-maternal-mortality-rate-down-50-in-last-10-years/21077/50-in-last-10-years/21077/ (2018年12月18日閲覧).

[8] Minello, Alessandra, Dalla-Zuanna, Gianpiero and Alfani, Guido, 'First Signs of Transition: The Parallel Decline of Early Baptism and Early Mortality in the Province of Padua (north-eastern Italy), 1816–1870', *Demographic Research*, 36 (1), 2017, p. 761. 傾向の一致は明確だが、著者らはこのデータについて異なる解釈も可能だとしている。

[9] ヘンリー8世の最後の妻キャサリン・パーは、3番目の夫となった国王の死後、4番目の夫とのあいだに子供を1人授かったが〔これが初めての妊娠だった〕、この子供も2歳前後で死亡した。

[10] 人間には、死を恐れるだけではなく死を受け入れようとする傾向も見られる。バッハの美しいカンタータ第82番は、'Ich habe genung'(これでもう満足だ)と始まり、'Ich freue mich auf meinen Tod'(喜んで死を迎えよう)で終わる。芸術家や神秘主義者、精神病患者以外にも、なんらかの理由で死を受け入れ、それどころか死を早めようとする人はどの時代にもいた。栄光を求めて、殉教のために、あるいは永遠の可能性を信じて命を賭した人々である。より良い来世や生まれ変わりを熱烈に信じると、生きたいという思いが弱くなるのかもしれない。しかしながら人類が今日まで存続し、繁栄を謳歌してきたのは、そのようなケースが例外的だったからであり、一般的には生きたいという意志のほうが強い。

[11] このたとえは独特な思いつきだと思ったが、その後、本に書かれているのを見つけた。Case, Anne and Deaton, Angus, *Death of Despair and the Future of Capitalism*, p.22. アン・ケース、アンガス・ディートン『絶望死のアメリカ』(前掲書)。

[12] Alberts, Susan C., 'Social Influences on Survival and Reproduction: Insights from a Long-Term Study of Wild Baboons', *Journal of Animal Ecology*, 23 July 2018, p. 50: https://besjournals.onlinelibrary.wiley.com/doi/10.1111/1365-2656.12887 (2019年11月15日閲覧).

[13] *Independent*, 28 July 2013: https://www.independent.co.uk/news/world/politics/220-million-children-who-dont-exist-a-birth-certificate-is-a-passport-to-a-better-life-so-why-cant-8735046.html (2019年11月22日閲覧).

[14] Bricker, Darrell and Ibbitson, John, *Empty Planet: The Shock of Global

関、3つ目は負の相関）が弱くなっていることがわかった。とくに1人あたりGDPと出生率の相関は、平均寿命や（負の）乳児死亡率の相関よりも大幅に弱まっている。そして2019年の相関は貧しい国よりも豊かな国のほうがはるかに弱くなっている。
[12] なかでも注目すべきは、Gordon, Robert, *The Rise and Fall of American Growth: The U.S. Standard of Living Since the Civil War*, Princeton University Press, 2016（ロバート・J・ゴードン『アメリカ経済――成長の終焉』〈上下〉高遠裕子・山岡由美訳、日経BP、2018年）である。
[13] Kaa, D. J., Van De, Europe's Second Demographic Transition, Washington DC, *Population Bulletin, 42(1)*, 1987, pp. 1–59; Lesthaeghe,R., *The Second Demographic Transition in Western Countries: An Interpretation*, Brussels, Interuniversity Programme in Demography, 1991; Lesthaeghe, R., 'The Unfolding Story of the Second Demographic Transition', *Population and Development Review*, 36 (2), 2010, pp. 211–51; またAriès, Philippe, 'Two Successive Motivations for the Declining Birth Rate in the West', *Population and Development Review*, 6 (4), 1980, pp. 645–50も参照。
[14] Kaa, D. J.の前掲論文p.46を参照。
[15] Lesthaeghe, R., 'The Second Demographic Transition: A Concise Overview of its Development', *PNAS*, 111 (51), 2014
[16] より詳しくは以下を参照。Morland, Paul, *The Human Tide*, pp.29–33, 283–90.（ポール・モーランド『人口で語る世界史』［前掲書］）。
[17] Drixler, Fabian, *Mabiki: Infanticide and Population Growth in Eastern Japan 1660–1950*, University of California Press, 2013, pp. 18–19, 33, 124.
[18] UN Population Division: https://population.un.org/wpp/Download/Standard/Population/(2020年10月2日閲覧).

第1章　乳児死亡率の低下で変わる国々

[1] World Bank: https://data.worldbank.org/indicator/SP.DYN.IMRT.IN?locations=PE (2021年7月19日閲覧).
[2] *Anglican Journal*, 6 November 2019: https://www.anglicanjournal.com/indigenous-midwives-exchange-knowledge-pwrdf-program-shares-best-practices-from-canada-mexico-and-peru (2019年11月21日閲覧).
[3] World Bank: https://data.worldbank.org/indicator/SP.DYN.IMRT.IN?locations=PE (2020年7月27日閲覧).
[4] World Bank: https://data.worldbank.org/indicator/SE.SEC.ENRR.FE?locations=PE (2019年3月6日閲覧).
[5] Kiross, Girmay Tsegay et al.,'The Effect of Maternal Education on Infant

原注

序章　今日の人々を作り上げた人口動態

[1]　Morland, Paul, *The Human Tide: How Population Shaped the Modern World*, John Murray, 2019.(ポール・モーランド『人口で語る世界史』渡会圭子訳、文藝春秋、2019/2023年)

[2]　Livi-Bacci, Massimo, *The Population of Europe*, Blackwell, 2000, p.120.

[3]　Livi-Bacci, Massimo, *A Concise History of World Population*, Wiley-Blackwell, 2012, pp. 41–3.(マッシモ・リヴィ-バッチ『人口の世界史』速水融・斎藤修訳、東洋経済新報社、2014年)

[4]　18世紀後半から19世紀前半にかけて、食料を輸送することがどれほど不経済で非現実的だったかについては、Blanning, Tim, *The Pursuit of Glory: Europe 1648–1815*, Viking, 2007, pp. 3–34を参照。

[5]　Wilson, Peter H., *Europe's Tragedy: A New History of the Thirty Years War*, London, Penguin, 2010, p. 787; Lee, Harry F. and Zhang, David D., 'A Tale of Two Population Crises in Recent Chinese History', *Climatic Change*, 116, 2013, pp. 285–308.

[6]　中世と近代をつなぐ時代とも考えられるルネサンスが考慮されていないので、この時代区分は本質的に不完全であり、反論の余地がある。

[7]　マルサスも『人口論』の後の版で、地域や時代によっては資源の限界に達しない程度に人口が抑えられ、生活水準が必要最低限以上に向上しうることを認めている。

[8]　人口転換理論の歴史についての優れた論文には、Kirk, Dudley, 'Demographic Transition Theory', *Population Studies*, 50 (3), 1996, pp. 361–87がある。

[9]　経済、文化、制度、その他の要因が人口転換に与える相対的影響についても、Kirkの前掲論文の各所を参照。

[10]　これらの人口データは国連人口部の推計・予測によるもので、本書中の人口データでとくに注が付されていないものはすべて同様である。所得のデータは以下による。World Bank-GNI Atlas Method：https://data.worldbank.org/indicator/NY.GNP.PCAP.CD?view=chart (2020年9月30日閲覧). 識字率のデータは世界銀行による。https://data.worldbank.org/indicator/SE.ADT.LITR.FE.ZS?locations=MA (2020年9月30日閲覧).

[11]　これについては、1970年と2019年の1人あたりGDPと出生率、平均寿命、乳児死亡率との相関を、関連データが入手可能な100か国以上について調べることで定量化した。するとこの間に、所得とこれらの人口動態指標の相関（前2つは正の相

著者 ポール・モーランド Paul Morland

人口学者。ロンドン大学バークベック校アソシエイト・リサーチ・フェロー。オックスフォード大学で哲学・政治・経済の学士号、国際関係論の修士号を取得後、ロンドン大学で博士号を取得。イギリス、ドイツの市民権を持つ。作家・放送作家として、現代および歴史的な世界の人口動向について執筆・講演を行うほか、フィナンシャル・タイムズ紙、サンデー・タイムズ紙、テレグラフ紙など多くの新聞や雑誌に寄稿。著書に『人口で語る世界史』(文藝春秋)がある。ロンドン在住。

訳者 橘 明美 たちばな・あけみ

英語・フランス語翻訳家。お茶の水女子大学教育学部卒。訳書にスティーブン・ピンカー『人はどこまで合理的か』(草思社)、ミチコ・カクタニ『エクス・リブリス』(集英社)、ジェイミー・A・デイヴィス『人体はこうしてつくられる』(紀伊國屋書店)など多数。

校正　鈴木由香
図版作成　手塚貴子
本文組版　佐藤裕久
編集　川上純子　塩田知子

人口は未来を語る

「10の数字」で知る経済、少子化、環境問題

2024年1月25日　第1刷発行

著　者　ポール・モーランド
訳　者　橘 明美
発行者　松本浩司
発行所　NHK出版
〒150-0042　東京都渋谷区宇田川町10-3
電話　0570-009-321（問い合わせ）
0570-000-321（注文）
ホームページ　https://www.nhk-book.co.jp

印　刷　亨有堂印刷所／大熊整美堂
製　本　二葉製本

ISBN978-4-14-081953-1 C0098